DANGDAI XUEXIAO
XINLI JIANKANG ZHIDAO ➤➤

新世纪教师教育丛书·修订版
袁振国 主编

当代学校心理健康指导

张 玲 著

教育科学出版社
·北 京·

目　　录

修 订 说 明

一个编辑说过：好的写作如冷水泡茶，需要工夫。这本书的修订，足足磨了4年，其中四分之三的内容是新写的。

此书原版《心理健康研究与指导》自出版后，一直得到读者的喜爱和肯定，先后加印6次。这次的修订仍然保持了原书的三个写作特点：

第一，以专业性与理论性支撑可读性。这使本书区别于一般的励志类书籍。

第二，案例的分析浅入深出。“浅”是指案例的日常性和普遍性，“深”是指通过理论分析使大家看到平常看不到的东西，解除一些常见的误区。

第三，提供的对策实用可行。这里介绍给大家的，都是由多年的实践经验证明，最简单、最有效、最好用的方法。

在此基础上，本修订版大量压缩了纯理论的解读，增加了更多当代学校关注的新问题。

第一章，“心理健康新概念”，强调了心理健康教育的专业性，心理健康不是整齐划一的状态。

第二章，“社会认知失真：心理障碍的重要根源”，增加了防御性认知，尤其是受害情结。

第三章，“认知失真的矫正”，增加了说理教育。

第四章，“负面情绪的调整”，增加了儿童性侵犯的内容。

第五章，“丰富情感的培养”，增加了“做人的尊严”“可怕的美”“爱你的敌人”几项内容。

第六章，“健康的意志行为”，基本为新写，主要内容为强迫症、意义治疗、重建精神生活。

第七章，“健康的个性”，新写，重点是气质与神经症人格。

第八章，“健康的自我”，新写，重点关注青少年的自我同一性、叛逆、时尚与自我重建。

第九章，“和谐的人际关系”，改动不大。

第十章，“青少年异性交往”，新写。

第十一章，“健康的网络生活”，新写。

第十二章，“学业问题诊断与指导”，新写。

新加的最后三章，可以适应更多的普通学生。

谢谢我周围的朋友、学生、来访者，他们不断激发我思考，给我灵感与启示。谢谢我的研究生姚慧珍，她参与了第十一章部分文字的写作。

书中肯定有不成熟的地方，欢迎批评。

1

心理健康新概念

在我们的生活中，学生自杀、谋杀的现象屡见不鲜，一则则相关的报道令人不寒而栗。学校心理健康指导迫在眉睫。然而，教师的心理健康、家长的心理健康均不容乐观，学校心理健康指导日益复杂。

心理健康的一些基本命题与我们通常的一些教育命题是不同的，比如，过早懂事或过分利他是不健康的表现，因为可能导致压抑和他控自我；青少年阶段没有明显的逆反不一定是好事，因为可能导致自我同一性的早闭或延迟，这都是自我发展的很严重的危机；自律、坚韧、上进、认真、忠于职守这些正面的、被社会高度重视的品质，可能会变成功能不良的强迫倾向。心理健康指导是一件不同于班主任工作的专业性很强的工作。

本章将对“心理健康”进行界定。强调心理健康是一个“状态”概念，而不是一个“人格”概念；是一个相对概念，而不是绝对概念。心理健康可以区分出三种层次：没有心理疾病、超越第三状态、趋向人的自我实现。

第一节　学校心理健康指导的紧迫性和专业性

一、学校心理健康指导的紧迫性

今天，我们如何做教师？

今天，我们如何做家长？

在许多家长教育孩子时，经常会说一句话："只要你学习好，其他什么都不用管。"真的是其他都不用管吗？

贵州两双胞胎姐妹不堪忍受父母对自己学业的高要求，投毒杀死双亲。

江苏省金坛市16岁少年未完成作业怕受罚，举榔头砸死亲生母亲。

湖北武汉未满14岁的宝儿因父亲催促其上学，用斧头对准父亲头部左侧连续砍了五斧头，将父亲杀死。

浙江省金华市年仅17岁的在校学生徐某，因不堪忍受母亲不停唠叨他的学习成绩排名问题，将亲生母亲残忍杀害。

甘肃一名尖子生因不能忍受父母对自己长期的压制式管教，将亲生母亲杀害……

学习至上、成绩至上，使很多父母忘记了孩子的感受，忘记了孩子的心理承受能力。望子成龙的强烈愿望将孩子的生存空间变得越来越狭窄。有的孩子找不到出口，最后做出了最坏的选择。

越来越多的报道让教师、家长触目惊心：

2007年6月11日，"今日说法"节目报道：安徽5名五年级女孩，不堪忍受同校男生的校园欺负，集体跳水自杀，三人被救，两人死亡。

一名品学兼优的学生，因高考差一分，跳楼自杀。

云南大学学生马加爵，因与同学矛盾，残忍杀害同学四人。他的老师和父母感到不可思议："他学习一直很好，一直很懂事！"

相关数据显示，在中国3.4亿的儿童青少年中，有近1/5的孩子正在遭受着心理的煎熬。2005年上海市妇联公布的调查报告显示，上海市中小学生的心理障碍发生率达到21%～32%。中国疾病预防控制中心精神卫生中心指出，中国17岁以下的儿童青少年中，受各种情绪障碍和行为问题困扰的人数已经达到5000万。据世界卫生组织估计，2020年以前，全球儿童精神障碍会增长50%，并且成为五个致病、致死和致残原因之一。①

最近报道高考"怪人"张空谷，2003年考上北京大学，因迷恋上网误了学业，被劝退学。2005年又参加高考，以理科状元考入清华，但再次深陷网络，又被退学。2007年参加高考，又得了南充理科亚军，被称为"史上最牛高考钉子户"。面对这位智商超群、学习轻松的校园传奇人物，他的母亲却痛哭失声："大家只关注我儿子智商高，考分高，其他的很少关注。不会与人相处，不知心疼父母，缺乏自理能力，情商几乎为零。他会真正快乐吗?"② 我不知道，这句带着泪水、来得太晚的考问应该抛向谁?

向社会?!

向学校?!

还是向家长自己?!

加大学校心理健康指导的力度，已迫在眉睫。

---

① 青少年心理健康状况蓝皮书［EB/OL］.［2007-06-08］. http://www.xschina.org/show.php? id=7746.

② 潘晓凌."考霸"张非的内心世界［N］.南方周末，2007-06-28.

二、当代学校心理问题的复杂性

在飞速发展的社会里，学校心理问题日益复杂。学生的问题可归为以下十大类：

第一大类是学业问题，如，学业压力、学习焦虑、考试恐惧、学习厌倦（破罐破摔）、不良学习习惯、注意力不集中、多动、学习效率低下等。

第二大类是情绪困扰问题，如，羞怯、抑郁、焦虑、恐惧、愤怒与攻击、孤独、羞耻感等。

第三大类是亲子沟通问题，如，不服管教、亲子冲突、逆反、离家出走等常见问题之外，还增加了诸如单亲家庭、留守儿童等特殊问题。

第四大类是时尚爱好、价值观与生活方式问题，如，追星、恶作剧与搞怪、盲目减肥、懒散、拖拉成性等。

第五大类是不良行为问题，如，撒谎、偷窃、吸烟、酗酒、飙车、打架、群殴、校园暴力，甚至因此发展成为青少年犯罪、团伙暴力、少年流氓等。

第六大类是个性问题，如，自我中心、自卑、自私、自负、无责任心、过分顺从、求完美、偏激、逃避、自恋等。

第七大类是交往问题，有社交无能、人际关系不良等。

第八大类青少年异性交往与早恋、少女怀孕等问题。

第九大类是药物滥用，如，青少年滥用毒品：摇头丸、冰毒、麻果等。

第十大类是所谓的“屏幕孩子”问题，过分依赖电视、手机、电脑、网络、电子游戏，甚至上瘾，继而引发一系列的学习、行为、情绪、人格等问题。

在学生的心理健康问题日益受到关注的同时，教师发问了：我们教师的心理健康谁来关注？

2005 年 8 月，中国人民大学公共管理学院和新浪教育频道联合启动了“2005 年中国教师职业压力和心理健康调查”，有 8699 名教师填写了调查问卷。调查结果显示：①

教师生存状况堪忧，减压势在必行；

超过 80% 的被调查教师反映压力较大；

近 30% 的被调查教师存在严重的工作倦怠，近 90% 存在一定的工作倦怠；

近 40% 的被调查教师心理健康状况不佳；

20% 的被调查教师生理健康状况不佳；

超过 60% 的被调查教师对工作不满意，部分甚至有跳槽的意向。

虽然说，这次调查不一定有代表性，虽然说现在各行各业都面临心理压力，但教师的心理健康问题却特别值得我们关注，因为教师的心理健康直接关系到学生的心理健康。学生的心理压力中有很大一部分属于“师源性压力”。

在北大教授汪丁丁的博客上，曾经有过一句话，他认为我们面临的是两代人的教育失败，所以随处可见劣质的家长带着劣质的孩子！虽然这话说得有些偏激，但如果要对家长的心理健康状况进行一次调查，结果恐怕也不一定会令人乐观。

学校涉及的三方面主体：学生、教师、家长，都面临着各种心理问题。这实际上反映了当代社会的一个普遍面相：心理疾患的普遍性。早在半个世纪之前，心理学家荣格就提醒人们，要防止远比自然灾害更危险的人类心灵疾病的蔓延。他认为，随着人们对外部空间的拓展，人对心灵的提升却停滞了；人们在智力方面收获过剩，心灵方面却沦丧殆尽。精神生活中的深度不安折磨着现代社会中最敏感的人：苦闷、焦

---

① 新浪教育 . 2005 年中国教师职业压力与心理健康调查［EB/OL］.（2005－08－26）［2005－09－09］. http://edu. sina. com. cn/l/2005－08－26/1106125867. html.

灼、孤独、冷漠……几十年过去了，荣格的担心已成为现实。随着社会发展，竞争加剧，许多人不堪重负，精神濒临崩溃的边缘，杀人、自杀等恶性事件频频发生，抑郁症被世界卫生组织称为“世纪病”。还有更多的人，虽然表面看来一切正常，但内心也在默默忍受越来越大的心理压力。开展系统而专业的心理健康指导，已成为学校工作的一个重要部分。

三、学校心理健康教育的专业性

当我们身体有病时，我们可以到医院找医生，检查、诊断、开方、打针、吃药；当我们心理有病时，我们同样需要专业的治疗。这不是我们传统的思想工作可以解决的，也非居委会阿姨可以对付，班主任也常常对此感到力不从心。面对诸多棘手的心理问题，教师常常感到束手无策。我的一位学生在准备相关硕士论文期间，就这个问题，走访了多名教师，他们都表达出强烈的无奈和无力感。

“我们不是专业的心理辅导老师，但有时身为班主任就得解决学生的心理问题。一般说来，有一定知识可以辅导，但是遇上特殊学生就有点无奈了。我班曾转来一名学生，自我保护意识强，攻击性强，很自私。但凡不开心，总找其他弱小同学的麻烦。我们查阅大量书籍，鼓励为主，耐心交谈，收效是有，但不是很明显。往往有时他控制不住，就有人遭殃了。我感到无能为力。教师有责任帮助学生健康成长，可老师也有无助的时候，谁能帮我解惑?”

“A 为一特殊学生，其表现为：①上数学课时，A 向其前座的同学借课外书看，同学不借给他，他就不听课了，还要打扰那位同学；②他常常犯错误，但是又不允许别人批评，如果上课时，老师善意提醒不在听课的他，他会恨得咬牙切齿，握紧拳头，并不停地搬动桌子，发出巨响，导致老师无法正常上课，又不能批评，又不能提醒，而他又不听课，实在忍无可忍……老师每天面对着他，累！心情也很糟糕。请求你们给予帮助！”

“一个男生在日记中连续五篇以上写他对另一名男生的好感，甚至连举手投足的细微动作都能记在心、书于笔。我从他的父母处侧面了解他的成长经历，知其是由祖母带大的，从小疼爱，和祖母饮食起居均在一起，潜移默化中心理上把自己视为女性。我的做法是，不挑明，暗地里调换座位，远离他喜欢的同学，并暗嘱被暗恋的同学冷淡甚至远离那个男孩。其间多次开展男女生对抗赛等活动，不断强化其性别意识，但收获不是很大。作为一个十三四岁的孩子，心理上已有这样的认识倾向，很难纠正、疏导。怎么办?”

“班中有个孩子，经常与周围同学说一些黄色的话，也画一些具有女性、男性器官的画，不知应该如何对他进行心理辅导！我们不能无师自通呀！”①

教师在教育过程中的无奈与无力感，特别表现在他们觉得自己缺少心理健康的专业知识，对学生的问题难以作出准确的判断，缺乏有操作性的对策，致使工作力不从心，徒有满腔对学生的爱与责任，徒有对问题学生的关怀与焦虑，却不知如何使得上力气。付出大量心血，却没有明显的效果，还会增加教师的挫败感。

心理健康的一些基本命题与我们通常的一些教育命题是不同的，比如：

过早懂事或过分利他是不健康的表现，因为可能导致压抑和他控自我；

青少年阶段没有明显的逆反不一定是好事，因为可能导致自我同一性的早闭或延迟，这都是自我发展的很严重的危机；

---

① 施晓卫. 南通市小学心理健康教育现状调查与管理策略研究［D］. 上海：华东师范大学硕士学位论文，2006.

自律、坚韧、上进、认真、忠于职守，这些正面的、被社会高度重视的品质，可能会变成功能不良的强迫倾向。

……

诸如此类，不一而足。所以，心理健康教育有其自己的专业性，进行学校心理健康指导，已经成为教师专业化的当务之急。有了相应的知识与技术，教师与家长才能先自助，后助人。

第二节　关于心理健康的研究

一、中国传统文化中关于理想人格的界定——以孔子为例

中国传统文化中并不能直接找到关于心理健康的界定，但是似乎又时时处处都是关于心理健康的理论。孔子、孟子、老子、庄子、朱熹、王阳明的理论到处都有关于心理健康的学说。现以孔子为例做一梳理。孔子精神可以概括为两方面：刚毅精神、谦和圆融精神，具体说来有以下几个要素。①

1. 乐天

不为个人的一点得失而忧心忡忡。自事其心，安之若命。君子不忧不惧，君子不怨天，不尤人，乐在其中。这些都源于孔子对于人的内在生命本质的高度信任和尊重。梁漱溟先生回忆自己在少年时代由佛向儒的心路历程时说：打开佛书，满篇都是“苦”字，而打开《论语》几乎篇篇都是“乐”字。

① 胡晓明．灵根与情种［M］．江西：百花洲文艺出版社，1994：192－204．

2. 精进

“天行健，君子自强不息”。一个人的生命应该不断向上走，而不应该停滞在一个地方如一潭死水，更不应该往下坠。“吾十五而志于学，三十而立，四十而不惑，五十而知天命，六十而耳顺，七十而从心所欲不逾矩。”生命在每一个阶段，都应有其进境。君子上达，小人下达，一个是向上发展的生命，一个是向下飘坠的生命。孔子斥责最严厉的弟子，是冉求，就是因为冉求“无坚刚进取之志气耳”。

3. 内质厚重

“君子不重则不威”，人要有丰富的内涵，而不是靠“巧言令色”。质胜于文的人，虽朴野，但生命格局大，这样内质厚重的生命，才能担当天下的大事。

4. 韧性

非常有名的是“在陈绝粮”的故事。断粮、生病、疲极、累极，子路发牢骚了。但孔子说：君子越是困厄，意志越坚，而小人在这种时候就崩溃了。无论在多艰难的环境中，都要安之若素。

5. 特立独行

孔子最讨厌的一种人，是所谓“乡愿”，即媚世、媚俗、与世沉浮的伪君子。

6. 谦让

刚毅的人由于自尊自重，容易过头，自视不凡，所以孔子特别强调与刚补充的柔的一面。“吾何执？执御乎？执射乎？吾执御矣。”很幽默，有一种自嘲的意味。自嘲是一种大智慧，只有心底最自信、最有底气的人才会自嘲。孔子与地位比自己低的人说话，“侃侃如也”，和和气气的；与地位高的人说话，“訚訚如也”，堂堂正正的。“子绝四：毋意，毋必，毋固，毋我。”有了谦让，就可以杜绝固执己见、主观臆断。

7. 圆融豁达

“君子求诸己，小人求诸人”。凡事扪心自问，以求心安自得。不要“患得患失”，满腹牢骚。孔子有个弟子叫司马牛，很倒霉，被人赶来赶去，没有兄弟，顾影自怜。孔子安慰他：“生死有命，富贵在天。君子敬而无失，与人恭而有礼，四海之内，皆兄弟也。”不要背后说长道短，“己所不欲，勿施于人”，孔子主张调和，不主张排斥。一方面，食不厌精；另一方面，箪食瓢饮，乐在其中。就像大树，“申申夭夭”，主干直而舒展，嫩枝柔而和婉。“望之俨然，即之也温”。孔子所推崇的人格，既严肃也轻松，既刚直也和婉，既威重也雍容，既高大也平凡。

二、中西方“健康人格”：内向性与外向性

弗洛姆也许是最早对“健康人格”做研究的心理学家之一。他率先提出社会性格理论，将社会性格分为健康社会性格与病态社会性格两大类。“自信、独立自主、现实、完整、自发、爱和创造，以给予和分享为乐，感受对生活的热爱和敬重，脱离幻想，认识自我，不贪婪、不想入非非，不崇拜偶像，有能力克服自卑，不骗人，也不受骗，不幼稚，沉着稳重，无论命运如何，在生命过程中都要轻松愉快”，以这些主要特征的生产性人格，便是后来许多“健康人格”的原型描述。① 美国心理学家奥尔波特提出健康人格的6个标准：力争自我的成长，能客观地看待自己，人生观的统一，有与他人建立亲睦关系的能力，人生所

① 弗洛姆．占有或存在［M］．杨慧，译．北京：国际文化出版公司，1989：34.

需的能力、知识和技能的获得，具有同情心和对生命的爱。美国学者库布斯认为一个心理健康、人格健全的人应有 4 种特质：第一，具有积极的自我观念。第二，恰当地认同他人。第三，面对和接受现实。第四，主观经验丰富，可供取用。①

显然，心理健康标准明显带有不同文化的特征。中国传统文化重视人内心世界的圆融和谐，重视心理的平衡统一，强调个人与自然、社会保持和谐关系。当内心发生矛盾冲突时，强调以“克己”的方式求得调和与平衡，不重视表达与宣泄，当个人与社会发生矛盾时，强调牺牲个人服从社会。总之，中国人的心理健康以“和”为核心。笔者有一天来到一寺庙，拿到一张纸，上面是一个心理处方叫“和气汤”，“先下一忍字，后下一忘字”，可“治一切客气、怒气、抑郁不平之气”。一忍一忘，均为克己。元代吴亮撰《忍经》，表彰了几十位忍辱负重的经典人物：圯上取履，韩信出胯下，唾面自干，等等。这样一种低调的心理健康观念，作为一种“集体潜意识”代代相传，至今仍左右着许多人。

而西方的心理健康观念，则以崇尚自我为核心，重视个人的成长、潜能的发挥，尊重个体的独特性与创造性。重视直接而坦率的自我表达。

从东西方的人格发展来说，东方人的个性偏于内向，西方人的个性偏于外向。虽然心理学上对个性的内外向不作价值判断，认为内外向都各有优缺点，但从心理健康的角度来看，我认为外向的人较之内向的人心理负担与心理困扰较少，更容易保持心理健康。如果让人们对一些心理问题进行严重程度排序，比如，偷窃、欺骗、撒谎、抗拒权威、内向、害羞、沉默、自责，一般人会将前 4 项看得比后 4 项更严重，而心理学家的观点恰恰相反：后 4 项比前 4 项更严重。前 4 项属于外向行为，后 4 项属于内向行为，心理学家认为，内向行为对心理健康的损害更大。当然，这里仅仅是从心理健康的角度，而不涉及道德判断。

---

① 马绍斌．心理保健［M］．广州：暨南大学出版社，1995：28－29．

三、马斯洛的自我实现：心理健康的理想状态

对于心理健康的研究，心理学上最著名的当数马斯洛。他认为，行为主义心理学的许多理论与研究，主要都是以动物实验为基础的。比如，巴甫洛夫用“狗”做实验，提出了“条件反射”；桑代克将“猫”放进“桑代克迷笼”，发现了“尝试错误”规律；斯金纳将“白鼠”放进斯金纳箱，提出了“强化原理”；托尔曼让“老鼠”走迷宫，提出了“认知地图”。他们无非是把人当成“大一点的白鼠”。而从弗洛伊德开始，精神分析关注的大多是不健康心理，比如，弗洛伊德的神经症、自恋与恋母，荣格的“人格面具”与“阴影”，阿德勒的“自卑情结”与“补偿效应”，霍妮的“顺从、对抗与逃避”。他们要么只研究人的“机械性”，要么只研究人的“劣根性”，而恰恰忽视了人之为人的本性：人性，这必然使他们的心理学具有不可克服的局限性。因此，马斯洛提出，真正的心理学应该研究健康的、正常的人的心理，研究人的价值，人的尊严，人的创造性，人的积极情感，人的自我实现。这是一种以人为本的心理学，是不同于行为主义与精神分析的“第三势力心理学”，是一种健康心理学。

马斯洛将理想的心理健康状态称为自我实现，即人的所有潜能的充分实现与人的不断成长。这样的人具有如下临床观察特征：①

（1）对现实的更有效的洞察力和更加适意的关系，他们能够把握生活的本来面目，而不会被一些无关紧要的事物所迷惑。

（2）更能接受自我、他人与自然，他们悦纳一切，更少防御性和罪恶感。

（3）自发性；坦率；自然。

（4）以问题为中心。

---

① 马斯洛．动机与人格［M］．许金声，等，译．北京：华夏出版社，1987：178－208．

（5）超然独立的特性；离群独处的需要；对于文化与环境的独立性。

（6）自主性，意志，积极的行动者。

（7）更新颖的鉴赏，情绪反应的丰富性。

（8）高峰体验。

（9）社会感情：与人类一体的感情。哪怕他愚蠢、软弱甚至卑鄙，他都能得到宽恕。

（10）改善了的人际关系，自我实现者比其他人具有更深刻和深厚的人际关系。

（11）更民主的性格结构。

（12）区分手段与目的、善与恶。

（13）富于哲理的、善意的幽默感。

（14）创造力。

（15）对文化适应的抵抗。

（16）自我实现者也有缺陷。

第三节　心理健康的界定

一、心理健康是一个“状态”概念，而非“人格”概念

你的心理健康吗？

对这样一个问题，你一定觉得很难回答。因为这是将心理健康作为“人格”概念：笼统地问你是健康的还是不健康的？这很难判断。我更多地将心理健康作为一个“状态”概念，而不是“人格”概念：你在这件事的处理上健康不健康？你这段时间健康不健康？可以有一个明确的回答。

过去人们将健康与疾病看成非此即彼的两个极端，无病便是健康，

健康就是无病。而现在人们更多将健康看成一个连续体，在健康与疾病之间没有截然的分界点，在两个端点之间有一个很大的空间：既非健康又非疾病。人们将这一中间状态称为亚健康状态，或者“第三状态”。“第三状态”最早是苏联科学家N. 布赫曼提出的，从医学上来说，处于“第三状态”的人，虽然各项体检指标均为正常，也无法证明有某种器质性疾病，但与健康人相比却又显得生活质量差、工作效率低、极易疲劳，许多人常有食欲缺乏、睡眠不佳、腰酸腿痛、疲乏无力等不适。从心理健康的角度来看，处于“第三状态”的人，虽然没有明显的精神疾病与心理障碍，但无论如何都应该归为一种心理的非健康状态，外在表现为：学习工作效率不高，注意力分散、情绪烦躁焦虑，缺乏生活目标与动力，常常感到生活无聊，提不起劲，人际关系不好，经常有矛盾、冲突，等等。

二、“第三状态”种种

就学生而言，患有明显的心理疾病的人，毕竟为数不多，然而，可以毫不夸张地说，几乎每一位学生都曾为“第三状态”困扰过。因此，对学生进行心理健康教育具有普遍意义。根据我咨询的经验，可以总结出困扰学生的“第三状态”具体表现为：无聊无为、胆怯退缩、自卑逃避、封闭压抑、麻木迟钝（不会内疚、不懂感激）、幼稚依赖、优柔寡断、虚荣矫饰、偏激固执、任性刁蛮、委屈感与牢骚、悔恨、犯罪感与自责、仇恨与敌意、自我失败主义，等等。

“第三状态”是一种很不幸的非健康状态，虽然不是明显的病态，但却严重影响人的心理生活质量：浪费精力，将精力引向非建设性的渠道，降低人际吸引力，毁坏人的自我感受，降低人的自我满足感，束缚人的创造性。

所以，无论是身体健康还是心理健康，都不仅仅是指没有疾病，而且还要超越“第三状态”。对于心理健康的理解，可以区分出两种取向：医学取向与教育发展取向，前者将心理健康作为心理疾病的反面；而后者将心理健康作为心理疾病与“第三状态”的反面。我们赞成后一种取向。因此，本书的重点不在于如何治疗心理疾病，而在于如何克服“第三状态”，促进人的成长与完善。

三、心理健康是一个相对概念，而非绝对概念

从以上介绍的关于心理健康的研究，我们知道，对于心理健康的理解，可以有三个不同的层次。最低层次：克服心理疾病；中间层次：超越“第三状态”；理想层次：自我实现。

所以，心理健康不是指某种固定的状态，而是富有弹性伸缩的一个相对状态。一般心理学者多主张以个体行为的适应情况作为鉴别心理健康的标准，而不是以个别症状之有无为依据。

如何辨别正常与异常？台湾学者柯永河认为“心理健康者指适应行为多而不适应行为少，心理不健康者指适应行为少而不适应行为多。”黄坚厚总结了心理健康的五个不同的考察角度：统计数字、社会规范、个人痛苦、接受治疗、心理测试。可见，正常与异常，健康与不健康，都是相对的，其间并无明显界限，判断标准也是多维度的。

四、心理健康不是一种整齐划一的状态

曾经有人向我提过这样的疑问：如果一个社会全都是心理健康的人，那这样的社会是不是太无趣？其实，这样的疑问背后，隐藏着一个假定：心理健康追求的是一种整齐划一的状态，是一种平庸的中间水平①。所以，人人健康，社会就同质化了，就成了一潭死水，人人健康就消灭了天才。其实，这是对心理健康的误解：心理健康恰恰是与心理

① 孙末. 心理抚慰不越位［N］. 上海壹周，2007－07－11（D2）.

的多样性、丰富性、心理的动态活力并行不悖的。就如马斯洛所列举的心理健康特征中，特别强调人的创造性、情绪的丰富性、对文化适应的抵抗，就连很中庸的孔子也强调特立独行。

人人健康是否就没有了天才？天才与精神病人有时确实集于一身，而且许多时候，精神病人在发病时刚好是天才闪爆的时候。但我们不能说天才等于精神病人，或者说精神病人就是天才。无论他如何天才，只要他是精神病人，他就正忍受精神的折磨，他就需要帮助与治疗。

五、心理健康的两个基本原则

你的心理是否健康？首先可以根据主观感觉来评判。任何行为都必然伴随主观感受。主观感受指行为者自身的内心体验，这种体验中最基本的是本体感觉。人的行为，一靠头脑中有意识的认知来进行“宏观”调控；二靠来源于本体感觉与内心体验的“微观”调控。强迫症患者屈从于既定的程序，行为拘谨刻板，不敢越雷池半步。笔直地坐在椅子边上，有扶手和靠背也不利用；每天西装革履，哪怕回到家里，走进厨房烧饭，也得系好领带。这显然是本体感觉出了问题，他们回避来自本体感觉的真实声音，变成了一个直接体验上的“盲人”。利他行为不一定是健康行为。老师搬桌子时不小心夹了学生的手，这个一年级的孩子强忍着泪水，笑着宽慰老师“不疼，不疼”！作为老师的你，千万别太早地为学生的懂事高兴，你得留意这孩子的心理健康。过分地早熟与懂事会压抑孩子的本体感觉，这不是什么好事！原因在于当利他只是一种手段时，它不会给行为者带来真正的道德愉快。只有行为中的愉快真正来自本体而不依赖于他人的评价，也就是社会性评价真正达到个人化与体验化之后，利他行为才成为健康行为。所以弗洛伊德提出心理活动的第一原则为“快乐原则”。它表明，本能需要的即时满足会给人带来快乐，不满足则会带来紧张、不安甚至痛苦，而人都具有追求快乐，避免痛苦的本性。快乐原则是指导人之初心理活动的唯一原则，也是衡量心理健康的首要法则。

如果你经常遭受到严重的忧郁、焦虑、敌意等不良情绪困扰，并且这些烦恼与痛苦影响了你的生活质量；如果你经常失眠、头痛、感到注意力不集中、记忆力减退、情绪大起大落，你注意到这些变化并且为此而感到不安；当你不敢在班级讨论中发言，不敢与陌生人打交道，想到要在公众场合抛头露面你就会脸红、心跳、出汗、发抖，为此你感到自己无能，深陷于沮丧与挫败感中；当你感到总有一些毫无意义的念头、怀疑行为不断出现，你想控制却又控制不了，诸如此类情况，你都会感到不安、烦恼甚至痛苦，总之，你不快乐，你对自己的心理状态不满意。只要你认为自己不健康，那你就需要调整与改善。根据个人的主观感受作出自己是否处于健康状态的判断，一般是可行的。

然而，是不是自我感觉很好的人就一定健康呢？比如，精神病人，这是心理疾病中最严重的一类疾病，但他们从来不会意识到自己有病，而且越严重的越不承认自己有病。又如，有的人自我防御意识很强，整日生活在自欺欺人之中，但他毫无觉察。再比如，有的人自私自利，凡事以自我为中心，女朋友换了一个又一个，只管自己的感受，从来不顾及对他人的伤害。或者就像《小井胡同》中的小环子，无论在什么时代他都能活得很滋润，钻空子，骗吃骗喝，如鱼得水，无忧无虑，好不快活！这样的人不能说不快乐，但这样的人是否能算心理健康呢？

衡量一个人的心理是否健康，除了自我感受之外，还必须考虑其社会适应性，主观感受必须与现实相吻合，因此，弗洛伊德提出心理活动的第二大原则“现实原则”，它强调个人与社会的整合。每个人都生活在社会之中，一个心理健康的人必须适应社会，与社会处于和谐状态而不是对立状态。个人与社会的适应情况表现在对自己、对他人、对家庭、对集体、对社会的态度上，表现在与他人和社会建立的联系上，也表现在对各种事情的处理上。如果个人只顾追求快乐而忽视社会规范，迟早会受到社会的惩罚。因此个人在追求快乐的时候，必须学会延迟满足，将眼前需要的满足与长远而持久的利益结合起来。

快乐原则与现实原则是衡量心理健康的两个基本原则。不论牺牲快乐原则，还是牺牲现实原则，都是不健康的，甚至是病态的。

六、本书的目的：助你自助并助人

不同的人可以从不同的角度对心理健康进行不同的界定，其实，他们的界定都不外乎人类心理活动的各个方面。我们可以从心理的各个侧面来分析人的心理健康：知、情、意、行到个性，从自我意识到人际关系，每一方面都涉及心理健康问题。另外，针对学校的特殊情况，我们增加了关于学习、异性交往、网络健康等内容。这些方面共同构成了本书的主体。

本书的目的是帮助与学校有关的人员——学生、教师、家长，进行心理健康的指导。首先，它将为你提供心理健康的最新知识与理论，帮助你树立新的心理健康观念；其次，它将使你更清晰地了解自己。目短于自见，人短于自知。对于我们身上的缺点，常常是旁观者清，当事者迷，本书将会涉及许多司空见惯的现象，比如，虚荣、胆怯、后悔、要强、拖拉、追星，等等，分析它们对心理健康的影响。当然，要达到这一目的，希望读者不断检查自己、对质自己，伴随直面自己的痛苦，有时需要你有往自己伤口撒盐的勇气；再次，本书将为你提供一系列具有操作性的心理调适技术，帮助你不断地克服心理局限，缓解心理压力，改善人际关系，同时还能帮助你不断地挑战自我，突破自我，不断地开发潜能与创造性，最终达到完善自我、促进成长的目的。总之，本书的目的在于助你自助。先能自助，后能助人。

希望你和你的学生、你的孩子在本书的帮助下，在这个充满压力、冲突与竞争的现代社会，活得快乐，活得智慧，活得有价值、有尊严，活得富有生活质量。

本书具有 3 个特性。第一，实用性，作者基于多年心理咨询的临床经验，结合具体个案展开分析，尽量结合学生实际，提供相应的心理调适技术，注重实用性、可操作性、有效性；第二，专业性，对心理现象的分析均以心理学的最新理论与研究为依据，而非随意的经验之谈或泛泛的善意开导；第三，可读性，通过“知识点或理论 + 案例分析 + 结论”的方式表述，语言简明，观点清晰，结论简单。

附录：心理健康自评（SCL—90 自测）

注意：以表 1－1 中列出了有些人可能会有的问题，请仔细地阅读每一条，然后根据最近一星期以内下述情况影响你的实际感觉，在 5 种程度中作出选择。

表 1－1　心理健康自评表（SCL—90 自测）

序号	自我感觉	没有 1	很轻 2	中等 3	偏重 4	严重 5
1	头痛					
2	神经过敏，心中不踏实					
3	头脑中有不必要的想法或字句盘旋					
4	头昏或昏倒					
5	对异性的兴趣减退					
6	对旁人责备求全					
7	感到别人能控制你的思想					
8	责怪别人制造麻烦					
9	忘性大					
10	担心自己的衣饰整齐及仪态的端正					
11	容易烦恼和激动					
12	胸痛					
13	害怕空旷的场所或街道					
14	感到自己的精力下降，动作减慢					

续表

序号	自 我 感 觉	没有 1	很轻 2	中等 3	偏重 4	严重 5
15	想结束自己的生命					
16	听到旁人听不到的声音					
17	发抖					
18	感到大多数人都不可信任					
19	胃口不好					
20	容易哭泣					
21	同异性相处时感到害羞不自在					
22	感到受骗、中了圈套或有人想抓住你					
23	无缘无故地突然感到害怕					
24	自己不能控制地大发脾气					
25	怕单独出门					
26	经常责怪自己					
27	腰痛					
28	感到难以完成任务					
29	感到孤独					
30	感到苦闷					
31	过分担忧					
32	对事物不感兴趣					
33	感到害怕					
34	你的感情容易受到伤害					
35	旁人能知道你的私下想法					
36	感到别人不理解你、不同情你					
37	感到人们对你不友好，不喜欢你					
38	做事必须做得很慢以保证做得正确					
39	心跳得很厉害					

续表

序号	自我感觉	没有 1	很轻 2	中等 3	偏重 4	严重 5
40	恶心或胃部不舒服					
41	感到比不上他人					
42	肌肉酸痛					
43	感到有人在监视你、谈论你					
44	难以入睡					
45	做事必须反复检查					
46	难以作出决定					
47	怕乘电车、公共汽车、地铁或火车					
48	呼吸有困难					
49	一阵阵发冷或发热					
50	因为感到害怕而避开某些东西、场合或活动					
51	脑子变空了					
52	身体发麻或刺痛					
53	喉咙有梗塞感					
54	感到前途没有希望					
55	不能集中注意					
56	感到身体的某一部分软弱无力					
57	感到紧张或容易紧张					
58	感到手或脚发重					
59	想到死亡的事					
60	吃得太多					
61	当别人看着你或谈论你时感到不自在					
62	有一些不属于你自己的想法					
63	有想打人或伤害他人的冲动					
64	醒得太早					

续表

序号	自 我 感 觉	没有 1	很轻 2	中等 3	偏重 4	严重 5
65	必须反复洗手、点数目或触摸某些东西					
66	睡得不稳不深					
67	有想摔坏或破坏东西的冲动					
68	有一些别人没有的想法或念头					
69	感到对别人神经过敏					
70	在商店或电影院等人多的地方感到不自在					
71	感到任何事情都很困难					
72	一阵阵恐惧或惊恐					
73	感到在公共场合吃东西很不舒服					
74	经常与人争论					
75	单独一人时神经很紧张					
76	别人对你的成绩没有作出恰当的评价					
77	即使和别人在一起也感到孤单					
78	感到坐立不安、心神不定					
79	感到自己没有什么价值					
80	感到熟悉的东西变成陌生或不像是真的					
81	大叫或摔东西					
82	害怕会在公共场合昏倒					
83	感到别人想占你的便宜					
84	为一些有关“性”的想法而很苦恼					
85	你认为应该因为自己的过错而受到惩罚					
86	感到要赶快把事情做完					
87	感到自己的身体有严重问题					
88	从未感到和其他人很亲近					
89	感到自己有罪					
90	感到自己的脑子有毛病					

表 1-2 SCL—90 测验结果处理

因子	因子含义	项目	T 分 = 项目总分/项目数	T 分
F1	躯体化	1、4、12、27、40、42、48、49、52、53、56、58	/12	
F2	强迫	3、9、10、28、38、45、46、51、55、65	/10	
F3	人际关系	6、21、34、36、37、41、61、69、73	/9	
F4	抑郁	5、14、15、20、22、26、29、30、31、32、54、71、79	/13	
F5	焦虑	2、17、23、33、39、57、72、78、80、86	/10	
F6	敌对性	11、24、63、67、74、81	/6	
F7	恐怖	13、25、47、50、70、75、82	/7	
F8	偏执	8、18、43、68、76、83	/6	
F9	精神病性	7、16、35、62、77、84、85、87、88、90	/10	
F10	睡眠及饮食	19、44、59、60、64、66、89	/7	

测试说明：这是一份运用较普遍的心理健康测试量表。统计指标为两项：总均分和因子均分，表示被测者自我感觉的水平。若 T 分≥3，便认为该因子症状已达中等以上严重程度。一般需要关注的是分数的对比意义，特别注意一些极端分数。另外“15、59、89”三项也需特别关注，可综合反映自杀倾向。

2

社会认知失真：心理障碍的重要根源

先请大家思考几个问题：为什么在人与人的相处过程中会有层出不穷的矛盾冲突，哪怕是家人、同学、恋人、夫妻之间也会经常吵架？为什么即使在最亲的家人之间也会有许多解不开的千千结？为什么生活中会有许多人不可理喻、胡搅蛮缠？人为什么会自杀或杀人？

关于心理健康的认知理论告诉我们，其根源之一，在于他们的社会认知系统。

社会认知非常重要。任何心理问题与心理障碍都有其社会认知根源，不健康的心理常常来源于不健康的社会认知。生活中的诸多问题，小至同学反目、朋友误会、恋人吵架、家人间发生矛盾冲突，大至杀人、自杀，其社会认知系统都有或多或少的不合理之处。我们常常看到这样的情景：两个人吵得天翻地覆，每个人都认为自己有理，对方在胡搅蛮缠，在故意与自己作对。而真实的情况往往是，这样的两个人，就像是坐在两口井里的两只青蛙，或者像“盲人摸象”中的两个盲人。沙漠里的半瓶水，健康者庆幸“还有半瓶”，不健康者抱怨“只有半瓶”。从监狱的栏杆，两人远望，一人看见死亡，一人看见希望。有的人智商不低，但日常生活却处理得一塌糊涂。这里有着与一个人的智力无关的东西，这便是我们的思想方法，我们的社会认知模式。我们的所知决定我们的所感，我们的所感决定我们的所行。感受与行为往往是外显的，我们容易把握，而社会认知却是内隐的，是“黑箱”里的东西。本章将带领你走进黑匣子，看一看健康者与不健康者的行为背后到底有什么样不同的社会认知作为支撑。

第一节　社会认知与心理健康

一、社会认知的重要性

案例：同一件事，两种不同的结果

老师的儿子出国了，留下许多衣服，有些几乎没穿过。班级里有几个学生，家庭经济比较拮据，老师好心地对他们说：如果愿意，可以去挑选些可以穿的衣服。其中一个学生听了以后很生气：“老师怎么能这样？我家里穷老师就可以瞧不起人吗？把我看成什么啦？捡破烂的吗？”他自然没去老师家挑衣服。虽然没有把火发出来，但心里憋闷了很久，觉得受到了天大的侮辱，而且从此与老师的相处就变得别扭起来。而另一位同学却有不同的想法：“虽然我不习惯穿别人穿过的衣服，我也不会去老师家拿衣服，但老师毕竟是一片好心。”他这样想，心情就很平和，与老师也仍然能够友好相处。

一个人看待事物的方式非常重要，看问题的角度、方式不一样，引起的情绪、行为也不一样。凡事从坏的一面考虑，将会使自己成为受害者，导致情绪困扰与情绪障碍；凡事从善良的信念出发，给别人一个台阶，也是给自己一个畅快呼吸的空间。

社会认知对心理健康非常重要。认知可以分为一般认知与社会认知。一般认知是对客观世界、对大自然的认知，这种认知往往有对错之分，有一个客观真理存在。通过数理化的学习可以提高我们的一般认知能力。而社会认知主要是对社会生活、对人际关系，对人际关系中的自我和他人的认知，它包括一个人看问题的方式、思维模式、评价是非的标准、对人对事的基本信念、对人对己的态度等。这种方式一般有积极—消极，理性—非理性、客观—主观之分，而没有对错之分，也很难找到一个客观真理。常常是公说公有理，婆说婆有理。

现在的孩子都很聪明，而且知识面广，然而，这并不意味着他们的认知都很正确。社会经验缺乏、阅世不深、生活单一、自我中心、自视很高……都会使他们的认知系统缺乏客观性。认知系统一旦失去客观性与合理性，将给心理健康埋下一颗定时炸弹。

二、心理健康的认知理论

因为看到了社会认知对心理健康的重要性，所以形成了心理健康的认知理论。其代表理论有贝克的认知疗法、埃利斯的理性情绪疗法、迈切鲍姆的认知行为矫正法、大卫·鲍恩斯的“实用宽心术”[①] 与约翰·鲍威尔的“观念治疗法”[②]。

在各种心理健康的认知理论中，埃利斯的观点最具代表性。

可以简单地把心理健康的认知理论概括为如下几个要点。

第一，认知是行为与情感的基础，一个人的心情往往是由他的“认知”或思想产生的。认知涉及一个人阐释事物的方式——他怎样评判某人某事。一个人以什么样的方式思考就以什么样的方式感觉，因为在同一时刻，一个人的所思就是一个人的所感、所行。

第二，消极的情绪由消极的思想决定。你用否定的、悲观的思想看

---

① 大卫·鲍恩斯．实用宽心术［M］．张国清，蔡旗，译．上海：上海人民出版社，1992：5.

② 鲍威尔．人性的充分发展［M］．吴晓风，赵明宁，译．北京：北京大学出版社，1989：33.

问题，那么，你就会感到非常沮丧、失意与消沉。

第三，几乎一切的消极思想都蕴涵着重大的曲解。稍加推敲，你就会发现，这些消极思想都是无稽之谈，都不合情理。你终将发现，你的一切痛苦均来自歪曲事实的想法。

第四，通过改变我们的思想与认知，可以改变我们的消极情绪和行为。

第二节　常见的认知失真

一、认知失真的各种观点

先请大家判断表 2－1 中几个论述是否有道理？

表 2－1　埃利斯的观念测试

序号	论　述	有道理	说不清	无道理
1	人应该得到自己生活中的每一位重要人物的喜爱与赞许	1	0	－1
2	一个有价值的人应该在各方面都比别人强	1	0	－1
3	对于有错误的人应该给予严厉的惩罚与制裁	1	0	－1
4	如果事情非己所愿，将是可怕的	1	0	－1
5	不愉快的事是由外在因素引起的，自己不能控制和支配	1	0	－1
6	面对困难与责任很不容易，倒不如逃避更好	1	0	－1
7	对危险与可怕的事要随时警惕，经常提防其发生的可能性	1	0	－1
8	人要活得好一点，就必须依赖比自己强的人	1	0	－1
9	以往的经历和事件对现在具有决定性的、难以改变的影响	1	0	－1
10	对于他人的问题应当非常关切	1	0	－1
11	任何问题都有一个唯一正确的答案	1	0	－1

你的总分是多少？

这是埃利斯列举的11类不合理观念[1]，所以你的得分越低越好，满分为-11分。

不合理观念又称为认知失真，是指歪曲现实、丧失了客观性的不合理认知。认知失真与认知错误不同。如果你认为1+1=3，那是认知错误，这是一种偏离客观真理的现象。而认知失真不是针对客观真理而言，只是针对某种客观情境和现实的现象。认知失真如何表现？不同的心理学家有不同的总结。

认知疗法的创始人贝克将认知失真总结为：任意推论、过分概括化、选择性断章取义、全或无的思维方式、乱贴标签、过分夸大或缩小等几方面。而韦斯勒的不合理认知特征为：绝对化的要求、过分概括化、糟糕至极。

伯恩斯在贝克等人的观点基础上，总结出一张认知失真表[2]。如表2-2所示。

表2-2　伯恩斯的认知失真表

序号	认　知　失　真
1	非此即彼的思维方式：你非此即彼地看待事物，如果你的言行未臻完善，你就自视为一个失败者
2	以偏赅全：你把某一消极事件看做一个永远失败的象征
3	心理过滤：你捡出某一消极细节，且对它念念不忘。你的现实境况变得暗淡无光，就像一滴墨水改变了整瓶水的颜色一样
4	贬抑积极的事物：你借口“它们算不了什么”而贬抑积极的经验。你借此维持了一个消极的信念，这个信念又与你的日常经验格格不入

① 马绍斌．心理保健［M］．广州：暨南大学出版社，1995：133.

② 大卫·鲍恩斯．实用宽心术［M］．张国清，蔡旗，译．上海：上海人民出版社，1992：40.

续表

序号	认知失真
5	仓促作出结论：尽管没有能够令人信服地支持你的结论的明确事实，但是你仍然作出了消极的注释。(1) 瞎猜测：你轻率地作出有人正在消极地与你作对的结论，但又无心对它作出证明；(2) 预言家的迷误：你预言万事不如意，且相信自己的预言是一个既成事实
6	夸大其词：你要么过分夸大某些事物的重要性（诸如你的失误或他人的成就），要么过分贬低某些事物，把它们说得微不足道（你向往的品格或他人的缺陷。这种情况也叫做“双目显微镜的把戏”
7	情绪推理：你认为自己的消极情绪必然反映了事物存在的真实情况，“我感觉到它，所以它肯定是真实的”
8	虚拟陈述：你努力用“应该”和“不应该”来督促自己。结果，你在期待做事之前不得不受到鞭挞和惩罚。“应该”和“必须”也是惹是生非的原因。虚拟陈述的情绪结局是内疚。当你把虚拟陈述指向他人时，你感到愤怒、失望和不满
9	诅咒和乱比附：这是以偏赅全的一个极端形式。你没有描述自己的过失，而是把自己臭骂一顿，“我是一个失败者”。当别人以不公行为伤害了你，你便对他一阵臭骂，“他是一个跳蚤”。乱比附，指用色彩鲜明、心情沉重的语言描写某个事件，但因言过其实，只会使自己增加精神负担
10	人格化：你自视为某一消极的外在事故的原因，而实际上你不必为它负主要责任

二、一些常见的认知失真

参照以上认知失真的各家观点，结合当代学生的特点，我们认为认知失真主要表现在以下几个方面。

1. 极端思维

这是学生中最普遍的一种认知失真。它包括各种各样的绝对化、极端化思维，不全则无，非黑即白。上面提到的以偏赅全、超概括化、过分夸大或缩小、糟糕至极、贴标签、诅咒等均可纳入极端思维中。

在学生的人际交往中，极端思维表现得非常明显。无论是对自我的评价，还是对他人的评价都容易走极端。有人这样描述自己："记得十几、二十几岁的时候，我是一个被轻愁薄怨笼罩的人，是我自己走进去的。那时候，我喜欢婉约派诗词，就一任那些缠绵悱恻的思绪把一颗心堵死；重视朋友友谊，这友谊偶与自己的期待有出入，就不惜割席断交，然后关上门饮泣半宿。感激父母关爱，可一旦犯错见责，就顿觉万念俱灰，恨不能死一回给他们看。敏感、易折、偏执、任性，整个人像是玻璃做的，小小的一点碰撞，就辐射开无数的裂纹。那个年龄碰不得更得罪不得，一味青涩涩地倔强着，在一川烟草，满城飞絮，梅子黄时雨中打熬到成熟。"偏执任性从认知角度看就是一种极端思维。

2. 心理过滤

由认知的选择性而带来的心理过滤，往往使人不能客观、全面地看待现实，他们看到的常常是他们想看的，因此产生预言家的迷误：一旦有了某种预言，这一预言便会自动实现。这往往成为许多迷信与征兆的认知根源。比如，左眼跳财，右眼跳灾。喜鹊叫，客来到……左眼一跳，我们一整天都会特别关注是否有什么好事，只要有蛛丝马迹，我们便会欣喜若狂：果然是有好事，预言实现。其实，每一天都会发生很多事，有好有坏，我们要刻意去验证，找出一两个证据并不难。只是有可能，在左眼跳的那一天，你筛选出了 3 件好事，而忽视了 7 件坏事；而在右眼跳的那一天里，你可能筛选出了 3 件坏事，而忽视了 7 件好事。通过心理过滤，你可能大大地歪曲现实。

许多人在人际交往中总觉得自己吃亏、总感到自己委屈、总觉得别人在欺负自己，因此，他们牢骚满腹，求全责备，随时随地感到自己是个受害者。其实，这也可能完全是认知失真给他的错误结论。我们也会发现，在我们周围有这样一种人，他们似乎永远也不懂感激，无论你对他多好。实际上，这些人也许并不是知恩不报，而是他们的认知失真使他们根本就不“知”恩。

一个学生这样写道：“过去，我会把鸡毛蒜皮的小事无限放大，耿耿于怀、斤斤计较。动不动就以为宿舍里的人瞧不起我，自尊受到伤害。我一直认为自己是弱者，是被欺负的，因此常常有一些不满的表示，但后来事实证明并非如此。”

当我们因认知失真而只看到事物的一个侧面，只看到我为别人做的而看不到别人为我做的时，我们会理所当然地向别人索取，其实，就如《母亲的账单》一文中的彼得一样，犯了心理过滤的错误①。

小彼得是一个商人的儿子。有时他抽空到他爸爸做生意的商店里去瞧瞧。店里每天都有一些收款和付款的账单要经办。彼得往往受遣把这些账单送往邮局寄走。他渐渐觉得自己似乎也已成了一个小商人。

有一次，他忽然想出了一个主意：也开一张收款单寄给他妈妈，索取他每天帮妈妈做点事的报酬。

某天，妈妈发现在她的餐盘旁边放着一份账单，上面写着：

母亲欠她儿子彼得如下款项：

为取回生活用品	20 芬尼
为把信件送往邮局	10 芬尼
为在花园里帮助大人干活	20 芬尼
为他一直是个听话的好孩子	10 芬尼
共计：	60 芬尼

彼得的母亲收下了这份账单并仔细地看了一遍，她什么话也没有说。

晚上，小彼得在他的餐盘旁边找到了他所索取的 60 芬尼的报酬。

① 埃德温．母亲的账单［J］．世界之窗，1983（4）．

正当小彼得如愿以偿，要把这笔钱收进自己口袋时，突然发现在餐盘旁边还放着一份给他的账单。

他把账单展开读了起来。

彼得欠他的母亲如下款项：

为在她家里过的十年幸福生活	0芬尼
为他十年中的吃喝	0芬尼
为在他生病时的护理	0芬尼
为他一直有个慈爱的母亲	0芬尼
共计：	0芬尼

小彼得读着读着，感到羞愧万分！过了一会儿，他怀着一颗怦怦直跳的心蹑手蹑脚地走近母亲，将小脸蛋藏进了妈妈的怀里，小心翼翼地把那60芬尼塞进了母亲的围裙口袋。

3. 瞎猜测

瞎猜测，即把想象与主观推测当事实，主观臆断，想当然。有一个故事《借千斤顶的汽车司机》。有一天，一个汽车司机开车到一个偏远的地方办事，因为堵车耽误了时间，天黑了还没到达目的地。这时偏偏车子又抛锚，修车时发现千斤顶又忘了带，路上无任何车辆来往，显然没有任何人可以求助。好在路边不远的山坡上有一间屋子透出隐隐约约的灯光。司机向这间屋子走去，希望能够借到千斤顶。屋门紧闭，里面有人走动，司机开始敲门，边敲边想：这家人家不知有没有千斤顶？——即使有，是否愿意借给一个陌生人？——怎么没反应？主人一定不是热情、乐于助人的人——他是不是已经看到我的车子坏了，知道我要来借千斤顶，所以不开门。——还不来开门！真小气，真可恶！——有什么了不起，不就是个千斤顶吗？……终于门开了，一个颤颤巍巍的老头儿出现在门口。还没等老头儿说话，司机便迎面给老头儿一拳："让你的千斤顶见鬼去吧，你舍不得借，我还不想要了呢！"说完扬长而去。其实，老头儿耳聋眼花，一开始根本就没听到敲门声。

这个故事也许过于夸张，但这种自我失败性质的瞎猜测在学生中非常普遍。走在路上，对面走过的同学没跟自己打招呼，心里就开始胡思乱想：他为什么不跟我打招呼，他是不是对我有意见？他为什么会对我有意见呢？我做错什么事得罪他了吗？我为什么老做错事呢？我真没用，谁都不喜欢我！

4. 虚拟陈述、隐藏的假定

心理学的研究表明，人的认知加工包括两个过程：一个是自下而上的加工过程，直接对外在刺激作出反应；另一个是自上而下的加工过程，利用已有的知识经验对外在刺激作出解释①。由于知觉的恒常性，许多现象司空见惯，习以为常后就成为一种“成见”，一种“图式”，一种“刻板印象”，一种“虚拟陈述”影响自上而下的加工。

这种成见常常在不知不觉中成为一种独断专横的内心指令，表现为“应该”“必须”等毫不留情的强迫性禁令，因此，霍妮将其称为“专横的必须”②。本来只是一种愿望，但表现出来却成为一种要求。“我希望你……”成为“你必须……”。许多学生的心目中存在大量这样的“专横的必须”：

我必须得到所有人的喜爱。

人人都要尊重我。

他应该对我好。

我应该做好所有事情。

我应该每天都做出成绩。

我什么方面都不应该落后于人。

我能避免任何错误。

社会应该公平。

---

① 王甦，汪安圣．认知心理学［M］．北京：北京大学出版社，1992：38.

② 卡伦·霍尔奈．神经症与人的成长［M］．张承谟，贾海虹，译．上海：上海文艺出版社，1996：56.

我是一个三好生，所以不应该与别人吵架。

我是女孩儿，不应该主动对男孩儿好。

我是一个好女儿，所以不应该让父母失望。

在这种“专横的必须”要求下，许多人不知不觉形成了强迫性人格，丧失了自发性与主动性。

5. 情绪推理

所谓情绪推理，是指将感性当理性，凡事跟着感觉走，其基本表述方式为：

我感觉到它——所以它肯定是真的。

我喜欢——所以我没有办法。

我觉得是——绝对是……

6. 人格化

这是一种使外在事件与个人发生关系的倾向，即使没有任何理由。一种很典型的人格化是找替罪羊，宿命论是另一种形式的人格化。“别人考试作弊那么多次不被发现，而我考试时只是瞄了临座一眼，就被抓住，我的运气真不好。”

三、认知失真的特征

一个认知失真的人，很难发现和改变，他会长期受不合理的认知所操纵而不能自拔。原因何在？这是由不合理认知的特征所决定的。

第一，认知失真的根源在于人们认知能力的有限性。人们能够同时注意、记忆、加工的信息是有限的。比如，心理学家米勒发现，人们的工作记忆容量仅为 7 ±2 个组块。所以电视台才会有所谓“幸运 13”的节目。因为认知能力的有限，所以，面对眼花缭乱的各种信息，人们需要选择，需要取舍，不可能对所有信息进行反应，这样一来，人们反应和加工的信息就必然会残缺不全，人毕竟不可能全知全能，这是认知失真的根本原因。从这一角度来说，认知的有限性是人不可克服的一个局限，任何人都会有多多少少的认知失真。完全没有认知失真的人是不存在的。

第二，不合理认知一旦成为一种稳定的思维方式，便具有无意识性和自动性。不合情理的消极思想成为许多人生活的一部分，他们对此已习以为常。它常常作为“自动的思想”，不费吹灰之力就自动灌注你的整个身心，成为你的感觉。就像大脑中的自动导航系统，会自动优先反应。许多人便跟着感觉走。而一旦习以为常后，要认识到这种思维方式的不合理性就非常困难。因此，在心理咨询中要进行认知重组，最难的一步就是要帮助来访者打破观念的执著，获得醒悟，识别自己的不合理认知。因为认知失真具有无意识性、自动性、功能性、是不知不觉的，所以，克服认知失真首先要使无意识意识化。

笔者认为，无意识的意识化，是许多心理治疗的关键步骤。哪怕是以强调潜意识著称的弗洛伊德，尽管从内容上说，无论如何都应该将其归入非理性领域，但在治疗实践中，弗洛伊德也非常依赖理性、意识与认知的作用。他的释梦、他的精神分析、他的自由联想，都是以知带情，使潜意识意识化的过程，其核心也在于增强理性和意识对潜意识的觉察与把握。

第三，认知失真是有“好处”的。歪曲现实可以缓解内心焦虑，求得心理平衡，进行自我保护。酸葡萄和甜柠檬就有这样的好处。就像许多人“因病获益”一样，许多人也“因认知失真而获益”。认知失真就好像人的防身战壕，在其中他感到很安全。

心理学家海德提出认知平衡理论，他认为：人的认知结构具有趋向平衡的本质特征。认知的平衡是这样一种情境：被知觉的单元和情感无应激地共同存在着，因此，不论对认知组织的变化还是情感表现的变化都没有压力。而一旦失去这种平衡，就会产生压力、紧张焦虑和痛苦。这种痛苦有时具有非常巨大的力量，甚至会导致一个人的毁灭，北大教授解万英的自杀就是一个例子。一个家庭和睦、事业顺利、刚刚分到新房的教授为何突然自杀？原因就在于他头脑中的认知冲突。作为20世纪五六十年代氛围里成长起来的知识分子，长期以来形成的对社会主义公有制的理解使他难以接受市场经济的理论，两种经济体制在他脑中剧烈冲突，令他非常痛苦。这种痛苦在他得知中国共产党第十四次代表大会已正式将市场经济纳入到社会主义经济范畴时达到了高潮，他的认知结构完全失去了平衡，他感受到难以忍受的痛苦，因此从高高的楼上跳了下来。由此看来，认知不平衡状态具有明显的动力性质。

费斯丁格进一步提出认知失调理论：人的认知失调是不可避免的，因为不同的认知元素各有独立性。认知不平衡是一种应激状态，会产生压力，导致紧张、焦虑、痛苦、甚至精神崩溃、自杀。认知失调状态具有动力学意义，失调造成的压力将推动人们努力以减少不协调，恢复平衡。减少不协调有两种主要途径：①改变行为："我每天抽烟"与"抽烟有害"的观念有冲突，于是通过戒烟，使认知重新取得协调。②改变认知："我每天抽烟"与"抽烟有害"的观念有冲突，于是，他会对原有观念进行个人加工，得出一个新的结论："抽烟不一定有害，宣传都有个人目的"。或者"我虽然抽烟，但并不上瘾，只是每天抽半包，抽得并不多，有的人一天要抽两包呢！"在改变认知的过程中，往往就会出现许多自欺欺人的认知失真，就会为自己的行为找借口。

第四，越是具有不安全感的人，其认知越容易失真。王朔有一部小说《过把瘾就死》，其中的杜梅是一个典型代表。杜梅与方言彼此都深深相爱，但却吵得不可开交，大事小事吵，有事无事吵，结婚前吵，结婚后吵，甚至刚刚领好结婚证也吵，最后吵到离婚。根本原因就在于杜梅的认知失真。她经常见风就是雨，甚至无风也起浪，捕风捉影瞎猜测，胡搅蛮缠乱折腾，对方言的行为任意歪曲。她的这种认知失真的原因在于她对婚姻的不安全感。因为父母婚姻的悲剧，杜梅的心中有着根深蒂固的对婚姻的怀疑与恐惧，又由于她隐瞒了父母的真相而背上了沉重的思想负担，这一切都使她对自己特别没信心，因此，她要处处提防，时时小心，敏感猜疑便成为自然。

第五，感情色彩较浓的关系中认知容易失真。许多孩子在学校老师同学面前，通情达理，显得非常懂事。可一回到家里，马上像换了一个人，一点道理也不讲。这是因为在感情色彩很浓的关系里，人们很容易求全责备，很容易将感性当理性，将愿望当要求，因此形成“情绪推理”与“专横的必须”。就正如杜梅，在单位，她宽宏大量，但一到方言面前，她就变得非常苛求，容忍不了方言对她一点点的不好。

第三节　防御性认知

防御性认知是认知失真的一种常见形式。

一、归因偏差

人们在对事件原因认知与解释时，常常会表现出防御性。这形成两种效应：行动者—观察者效应与自我服务倾向。

早期的归因理论认为：人是理智的，像一个朴素的科学家，他会很好地收集信息，然后做出正确的归因。然而，后来很多研究发现，实际情况并非如此，人们在对日常生活事件进行归因时，却有明显的防御性，因此导致认识的偏差。同一件事，因为自己在事件中扮演的角色不同，对事件的解释也会不同。

一个最基本的归因偏差是：行动者—观察者效应。① 人们在对自己与他人的行为进行归因时会有差异，常常将别人的行为归因于较稳定的个性因素，而将自己的行为归因于外部因素，随境而变。产生这种差异的原因也许是自己与他人的行为的突出程度不同，因此知觉效果也不

① 菲斯克，泰勒．人怎样认识自己和他人［M］．张庆林，等，译．贵阳：贵州人民出版社，1994：82.

同。作为行动者，人们不能清楚地看到自己是怎样行动的，而影响自己的环境因素却十分突出，所以很容易将行为归因于外部因素；相反，作为别人行为的观察者时，他人的行为就成为知觉对象，而环境则成为模糊的知觉背景，所以常将他人行为归因于行动者自身。

另一个偏差是自我服务倾向。行动者—观察者效应仅仅适合于中性归因事件。如果是成功或失败的归因事件，人们的归因倾向又有不同。对他人的成功，我们常常归因于外因，“你看，他运气多好呀！”而对自己的成功，我们常常归因于内因，“能够有今天，我付出了多少！”相反，对他人的失败，我们倾向于归为内因，“他这是自作自受”。而对自己的失败，我们倾向于归为外因，“他们老是对我不公平！”也就是说，归因有自我服务倾向和防卫性特点，其目的在于维护自尊，减少不利事件对自己的威胁。

正是因为归因中存在诸多的归因偏差，所以在社会认知中常常导致人际矛盾与冲突。因此在社会认知中，应该警惕归因偏差。

二、自我防御性认知

弗洛伊德的自我防御机制几乎都包含不合理的认知。通过歪曲认知来保护自己的自尊。当人们面临心理压力或感到焦虑时，就会本能地启动自我防御机制进行自我保护。这种自我防卫是无意识的，所以当旁观者清清楚楚地看出他在自欺欺人时，可是他本人却浑然不觉。

合理化作用是最典型的认知失真。当你吃不到葡萄只有柠檬时，你就会采用错误推理或歪曲现实的方式，说葡萄很酸，柠檬很甜，以此保护自己的自尊心。合理化作用又称为文饰作用。

投射与自居是另一种自我防御。投射即外射，将自己的想法强加于别人，如以己之心，度人之腹，五十步笑百步都是投射。自居即内射，在无意识中把别人的当成自己的，如，模仿、崇拜、追星族等都是通过自居获得间接性的满足。

第三种是否定与抵消。否定将痛苦完全否定，当它根本没发生。如，亲人去世，说他出远门了；小孩间打架，老被欺负的小孩无力还击，只好一边强忍泪水，一边说“不疼，不疼”。掩耳盗铃也是否定作用使然。抵消是采用象征的方式进行安慰。如，阿Q挨打时说“儿子打老子”。

第四种是反向作用。以相反的形式表达感情。所谓矫枉过正，欲盖弥彰。明明喜欢某女孩，但路上相遇，却远远地躲开，或班级讨论时专门与其唱反调。最典型的是“此地无银三百两”。

请看下面的对话：

A：你怎么把鱼刺吐到我的饭碗里啦？

B：我以为你已经吃好了。

A：我还要吃的，你去给我拿一个干净碗来吧！

B：什么，你没见我在吃饭吗？我又不是故意的！

A：我也没认为你是故意的呀！

B：你惩罚我，你就是认为我是故意的。

A：惩罚你？说得这么严重干吗？做错了事，说声对不起或者补救一下不就完了吗？

B：谁说我错了？我根本没错！

对话中的B，就很典型地表现出了“投射”与“否定”，最终就变成了“倒打一耙”。

三、受害情结：可悲的心理游戏

薛宝玲，在2003年、2007年曾经两度成为《新民周刊》的关注对象。2003年9月，薛宝玲夫妻俩从河南老家南下广西被偷，只好到救助站求助，晚上，保安对薛宝玲进行了多次猥亵。几年来，为了讨回公道和医药费，两人东奔西走，薛宝玲从抑郁到癫狂。看着端庄美丽的薛宝玲，在短短的时间里，变成整天嗷嗷乱叫，六亲不认，见谁打谁的“武疯子”，谁都会感到义愤和同情。

在义愤和同情之后，令人陷入深思——

维权的过程，往往需要付出较大的代价，其中，包括心理成本。维权的过程，也许就是不断地伤害心理健康的过程。你越是执著，越可能万劫不复！这是一个多么可怕、可悲的悖论！一次次投诉，就是一次次地重温受害经历；一次次面对官官相护的“衙门”，就得一次次地损害个人的尊严。甚至好心记者一次次地采访，也会一次次强化她的受害意识。一次次地鉴定，就是要把你逼上癫狂和崩溃。一年年地拖，他想拖死你。而你要维权，你就得一年年地牢记你受的伤害。在这个过程中，受害者很可能陷入深深的受害情结之中。

受害情结是弱者为了获得他人关注、同情和安抚而在不知不觉中将自我所受的伤害不断强化的一种情结。具有这种情结的人，把自己界定为受害者，“受伤害”就是他的角色认定。所以他会经常回忆自己所受的伤害，还可能在不自觉中放大这些伤害。“受到伤害”成为他向社会讨回公道的唯一砝码，“受到的伤害越大，越有可能讨回公道。”这个不一定正确的假设，就成了一个诱饵，诱使人们不断强化自己所受的伤害。伯恩将这样一种习惯性的、机能失调的获取安抚的方法，称为“心理游戏”[①]。参与这一游戏的人并不是有意识地假装，他只是不能充分地意识到诱饵所发出的邀请，而在不知不觉中更深地伤害自己，从而使受害者雪上加霜。

不断地受受害情结的纠缠折磨，是受害者在维权过程中付出的最惨重的代价。在这样的背景下，从心理健康的角度，我们只能提出一个权宜之计：对受害人的心理健康的维护是首要的。如果不能在经济赔偿、讨回公道、严惩罪犯、心理健康四者之间全赢，那么我们建议：以受害

① E. Berne. 人间游戏——人际关系心理学［M］. 田国秀，曾静，译. 北京：中国轻工出版社，2006：Ⅵ.

人的心理康复为首要任务，其他的先放一放！留得青山在，不怕没柴烧！受害者和受害者的家属都要牢记这一点，这是一种在特殊环境下能够自救的唯一方式。

其实，受害情结也常常存在于家庭和师生关系中，成为寻求家人或老师关心关注的一种功能不良的方式。我们会在不知不觉中自虐，一个无意识的动机就是希望通过这种方式唤起亲人对我们的关注，或者以此惩罚亲人，让亲人感到自责。家长会以此要挟孩子服从，孩子会以此要挟父母让步。其实，这是非常愚蠢、幼稚的。这种心理游戏玩成了习惯，受伤最深的还是自己。

“黑箱”之旅暂告一段落，经过这次不算太长的旅游，也许你会得到这样一些明确的观念：许多心理问题与情绪困扰都来源于不合理的认知。常见的认知失真有：极端思维、心理过滤、瞎猜测、虚拟陈述、情绪推理、找替罪羊、归因偏差、防御性认知、受害情结，等等。不合理的认知具有无意识性与自动性，所以我们对自己的不合理认知常常熟视无睹，很难发现。

思考：

认知失真是绝对的还是相对的？

心理作业：

你有过受害情结吗？你和你的家人玩过这样的心理游戏吗？如果碰到有人与你玩这样的心理游戏，你应该如何做？

3

认知失真的矫正

上章介绍了认知失真的种类与特征，那么如何克服认知失真呢?

要改变不合理的认知，可以借助于专门的心理治疗技术，其要点有两个，即认知改组和行为跟进。认知改组的具体技术有：三栏目技术、寻根术、言语分析、自我拷问、归因分析与归因治疗，还有持之以恒、循序渐进的说理教育。行为跟进是要在日常生活中不断反省，坚持演练。这样，人的认知就会逐渐趋于合理现实，就会变得越来越富于智慧和理性。

下面将分三节具体展开介绍。

第一节　认知治疗技术

一、伯恩斯的“三栏目技术”

在心理治疗中，伯恩斯使用一种“三栏目技术”来改变人们的认知失真，实践证明，效果极好。

这种技术的具体做法是：将一张纸一分为三，从左至右分别写上随想、认知失真、合理思想。当你有了心理困惑或解不开的结时，请你坐下来，按照以下三步骤进行：①将你当时头脑中出现的随想通通写在纸上，不要让它们老是盘旋在你的头脑中，想到什么写什么；②当所有的随想都写下来以后，对每一种随想进行分析，将其与前面的认知失真表进行对照，找出你的认知失真，准确地揭示你对事实的歪曲；③练习对失真的思想进行无情的反击，以更客观的思想取代失真的思想[①]。

例如，一位学生因身体不适，上课迟到，被老师当众批评。她感到非常羞辱和气愤。事后她通过“三栏目技术”（表 3－1）进行了认知矫正。

表 3－1 “三栏目技术”

随　想	认知失真	合理反应
1. 被老师当众批评，真丢死人了	极端化思维	每个人都会有错，所以被人批评是正常的事，没有什么丢人不丢人的。虽然老师当众批评我，让我很难堪，但也不至于那么可怕。没有时间观念，的确不是什么好习惯。以后要尽力改正
2. 同学们肯定在嘲笑我，他们都会看不起我，以后我在同学中还怎么做人	瞎猜测、极端化思维	不对，大部分同学都很友好，起码同宿舍的同学知道我身体不好，她们会同情我。一个小小的错误并不会影响我在同学们心中的地位
3. 老师应该看到我的脸色苍白。他肯定对我有偏见。他真可恶	诅咒、情绪推理	这个世界没有应该，也没有必须。谁能够保证老师都有很好的眼神儿？其实，老师平时对我的生活、学习都很关心，他发火并不是对我有意见。他也经常批评班干部和其他同学。
4. 我真倒霉，偶尔迟到一次就被老师碰上	诅咒	弱者才会怨命，只要我积极进取，我的命一定很好。目前我要做的是，找老师沟通、解释一下迟到的原因

① 大卫·鲍恩斯．实用宽心术［M］．张国清，蔡旗，译．上海：上海人民出版社，1992：5.

续表

随　想	认知失真	合理反应
5. 现在全完了	以偏赅全	绝对不存在100%糟糕的事情。你说是最坏的事情，还会有更坏的事。只要自己调整好，再坏的事都会变好
6. 我真是个失败者，怎么会落到这样破落的地步	人格化、以偏赅全	不对，我很多方面都很优秀。今天的事只是一个小状况而已，改掉就好

使用“三栏目技术”时应注意两点：第一，不要在心里做这一练习，动手较之动脑能达到更大的客观性认识；第二，要坚持，认知改组不可能一蹴而就，需要长期操练。

下面是笔者的学生坚持了一个月完成的“三栏目技术”认知矫正作业之后写下的后记。

一个月的时间好像很快就过去了。我终于完成了这篇自我有记忆以来历时最长的一份作业。当写完最后一个字时，除了很有成就感外，还觉得很幸福。幸福就是一种满足——在写作业的过程中有了很多收获。

写，果然不一样。怪不得老师说“三栏目技术”光想不行，一定要写。确实有理。老师在讲“三栏目技术”时，我还觉得这样的治疗方法有些搞笑呢！

那么多那么多的不满，那么多那么多不知从哪儿冒出来的愤怒，原来我的脑袋里有一个专门装负面情绪的袋子。它就像是一个巨噬细胞，不断吞吐着我的那些“不快乐”。然而有一天，一个叫做“三栏目技术”的剪刀，“咔嚓”一声把它弄破了。那些乱七八糟、乌七麻黑的东西，全部喷了出来，从我的大脑喷向不断写字的笔，后来都流在纸上了。

看看我的那些诅咒、谩骂，都足够拿来做芥末了。写的时候真的很爽。有时我想，再用力一些，把纸划破，那样会更爽！

开导自己是一个升华的过程。这是一种全新的体验，因为从前的情况是，“随想”过后一切停止。现在门打开了，自己去把那个挂在门框上的铃铛解下来。有时，写着合理反应时，会情不自禁地笑出来。这一笑其实就达到效果了。回头想一想，这样的治疗方法确实神奇。因为在写作业的过程中我越来越平和，这有点让人难以想象，但我的感觉就是这样。

我想，以后再有烦恼，我还是会选择用“三栏目技术”来“发泄”，这样的方式很安全，一通彻彻底底的抱怨之后，接着一番诚诚恳恳的自我解读之后，你会发现，原来，幸福就在自己身边。只不过偶尔蒙了一些灰尘，需要你去擦拭一下，只要你不放开抓住幸福的手，它永远都不会离你而去。再好好地活一次，就像从来都没有活过一样。

走骡子的路，让马说去吧！

“三栏目技术”有一种变式：“双栏目技术”。当“三栏目技术”应用得很熟练以后，可以简化成“双栏目技术”，省略掉第二栏，而直接对随想进行反驳即可。

二、寻根术

寻根术实际上也是“三栏目技术”的变种。用“三栏目技术”记下了我们的随想并进行了反驳，确实减轻了我们的内疚感与焦虑感，这些随想也基本上得到了矫正。但这些随想很可能仅仅是非常表层的，在心灵深处，也许仍然残留着一些“隐藏的假定”。这些假定是你非常内在的人生价值观，是你的人生哲学，是你的自尊得以确立的基础，是在背后诠释你的随想的根本缘由。怎样才能将我们深层心理中根深蒂固的“隐藏假定”挖掘出来？伯恩斯介绍了他的寻根术。

寻根术与“三栏目技术”相比，可以说是反其道而行之。“三栏目技术”中，我们把随想看成是失真的、无效的，而在寻根术中，你想象你自发产生的随想是绝对有效的，直接在随想下面划一个向下的箭头。然后往下追，“如果这个随想是真实的，它对我意味着什么？为什么它使我烦恼？”然后写下第二个随之而来的随想。再在下面划第二个向下的箭头，再如法炮制，扪心自问：“如果那是真的，它为什么让我感到烦恼？”如此这般。通过这样一个个深思熟虑的诘难过程，便产生了一个层层深入的随想链环，最终揭开问题的渊源，即隐藏的假定。

值得注意的是，你所追索的是感觉背后的意义而不是感觉本身，这样你隐藏的假定才会变得明白无疑。

下面的例子是鲍恩斯的学生沃特所做的寻根术（表3－2）记录。有一次，鲍恩斯因为沃特的一个错误而批评了沃特，沃特感到惴惴不安①。

表3－2　寻根术

随　想	合理的反应
1. 鲍恩斯医生可能以为我是一个蹩脚医生。 ↓“假如他确实是这样想的，它为什么使我烦恼不安？”	1. 鲍恩斯医生指出了我的错误，这并不说明他认为我是一个“蹩脚医生”。我可以问问他到底是怎样想的，不过在许多场合他都夸奖过我，说我是一位能干的医生
2. 那意味着我是一个蹩脚的医生，因为鲍恩斯是位专家。 ↓“假定我确实是一位蹩脚医生，这对我意味着什么呢？”	2. 一位专家只能指出我作为一名疗理师的专业能力和弱点，不管什么时候，不管是谁，骂我是“蹩脚医生”时，他们都做出了一个侮辱性的、有害的又没有用的申明，我对我的绝大多数病人进行了成功的治疗。所以，不论是谁，说我是“蹩脚医生”都是名不副实的
3. 那意味着我是一个彻底的失败者，那意味着我一无是处。 ↓“假定我真的一无是处、为什么这是一个问题？它对我意味着什么？”	3. 以偏赅全。即使我是一个相对不熟练的平庸的疗理师，这也不意味着我是一个“彻底的失败者”或“一无是处的人”。我有许多同我的职业无关的其他兴趣爱好、能力以及良好品质

① 大卫·鲍恩斯．实用宽心术［M］．张国清，蔡旗，译．上海：上海人民出版社，1992：254.

续表

随　想	合理的反应
4. 那么流言将四起，大家都知道了我是一个不学无术的家伙。那么没有人会尊敬我。我将被驱逐出医学界、我将不得不背井离乡，远走高飞。 ↓“它对你还意味着什么？”	4. 这是毫无道理的，因为如果我犯了错误，我可以改正错误。我不会因为犯了一个错误就“流言”四起，人们要做的事情，大不了不过是在报纸上刊出“注意：疗理师也会犯错误！”而已
5. 它意味着我是一个毫无价值的人，我会感到痛不欲生	5. 受到批评或指责并不使我成为一个无价值的人。既然我是一个有价值的人，我就没有必要感到痛不欲生啦

从上表左边一栏的随想之链中，可以总结出导致焦虑的“隐藏假定”为：一个有权威的人的批评肯定是有道理的；人的价值由其成就决定；一失足成千古恨；为了让人尊敬我、喜欢我，我必须尽善尽美；人们抛弃我，意味着我是一个毫无价值的人。

寻根术其实运用的是一种诡逻辑法。将错就错，将小错一点点放大，直至最后，其错误与荒唐便一目了然。不过，在运用寻根术时要特别警惕，这种方法对一些爱钻牛角尖的人很危险，他们会顺着诡逻辑走进死胡同。许多人的自杀便是这样一个诡逻辑的推导过程。

鉴于以上危险，鲍恩斯建议：将诡逻辑法与“三栏目技术”结合使用，参看上表的右边一栏。这样可以对隐藏的假定进行层层深入的反驳。

三、言语分析

认知改组是一件困难的事，因为认知看不见，摸不着，因此我们可从分析思维的工具——语言——着手，抓住了思维的这根辫子，就可以透视思维这一大脑黑箱中的秘密。通过言语分析，可以进行认知改组。

语言会塑造思考，思考也会塑造语言，因此人们应当特别注意自己的语言形态。认知失真者都有一定的语言特征。常使用无助和自我责备语言形态的人，可以使用新的自我告知，以“非绝对性偏好”的新句型来取代“应该”与“必须”。用“较喜欢”取代“最喜欢”。用“可能不太方便，如果……”取代“那绝对是可怕的，如果……”通过改变语言形态和做新的自我告知，人们可以用不同的方式去进行思考与行动，“如果我不能获得我想要的那份工作，我可能会很失望，但是我还能承受得起”。“如果生活不能如我所愿，那也没什么可怕，只是不太称心而已”。“虽然我在公众场合说话会很紧张，以致词不达意，但我冷静的时候还是很善于表达的。以后多锻炼锻炼就会更镇定”。“被人喜欢是挺不错的，但不是每个人都会喜欢我，即使如此，也不是世界末日”。“我花了那么多心思也没得到她的欢心，我非常难过。不过，失恋固然痛苦，但能够无怨无悔地爱一个人也是一件幸福的事，我在这一过程中也得到了很多。”

试想这样一种情形，你与朋友约好去看电影，结果他姗姗来迟，晚了整整一个小时。你会怎么说？

（1）你真混蛋，算哪门子的朋友？以后咱们谁也不认识谁！

（2）没关系，没关系，不着急。

（3）算了，别说了，看电影吧！

（4）你迟到了整整一个小时，我很生气，也很担心。

第一种，可以称为放纵者，他像一个火药桶，一有不满，便气急败坏，牢骚满腹，丝毫不考虑后果。

第二种，可以称为压抑者，他从来不考虑自己，只考虑别人，非常有修养，凡事多从他人角度思考，但这样的人承受的心理压力太大，对自身的心理健康不利，而且这里强忍住了，却会在其他场合“无意”中表现出来，那时造成的危害往往更大。

第三种，可以称为回避者，这种人稀里糊涂，对一切都无所用心，从不总结经验教训，活得轻松自在，但成长较慢。

第四种，可以称为明智的表达者，他思路清晰，表达明确而完整，既尊重他人，也尊重自己，他一针见血、抓住本质、指对方向，不仅表达了思想，而且表达了心情——复杂的心情：既生气也担心。有的人在朋友没来时，很为对方担心，但朋友一来，却只顾了发火，就如第一种人，结果朋友反目，不欢而散，过后又很后悔。在这四种表达中，最健康的是第四种，前面三种表达都不可取。

四、自我拷问

可以对自己的认知发展经常进行自我考问，所问问题包括成熟认知的各个侧面，主要有以下一些。

1. “我敏感吗?”

所谓敏感，指机灵、反应快、观察敏锐，即对新信息的开放。敏感不是天生的品质，需要处处留心、时时锻炼。有一种认知吝啬模型认为，人们为了讲求效率，常常采用简化策略，走捷径，不求最佳答案，思考常常不彻底。例如，为何小王对你发火，你较少考虑就简单地说一声：他不高兴。如果在生活中，你经常采取这种吝啬的认知策略，久而久之，你的思维就会迟钝而流于表面化。

认知的敏感训练与个人的生活圈扩大紧密相连。个体的生活圈子越小，其自身的消极因素也就越大。它会阻障人的感官、情感和智能的自发性成长与表现。相反，在日常生活中，不断扩大朋友圈，有几个无话不谈的好朋友，每天坚持看报听新闻，对新观念持开放态度，遇事换个念头想想，读千卷书，行万里路……都是增加你的认知敏感度的好方法。

2. “我有理性吗?”

认知发展包括感性与理性两方面。敏感是感性层次的认知发展，而成熟的判断需要理性。儿童是出色的观察者，却往往是糟糕的解释者。他们观察敏锐，却不能得出正确的结论。社会的竞争由无序走向有序，靠的是理性；市场的发展由赌徒式的冒险走向智慧和谋略的较量，靠的是理性；人的发展由任性走向成熟，靠的也是理性。理性的形成最需要的素质是开明与变通，应避开的陷阱是僵化。他们乐于反思、乐于修正，在这样的反复中，人的认知逐渐成熟。

3. “我有偏见吗?”

偏见是在我们的成长过程中慢慢形成的。比如，当我们很小时，因与小伙伴争执而眼泪汪汪地回家，父母会用僵硬绝对的观念影响我们：“我早就告诉过你，那个孩子不是个好东西”或者“你跟谁都合不来，从现在起就待在家里，省得惹麻烦。”这都是一些僵化的偏见。僵化的偏见是无声无息的定则，它是我们后来认知失真的根源。

4. “我宽容吗?”

宽容是一种胸怀，是一种智慧，他建立在对生活的深刻理解与高瞻远瞩上。只有把握了生活的博大精深，领悟了生活的复杂诡谲、恩恩怨怨、是是非非，你才能有一份宽厚仁慈的心。它与软弱妥协的不同，就在于宽容者是强大的，而迁就者是乏力的。宽容者的强大在于他具有真知灼见。费斯丁格的社会比较理论告诉我们：亲和行为可成为消除认知不协调的一种有效工具，因为进入群体，当人们在一起互动和讨论时，可引入新的信息和意见，从而消除不协调的认知因素。在人际的互动和信息的交流中，你将变得越来越宽容。

5. “我有悟性吗?”

荣格把顿悟与三个传统的神学美德相并列：人生最有意义的时光是在信仰、希望、挚爱和顿悟中度过的①。生活内容和情感结构的变化，往往可以追根溯源于新的顿悟与新的感受。顿悟是思想的里程碑，不断

① 荣格．现代灵魂的自我拯救［M］．黄奇铭，译．北京：工人出版社，1987：340.

的领悟使我们产生一种生命的把握感，赋予人生以预见力，不断的领悟也是我们认知发展的基础。

6. “我幽默吗?”

埃利斯认为，情绪困扰常由于自己过于严肃，以致对生活失去了广阔的视野与幽默感。因此，使用幽默可以对抗生活中过于严肃的一面，并协助驳斥生活中的“必须”哲学。

第二节　归因分析与归因治疗

一、什么是归因

所谓归因，是对自己和他人的外在行为表现的因果关系作出解释和推论的过程。许多心理学家都将行为的原因分析看成是社会认知的中心问题，因为他们认为，即便是最细小的观察也往往包含原因分析。因此他们对归因过程进行了深入的研究，提出了各种归因理论。他们有不同的理论观点和实验成果，现将几种重要的观点介绍如下。

二、五因三维度的归因

心理学家韦纳认为，一个事件的原因分析可以有三个维度。第一个维度是原因源，原因是来自主体的内因，还是来自客观环境的外因；第二个维度是稳定性，原因是稳定的还是不稳定的；第三个维度是可控性，原因是可以控制的还是不可控制的。① 将以上三个维度综合成一个因果归因模型，可以用来分析我们日常生活中的成就行为。

---

① 菲斯克，泰勒．人怎样认识自己和他人［M］．张庆林，等，译．贵阳：贵州人民出版社，1994：51.

人们在对一个成功或失败的行为进行原因分析时，一般有五个方面的常见原因：能力、努力、任务难度、方法、运气。可以对这五种原因的三维度特征进行分析，见表3－3。

表3－3　五因三维度的归因特征

原　因	原因源	稳定性	可控性
能力	主观	稳定	不可控
努力	主观	不稳定	可控
任务难度	客观	稳定	不可控
方法	主观	不稳定	可控
运气	客观	不稳定	不可控

三、归因与情绪、动机

不同归因将引起不同的期望和情绪，并具有不同的动机作用。

韦纳认为：不同归因将引起不同的期望和情绪，具有不同的动机作用。原因源与可控性决定归因引起的情绪，稳定性则加强这种情绪，比起不稳定的原因，稳定的原因引起的情绪更明显。对结果进行不同归因，将产生具体分化的情绪。稳定性这个维度揭示原因是否会改变，它和未来的成功与失败的期望关系密切。而原因是否可控，则影响未来行为中的实际操作和动机强弱。比如，将过去的失败归因于不稳定的可控因素，如果努力不够，将产生内疚，以后的行为将更加积极努力，反之，将失败归因于能力这样的稳定而不可控因素，将产生绝望感与自卑，导致对成功的期望降低，以后的操作中便会消极泄气，甚至自暴自弃。

不同的归因会引起不同的情绪反应。比如，面对考试失败，有的人归因于自己很笨，所以感到自卑；有的人将其归因于自己不用功，会感到自责与内疚；有的人将其归因于自己学习方法不当，感到还有希望改变；有的人将其归因于自己运气不好，自然会怨天尤人。面对成功的归因也一样，若将其归因于自己的能力，有时会感到骄傲；将其归因于自己的努力，会感到自豪与欣慰；将其归因于运气，便会产生侥幸心理。不同的归因习惯会养成不同的性格特征，比如，总是将失败归因于客观因素，你会形成凡事找借口的不良习气；相反，总是将失败归因于自己，久而久之，又会产生过重的自责与负疚感。

不同的归因还会产生不同的动机作用。将失败归因于努力不够或学习方法不当，会产生积极的动机作用，在以后的学习中他可能会变得更刻苦努力，更注意改进方法。若将失败归因于能力，则可能会导致心理学中所说的“习得性失助”，即认为失败不可避免，因此灰心丧气，甚至自暴自弃或干脆放弃努力。

四、正确归因与策略性归因

正确归因是归因的第一个要点。正确归因有三方面的要求：第一是全面。要考虑因果结构的各个方面，对事件的原因进行五方面三维度的全面分析，确定主要和次要原因。第二是真实。要寻找真实的证据。第三是客观。所谓客观即警惕归因偏差，防止情绪与动机对归因的潜在干扰，防止行动者—观察者效益与自我服务效应。

策略性归因是归因的第二个要点。要注意归因的策略，尽量进行积极归因，更多地关注可控因素，这样，可以增加自信。许多人的自卑常常是由于对成败的归因不当造成。将失败归因于能力，会使人自卑；将原因更多地归因于可控因素，可以增加自信。

实际上，绝大多数的成功与失败，都不是单一原因造成的，都是多种因素综合作用的结果。在这些因素中，有主观因素，也有客观因素；有可控因素，也有不可控因素；有稳定因素，也有不稳定因素。在正确进行归因、实事求是地分析成败的真实原因的基础上，希望你有一个策略性的选择：将你的注意力更多地放在可控的主观因素。如，努力、学习方法上等。因为这些因素是你自己可以控制；而对自己不可控、不能改变的因素，如，我是聪明还是笨等，则应尽可能地淡化，因为这些因素既然是不能改变的，强调了也无益，还不如“睁一只眼闭一只眼”的好。

冷静地反省自己的归因方式对自己的自信心的影响，然后进行相应的积极调整，改变消极的归因，你会感受到更多的主动性，也会更加自信。

五、抑郁的归因治疗

抑郁的归因分析直接来源于塞里格曼的习得性失助理论（Theory of learned helplessness）。所谓习得性失助是指，当人们对控制环境作出一次又一次的努力，却总是不可避免地遭受失败，人们就会放弃努力。也就是说，人们由于屡次体验到失控，因而产生了绝望感。

习得性失助的归因模型的基本原则是，不是失控事件本身，而是对失控作出什么样的归因分析决定着人们是否会产生以及多大程度上产生习得性失助。三个归因维度在这一过程中都很重要。一是原因源。人可以把绝望归因于外部（“谁都干不了这事”）或内部（我干不了这件事）。例如，小强想与小丽约会，但遭拒绝。小强后来发现，小丽从不接受任何男孩的邀请，这样小强就可以将自己的失败归因为外部（即小丽的问题），因此小强的自尊就不会受到伤害。但是，如果小强听说小丽经常接受其他男孩的邀请，那么他就可能把自己的行为归因于自身因素，这样就会伤害自己的自尊心。一个人将消极事件归因于自己的内部原因还是外部原因，决定了自尊是否会被伤害。

可是，失去自尊是否严重，是否导致弥漫的抑郁，则由归因的另外两个维度决定：整体性和稳定性。在小强对遭到拒绝进行归因时，他可能抱怨某个特定因素，如，“小丽不喜欢个子矮的男孩”；也可能抱怨整体性因素，如，“女孩都不喜欢矮个子男孩”。整体性归因比特殊性归因更容易引起绝望感。就是说，小强对女孩的整体性归因使得他回避所有的女孩，然而特殊性归因则使他只避开小丽一个女孩。

最后，归因可以是稳定的，也可以是不稳定的。如果小强只有 17 岁，当他抱怨约会失败是因自己太矮时，会认为自己还有希望长高，而不至于太过绝望。归因的稳定性影响绝望持续的时间。总之，内部归因将导致更多地失去自尊，整体归因将导致更弥漫的压抑；稳定的归因将产生更长时间的压抑。因此，整体的、稳定的、内部的归因产生更深远的抑郁。当这种解释事件的方式成为他们的长期的归因风格时，就会导致严重的抑郁或抑郁症。

在对抑郁的归因分析基础上，艾布拉姆森等人提出了运用认知重建方法来解决抑郁问题的四种策略①。

第一，引导人们改变方法。对于接受治疗的人，可以帮助他们认识到自己的哪些行为可以使自己走向成功。例如，小强可以先给小丽写信，然后再慢慢接近她。

第二，改变抑郁者对后果的评价。例如，引导小强去发现小丽的缺点，并指出小丽与他的差距。

第三，帮助人们在对失败归因时，由内部的、整体的、稳定的归因（如，我个子太矮）转变为外部的、个别的、不稳定的归因（如，小丽最近心情不好，他对谁都不理不睬）。

第四，使他们的预期从不可控转变为可控。例如，个子高矮这是爹妈给的，我没有办法改变，但通过自己的努力，我可以提高自己的修养，最大限度地发挥自己的能力，更好地运用自己的知识。这样总有一天她会改变自己的态度，意识到我的价值。

① 菲斯克，泰勒．人怎样认识自己和他人［M］．张庆林，等，译．贵阳：贵州人民出版社，1994：72．

第三节　理性教育

一、美国的说理教育

徐贲，有感于在中美两国任教的经验对比，撰文多篇介绍美国的说理教育。美国公立教育中，有非常重要的公共说理教育。因为他们认为，公共理性是文明社会的基础，是良好社会关系、民主社会秩序的根本，逻辑和说理是一项基本的公民能力。说理的民主秩序与理性公民的高素质是相辅相成的。美国之所以能有比较高的公民素质、国民独立思考能力和公民社会理性，重视说理教育应该是一个重要的原因。

要培养说理的习惯，其实是不容易的。在美国学校里，1—3 年级为说理教育的准备，4—12 年级则开设说理教育必修课，共 9 年。每一年，说理教育都有循序渐进的具体要求①。

一年级：复述简单说理，叙述段落中的主要观点。

二年级：复述文本中的事实和细节，说清要说的意见。

三年级：在说理文中区分主要观点和支持这些观点的细节。

四年级：区别说理文本中的“原因”与“结果”、“事实”和“看法”。

五年级：分辨文本中的“事实”，“得到证明的推论”和“看法”。

六年级：公共说理的重点在于区分“事实”和“看法”。

七年级：进行“说理评估”，即，评估作者论据是否适当，并注意偏见和成见。

八年级：评估文本的统一性、连贯性、逻辑以及内部的一致性和结构。

---

① 徐贲．说理教育从小学开始［N］．南方周末，2009－04－30（E30）．

九、十年级：评估在说理中是否有对方意识。

十一、十二年级：对公共文本进行说理评估。所谓公共文本是指一切发表了的涉及公共话题的文本。

到了大学，说理教育更加深入，大学有“公共问题论述”课，主要内容为“辩论和说服”。

无独有偶，法国也很重视理性教育，法国高考第一科是作文，但不像我们是语文作文，而是哲学作文。如 2008 年文科考题为：感知能力是否可以来自教育？评述萨持《伦理学笔记》中的一段话。法国高中开始分科，但无论哪科，哲学均为必修课：文学类学生哲学课为每周 7 小时，经济科与科学科分别为 4 小时和 3 小时。法国为什么让学生用这么大力气学哲学？因为哲学可以培养学生建立理性分析坐标以领悟时代意义。

对照我们的教育，虽然从小就有作文课，我们写的东西有抒情、有文采，有好词好句。但常常忽视逻辑和说理。虽然我们从小学开始也没有相关课程：思想品德、社会等，但因为与高考无关，所以这些课程往往陷入“课程空转”状态。德里达也认为：中国人的思维方式本来就不重逻辑。这样的思维方式在公民社会、民主秩序的建立中，会有一定的局限性，对和谐社会目标的建立也不利，甚至出现了中国的公共话语危机。因此，加强公共说理教育，应该成为各级教育的一项重要内容。

二、说理的一些基本要求

结合徐贲的一系列论述，我们可以总结出说理的一些基本要求。

第一，要区分“事实”与“看法”。“事实”是公认的知识，而“想法”只是个人的看法。任何“想法”都不具有自动的正确性，必须经过证明。证明也就是说服别人，清楚地告诉别人，为什么你的想法是正确的，理由是什么。“客观事实”与“个人看法”之间有两种辨认方式。一是，“事实”的陈述是可以确认的，如，“小明是一个学生”。而

“看法”的陈述则必须通过说理、讨论才能确认，如，“小明是一个优秀的学生”。二是，事实陈述使用的常常是词义确定的客观词，如，“教师”“学生”，等等。而“看法”使用的字词常常是具有个人意义的主观词，如，“崇高”“棒”等。①

第二，要警惕“说理谬误”。比如，过度简单化、浮泛空论、普遍泛论、巡回论证、虚假两分法、虚假对立、虚假公理、无凭据推理、不当类比、粗口与谩骂等。② 许多说理谬误都有其语词特征。如，

普遍泛论：每个、所有、大家都、总是……

虚假对立：要么……要么不……

虚假公理：毋庸置疑、众所周知、我们知道……

注意这些特征性的语词，可以警惕说理谬误。

第三，说理中要有对方意识，要顾及不同观点。说理是双方对话，不是自说自话，必须尊重、宽容不同意见的说理对方，要给对方发言的机会，尤其要学会倾听。以逻辑、理性为交流基础，而不是专断地独霸话语权。

第四，说理要客观、厚道，陈述对方观点时，尽量全面、客观、准确、心平气和。不望文生义，不断章取义，更不能有意无意地歪曲对方观点。我们常常看见这样的辩论，先通过错误的解读将对方观点妖魔化、极端化，树起一个“假想敌”，然后再振振有词地进行批驳，满足“与风车作战”的虚假快感。厚道的说理甚至要求能够预先估计和避免读者可能会有的误解。

第五，说理要就事论事，不要演变为人身攻击。说理不是吵架。吵架是一种恶性激化人际对立的话语方式，而说理则是通过交流，化解分歧，达成共识。

---

① 徐贲．说理教育从小学开始［N］．南方周末，2009－04－30（E30）．

② 徐贲．“不高兴”先生要学会说理［N］．南方都市报，2009－04－2．

心理作业：

1. 分析、总结认知失真的语词特征，列出认知失真的语词表。

2. 选择一个包含说理谬误的公共文本，对其进行说理谬误分析。

3. 使用“三栏目技术”，对自己一个月的认知失真进行自我检查与校正。

4

负面情绪的调整

月有阴晴圆缺，人有悲欢离合。成功了，手舞足蹈；失败后，垂头丧气。分离时，依依不舍；害羞时，扭扭捏捏。奋斗过，无怨无悔；落魄过，忍辱负重。爱，直叫人生死相许；恨，欲寝其皮食其肉。有的人笑口常开，活得像阳光一样灿烂；有的人牢骚满腹，永远像是上帝的弃儿。有的人会为区区小事而大发雷霆，有的人总对过去的恩恩怨怨耿耿于怀。有的人经常后悔，却总悔而不改，有的人总感到委屈，好像整个世界都对不起他。有的人时时感到不安全，似乎到处危机四伏。子欲养而亲不待，成为人生的剧痛；失去了才懂得珍惜，终成难言的遗憾。在一次次的感动与自我感动中，慢慢升华；在一次次的体验与领悟中，渐渐成长。

以上种种，展示的均是人的心理的一个重要侧面：情绪与情感。有一位描写情绪的高手玛格丽特·杜拉斯，在她的小说里，“情绪扔得到处都是”。从中可以看出人的情绪情感是多么复杂多样。

本章先介绍负性情绪的调整。

第一节　负性情绪情感的变化规律

一、什么是负性情绪情感

我不爽！

我郁闷！

我憋得快发疯了！

我肺都要气炸了！

……

所谓负性情绪情感，实际上包含两层不同的含义：第一，指不愉快甚至痛苦的情绪情感体验；第二，指对行动起抑制或阻碍作用的情绪情感。但是，这两者并不是必然的统一。抑郁是一种既不快又对行动起抑制作用的情绪。恐惧尽管是不快的，但它常常伴随攻击行为。焦虑让人感到不快，它既可能唤醒行为，又可能抑制行为。自我满足可以抑制行动但绝非令人不快。因此，为概念内涵的统一，我们这里的负性情绪情感一词，主要是从第一层含义上来界定。

二、负性情绪情感的恶性循环

负性情绪情感在其发展过程中，常常陷入循环的怪圈。因为负性情绪令人不快，而人天生具有避免痛苦、追求快乐的本能，所以人们总是千方百计地要摆脱这种不愉快的体验。然而，情绪的产生、发展更多地受制于人的自主神经系统，其活动并不直接受人的主观意志所控制。这样就形成一个恶性循环：痛苦——想摆脱——强化痛苦——痛苦更甚。

在人的发展中，随着经验的累积，对于负性情绪控制的失败经验，将使情绪具有预测的信号作用，因此也就对负性情绪的发生发展形成一种失控的预期，这是一种非常具有摧毁作用的信号。在这种信号作用下，各种负性情绪情感都将被大大强化，以至于恶性循环，难以自拔。

学生常常体验到的负性情绪情感主要有：抑郁、焦虑、耻感、罪感、内疚、悔恨、愤怒、攻击，等等。一旦人们对自己的负性情绪情感及其失控或者失控预期有了意识，他们将陷入一种继发性的焦虑之中，他们为抑郁而焦虑，为无法控制抑郁而焦虑，为对抑郁的失控预期而焦虑。如此环环相扣，相互交织，终成一个解不开的死结。

负性情绪情感之所以会恶性循环，还有一个重要原因：负性情绪情感常常会导致无效行为。抑郁让人提不起劲，凡事拖拉，任务累积，欠账越来越多；焦虑让人心神不宁，手忙脚乱，不知所措；愤怒让人暴跳如雷，甚至大打出手，导致难以收拾的后果。这些回避行为、低效行为、错误行为以及特征性的神经症行为，都会反过来强化负性情绪情感。

负性情绪情感的恶性循环可能还有生理上的依据。据《文汇报》报道：伤心也会上瘾，这是最新的研究。研究扫描23位失去亲人的女性的大脑，有12人经过正常伤痛之后恢复，而11人却感到难以走出阴影，感到“深刻的伤痛”。差别在于，感到“深刻伤痛”的女性大脑，不仅掌管痛苦的部分激活，大脑快感回馈系统也激活，令人产生快感的化学物质多巴胺增加，所以伤心就“上瘾”了。研究人员将这种感受称为“赫薇香效应”。赫薇香是狄更斯小说《远大前程》中的人物，她一生都未走出在结婚之日被未婚夫抛弃的阴影，尽管非常富有，却天天穿着破旧的婚纱，满心想着报复，不肯开始新生活。

三、负性情绪情感的外化

负性情绪情感积累到一定的程度，将成为一股巨大的身心能量，这种能量如果没有正常的渠道加以疏导，它将以各种不同的形式外化。最常见的一种外化是躯体化，即心理能量转化成了身体能量，表现为各种躯体症状，如，手脚发麻、头痛恶心、胃痛腹泻，久而久之可能引发更严重的身体疾病，如，癌症等。另一种外化则表现为特征性的行为方式：固执、退化、自我惩罚、攻击、利他，等等。

固执指被迫重复某种无效动作，明明知道毫无意义，但却克制不了。如，强迫性地洗手，行为必须遵循某种固定化的仪式等。退化又称倒退或回归，即表现出与自己的年龄、身份很不相称的幼稚行为，如，暴跳如雷、无理取闹、耍无赖、自暴自弃等。攻击分为直接攻击与转向攻击。前者是指对引起你负性情绪情感的人和物直接攻击；后者指将负性情绪情感迁怒于他人或其他事物。攻击可以是武力形式的，如，以牙还牙、怒目而视、大打出手、打老婆孩子、摔东西等，也可以凭借语言，如，反唇相讥、牢骚满腹、怨声载道、骂骂咧咧等。自我惩罚实际上是自我攻击，即自虐，可表现为自暴自弃、彻底堕落、暴饮暴食、不修边幅、蓬头垢面、不负责任，最严重的是自杀。利他是将负性情绪情感转为帮助他人。如，哈佛大学的创立就得益于一对夫妇痛失爱子。在各种行为反应中，只有利他是一种建设性的反应，其他都是破坏性的反应。当我们遭遇负性情绪情感时，最好用建设性的反应来疏导。

在日常生活中，人际交往中的许多矛盾冲突，如，恋人争吵，夫妻失和，其根源常常并不在他们争执的事情本身，而在于他们感到紧张焦虑或压抑内疚。因此要解决这类矛盾，不能就事论事，而必须从根本上解决消极的情绪情感。

四、负性情绪情感的变形：自我防卫

当人们受着负性情绪情感的折磨时，常常启动一种自我保护机制，弗洛伊德将其称为自我防御机制。许多不可思议的行为，其根源都在于无意识的自我防卫。在弗洛伊德之后，许多人对自我防御机制进行了深入的研究。发现了自我防御机制的各种类型。

类型 1. 合理化作用。采用错误推理或歪曲现实的方式保护自己的自尊心。

类型2. 投射与自居。投射，即外射；自居，即内射。

类型3. 转移。将心理压力与焦虑转移方向，比如，吃奶是童年依恋的转移，婴儿焦虑就要吃奶，只要将母亲的乳头含在嘴里，就有一种安全感。后来变成一种替代性的满足，小孩吮吸手指、啃指甲，学生咬铅笔头，成人抽烟、嚼口香糖、吃零食，这些都是缓解焦虑的一种需要。

类型4. 否定、抵消与隔离。

类型5. 反向作用。以相反的形式表达感情。明明喜欢某个女孩，但路上相遇，却远远地躲开，或班级讨论时专门与其唱反调。

类型6. 潜抑与压抑（有意识与无意识之分）。潜抑与压抑的区分在于有无意识。潜抑指在无意识中将痛苦遗忘，但往往此伏彼起，表面上已忘记的东西会通过口角流言与梦等各种方式表现。压抑是通过意志努力遗忘，这需要消耗大量能量，增加心理负担。有时会因为愿望的过度压制而出现异常的反弹。

类型7. 倒退。幼儿解决问题的方法很简单，一是哭，二是闹。那时，他的生存是别人的责任，他的哭闹，能够提醒并加重别人的责任。但许多成年人受到挫折时，还会采用幼时的方式：歇斯底里地发作，又哭又闹。如，某高中生因老师批评而躲在家里不肯去上学；某女子婚姻不幸，老是“自怜身世”，哭哭啼啼；某人上当受骗后自暴自弃在地上打滚。潜意识里，他们的哭闹是给别人看的，他们想通过哭闹唤起别人的责任。但今非昔比，长大了，自己的生存就不是别人的责任了。

类型8. 代偿与升华。低层次对高层次的代偿或同一层次的代偿，作用短暂而有限，且易出现代偿过度。比如，大款比富、禹作敏的炫耀性消费，都是过度代偿的表现。只有高层次对低层次的代偿是有效和健康的，这我们称为升华，许多人将痛苦转化为力量，终于成就了伟业。中国知识分子特别具有这样一种素质：以悲为美、转悲为健，在艰苦和坎坷中自我提拯。比如，欧阳修的诗：曾是洛阳花下客，野芳虽晚不需嗟，行见江山且吟咏，不因迁谪岂能来？

类型9. 幽默。采用巧妙的方式化解矛盾，处理尴尬，自我解嘲，用轻松的方式坦然承认错误。

五、自我防卫与心理健康

运用自我防卫机制进行自我安慰，是缓解焦虑的一种有效方法，因此适当运用自我防卫，利于心理健康。但是过多使用心理防卫，则是不健康的表现，因为，自我防卫常常伴随着认知失真，要么歪曲现实，要么消极逃避，若经常使用，会养成脆弱、不敢面对现实、逃避、自欺欺人等不良个性。

多用积极防卫，少用消极防卫。升华与幽默是较积极的防卫。别人说你矮，你则回答："浓缩的都是精华"。当别人说你的双眼皮一大一小时，你可回答："我妈妈给我开双眼皮的时候少缝了一针。"

只有从根本上培养起自信，你才能坦然面对痛苦。

自我防卫是理解人类心理复杂性的第一把钥匙，是弗洛伊德的最具有实用价值的一大发现。了解了自我防御机制，可以对人性获得一种重新的理解。有时，我们抱怨人心险恶，人际间尔虞我诈。而笔者却认为：与其将人性看成丑恶的，不如看成狡猾的；与其看成狡猾的，不如看成脆弱的。一些人竭尽所能去害人、整人，其实背后往往躲着的是他的脆弱和焦虑。这样一想，我们就会不那么生气，我们就会宽容，就会原谅。有人也会批评说：你这样是不讲是非，这样不就什么都可以原谅了吗？是的，原谅吧！原谅你能原谅的，也原谅你不能原谅的。原谅不仅是放过别人，也是解脱自己，是对自己好！

第二节　负性情绪情感之一：抑郁

一、抑郁与抑郁症

抑郁是一种由情绪低落、冷漠、悲观、失望等构成的一种复合性负情绪。抑郁可以是许多心理疾病的症状之一，也可以是一种相对轻微的心境状态。

学生中，几乎所有人都曾有过抑郁的体验，这大多数是一种心境状态，它相对比较微弱，具有弥散性和情景性，时过境迁，抑郁也便不治自愈。只有极少数属于抑郁症。如果你的抑郁持续的时间较长（通常为3个月以上）、程度较重（影响正常学习、工作、与人交往）、表现出一定的身心症状及失眠，那就可能是抑郁症了。

二、抑郁的原因

按照精神分析理论，抑郁是由“丢失”引起。儿童早期“丢失”挫折导致过分压抑，依赖自我，其能量内指。抑郁还包括愤怒、恐惧、悔恨、自罪感等多种情绪成分，它们相互交流，纠结在内，形成一种恶性循环。

按照认知理论，认知是心境和行为的决定因素，抑郁是错误推理的结果。抑郁者常用错误推理进行自我贬低，自我责备。

而行为主义者则认为，抑郁是由于积极强化的减少和缺乏所引起的。塞利格曼将行为观与认知观结合起来解释抑郁的形成：抑郁是习得性失助的结果。面临一个应激情境，人们一开始的反应是焦虑与唤醒，但如果他相信情境是不可控的，他便感到无助，焦虑也就为抑郁所替代。

三、抑郁的治疗一：情绪的宣泄

由于能量的压抑与纠结于心，导致抑郁，因此，抑郁的治疗最重要的步骤便是将纠结于内的能量宣泄出来，进行外向训练。皮尔斯的格式塔疗法、凯斯里的尖叫疗法、简诺瓦的初级疗法都注重压抑情感的宣泄。

最佳的宣泄法是倾诉，找一个值得信赖的人将心中的想法与苦闷统统讲出来，可以使抑郁得以缓解。罗杰斯曾经提出他的人际关系哲学，他认为，人不仅可以交流内心的思想，而且可以交流内心的各种各样似乎是隐秘的情绪，包括内心的冲动，模糊的感受，甚至难以启齿的秘密。通过沟通，可以缓解压力，释放内在能量。生活中，为什么朋友多的人相对比较健康，就在于他们有更多的宣泄渠道。在宣泄的同时，朋友的理解和关注也成为一种情感上的支持，因此，在倾诉中，宣泄治疗与支持治疗同时起作用。

现在有多种交流模式：书信来往、网上聊天、电话交流、面对面谈话。各种沟通各有利弊，在虚拟交往盛行的今天，我们别忘记了面对面沟通的好处。

大声朗读也是一种很好的宣泄。大声朗读，把心灵打开，文字变成音响，将心与口统一，口成为心灵的一扇窗户，每一次响亮的打开，都意味着一种勇气、一种气概、一次直抒胸臆的宣泄。朗诵的内容可以根据自己的兴趣选择，比如，毛主席语录，铿锵有力，不仅仅适合“文革”中成长的一代人。“下定决心，不怕牺牲，排除万难，去争取胜利!”将这样的语录大声朗诵十遍，估计你的抑郁也会不翼而飞。苏轼的《大江东去》，气势磅礴，对于喜欢古诗的人再好不过。“大江东去，浪淘尽、千古风流人物。故垒西边，人道是三国周郎赤壁。乱石穿空，惊涛拍岸，卷起千堆雪。江山如画，一时多少豪杰！遥想公瑾当年，小乔初嫁了，雄姿英发，羽扇纶巾，谈笑间，樯橹灰飞烟灭。”

在我读书时，和几位好朋友特别喜欢徐志摩的一首诗《东山小曲》，我们将其稍作改变，就变成了特别适合朗诵的《野鬼们，你们来吧!》：

看羊的，你来吧，
这里有粉嫩的草，鲜甜的料，
好把你的老山羊，小山羊，
喂个滚饱；

游山的，你来吧，
来望望天，望望地，
忘记你的心事，丢掉你的烦恼；

叫花子们，你们来吧，
这里有火热的太阳，胜似一件老棉袄，
还有香客的布施，岂不更好？

野鬼们，你们来吧！
黑巍巍的星光，照着冷清清的庙，
树林里有只猫头鹰，半天里有只九头鸟；
来吧，来吧，一齐来吧，
撞开你的顶头板，唱起你的追魂调，
那边来了一个和尚，
快去要他一个灵魂出窍！

也有单纯的宣泄，没有内容，只有大声的叫喊，找一个热闹的街头，大叫三声：啊——啊——啊——甚至可以学鬼哭狼嚎，当然，为不扰乱环境，最好找一个僻静无人的地方。

最激烈的宣泄方式是暴力活动：打架。一个叫 Wright 的美国人，发明了一种电脑游戏：Simcity。在电脑中，你可以根据想象，设计出你所喜欢的城市。一开始的城市只是一堆死的物体：建筑物、河流、道路、基建设施；后来加入了活的人文因素：交通警、人口、政治、经济、电力情况；最后一个功能使游戏更具吸引力：加入了灾难与犯罪。这最初得益于一个偶然的细节给予 Wright 的启示：一架推土机不小心撞倒了一幢大楼，人们大乐，Wright 受到启发，于是增加了游戏中的破坏与犯罪功能，如，地震、火山爆发、暴力活动等，使游戏变得趣味盎然。当大破坏开始时，游戏者开心大笑、兴奋不已。许多中学生看“灌篮高手”，每次片中出现暴力行为，樱木花道们大打出手时，他们都会毫无掩饰地放声大笑、手舞足蹈，那是一种真正发自内心的开心。现代社会过分的压抑使人们渴望发泄，哪怕只是间接的！因此，日本公司里有了酷似老板的橡皮人，我们有了“与沙发作战”的安全宣泄。

户外运动是另一种宣泄，当你感到压抑时，去跑步，去打篮球或踢足球，甚至去跳迪斯科，都是很好的宣泄。每天坚持一小时户外活动，坚持半年，抑郁会明显改进。反之，现在的御宅一族，常常一个星期不下楼，不出门，这实在不是一种好的生活方式。

四、抑郁的治疗二：认知疗法

抑郁在精神病学史上一直被看成是一种情绪失调，它与情感直接相关，但认知治疗专家伯恩斯的研究出人意料：忧郁根本不是一种情绪失常，它是被歪曲的消极思想的结果，是自我的一种无价值感，即自卑。我们的思想与态度引起了我们的情感反应。我们的观念成为约定俗成的行为与反应的参照系。那些顽固不化的消极情感表明我们思维中存在着错觉与谬见，这便是我们观念的偏差。这些歪理邪念构成了我们的基本价值观念，只有根除这些根深蒂固的观念，才能改善我们的自卑、自虐心情。

通常说，通情达理，其实应该反过来：达理才能通情。只有当思维发生了变化——人对现实的感受与观念发生了变化时，不良的情绪模式才会发生改变，纠结的情绪才会调理通畅。正如《快乐原本很容易》一文所说：我们没有必要和快乐闹别扭。快乐原本很容易，它躲在一个叫做“心念”的地方。而所谓“心念”，就是转个念头想想，也就是改变认知。

五、抑郁的治疗三：森田疗法

森田心理疗法是在1919年由日本慈惠医科大学教授森田正马博士创始的。至今已有80年的历史。森田疗法有两个核心思想：一为顺其自然；二为积极行动。这两点对于治疗抑郁特别重要。

森田认为，情感活动有一条规律：若将注意力集中于某种情感，这种情感便会加剧①。一旦感到抑郁无聊，许多人就会很烦躁、很性急地希望能对这种情绪直接加以控制，他们常常生硬地命令或强迫自己：快乐起来！但却总是不太奏效。我们也常常说：要控制你的情绪。但是，从操作上来说，直接控制人的情绪是不可能的。因为情绪以及伴随的生理变化都来自自主神经系统的自主调节，不受人的意识所控制，所以，我们不可能直接加以改变。相反，越是想消除抑郁，抑郁就越加剧，越加剧就越想尽快消除，周而复始陷入恶性循环，不能自拔。这被森田称为精神交互作用。

相反，如果对于情感听之任之，即顺从其自然变化，便会形成山形曲线，经过一起一伏，最后消失②。所以当你感到抑郁时，你最好的方法便是：既来之，则安之。将一切都看成是自然现象，处之泰然，抑郁反而不攻自破。

---

① 长谷川洋三．行动转变性格——森田式精神健康法［M］．李治中，等，译．北京：人民卫生出版社，1992：54.

② 同①，52.

对待抑郁的第二条原则是：积极行动。你不能直接控制情绪，却可以直接控制行为。通过控制行为，我们可以间接地达到控制情绪的目的。这就好像抗日时期的游击战一样，不可强攻时就打迂回战。而且，抑郁属于嗜睡性反应，通过行动将机体功能激活，本身就能使抑郁缓解。一名学生因为失恋以及与同宿舍同学关系不好，心情很压抑，她知道这种低落的情绪对自己不利，因此苦苦地与这种情绪抗争，极力地想控制，却控制不了。其实，她没有必要去刻意地控制自己的情绪，可以立即去做一些必须做的事，先将要做的事列一张单子，比如，要洗衣服，整理房间，要将《第五项修炼》看完，要为同学祝贺生日，要回六封信，要写一篇学业论文……然后，一件件地去做这些事。通过适当的积极行为激活机体，转移注意，减轻威胁，获得更多成功的机会，从这些活动中也得到了满足与成就感，心情会自然而然地改变。

当你感到抑郁时，不妨走出户外，去旅游，去交友，去锻炼，去做一件你平时很想做却没有时间做的事，相信，你的抑郁会不攻自破。

第三节　负性情绪情感之二：焦虑

一、焦虑与焦虑症

焦虑是一种原因不明的提心吊胆与紧张不安的情绪状态，它常常与焦急、忧虑、恐惧等感受交织。一般可以将焦虑分为两种：反应性焦虑与神经质焦虑。反应性焦虑是一种暂时而波动的情绪状态，它由可以知觉到的外在危机引起，具有客观性、情境性与意识性，是每个人都会碰到的一种体验。而神经质焦虑则是因为长期的焦虑体验的累积，在人格特质中残余成为一种相对稳定的成分，成为一种根深蒂固的人格特质。神经质焦虑患者终日毫无理由地忧心忡忡，如临末日；随时随地，在任何无关的情境中都会感到焦虑。而且这种焦虑具有潜意识性，它导因于内在不合理的冲动或心理冲突，因此主体不能清楚地意识到。神经质焦虑患者除了感受一般焦虑症状的压迫，如，提心吊胆、心神不宁外，还常常伴随一系列明显的神经生理反应甚至植物神经系统的功能障碍，比如，感到窒息、恶心、出冷汗、心悸、手颤、胃痛、腹泻、食欲减退、失眠，等等。心理的其他功能相应也会受到影响，比如，注意力分散，记忆力衰退，行为犹豫不决，主体的无助感，等等。这些症状往往被称为焦虑症。

焦虑与恐惧不同。一般恐惧产生于独特的或可观察的威胁，指向某个明确的对象，因此较容易控制和消除；而焦虑是一种模糊的紧张与不安的情绪，无明确的原因，因此不可控，难消除。当然，两者在体验上极其相似，尤其对儿童来说，由于他们的智力与人格还未发展到能够区分内在与外在、真实与想象的危险，所以艾里克森认为儿童的焦虑与恐惧很难区分。

焦虑与抑郁不同，焦虑属于唤醒反应，抑郁属嗜睡性反应。

焦虑是现代社会每一个人都经常体验到的一种情绪。随着社会的发展，竞争日剧，个人在社会中感受到的压力越来越大，心理的焦虑也越来越甚。焦虑具有一定的适应性意义和积极成分。焦虑可以变成一种驱力，使机体处于一定的警觉、唤醒状态，动员内在能量以应付外在危机。

二、焦虑的来源

各种不同的焦虑理论都强调：焦虑感的产生与儿童早期的无助感紧密相连。弗洛伊德认为：自然分娩带给婴儿的强烈的恐惧，是以后孩子全部焦虑的雏形。婴儿在刹那间被推出母体，进入一个截然不同、危机四伏的新环境。这个嘈杂的耀眼的世界，对婴儿来说完全是异国他乡，他处于寒冷、孤独、无助、被冷落遗弃的恐惧中。只是短短的一瞬间，婴儿被割断了脐带，与母体分离，从此结束了那种同体的亲密关系。这对婴儿来说，是一种巨大的创伤性经历。为此，心理学上有许多分娩创伤理论，它们的一个共同假设是：这种创伤性经历都将以某种方式记录在大脑中。并在以后表现在各种形式的梦中，如，“下水道”“阴沟”的梦。很快，婴儿便得到营救。轻轻拍打和身体的亲昵接触，使婴儿感到舒适和温暖，这是母体中和谐亲密关系的复原，它点燃了婴儿渴望生存的最初愿望。这对婴儿来说，是一次重要的心理分娩，它对婴儿的生存必不可少。如果没有得到营救，婴儿的焦虑感便会加深，甚至导致心理死亡。人类的第一个焦虑反应，就是对任何事情的一种无助状态。从出生之日起，新生儿的无助状态因痛苦新刺激的连续出现而不断发生，如，饥饿、无能控制大小便、神经系统及动作之不成熟等。

随后，焦虑将更多地与环境中的人与事相连，成为“社会焦虑”（social anxiety）。霍妮认为凡是使儿童感觉不安全的一切事物，特别是不良的亲子关系，都会导致孩子产生基本焦虑（basic anxiety）。当父母对孩子的态度是冷漠、忽视、惩罚性的时候，孩子便会感到孤立无援，形成基本焦虑。别人的不赞同或不赞同的威胁、失宠的威胁，都足以引起焦虑；严格的训练与训练的不一致，害怕失败、无法达到别人的期许，都会引起焦虑；甚至自我的期望也会引起焦虑[①]。

在不同的年龄阶段，人们感受到的焦虑是不同的。幼儿期易产生安全性焦虑，学龄期易产生“失败的焦虑”或“社会性焦虑”，青少年期易产生“存在的焦虑”，即，在生活意义的追求上自觉迷失引起的焦虑。大学生感受到的基本焦虑更多的属于存在焦虑。许多重要的生活事件：考试失败、人际矛盾、初恋、失恋、父母离异、亲人去世，当它们对自我的存在产生深刻的影响时，便会引发强烈的焦虑。

---

① 卡伦·霍尔奈．我们时代的神经症人格［M］．冯川，译．贵阳：贵州人民出版社，1988：29.

三、放松法之一：调息放松

调息放松法，又称为深呼吸放松法，它简单易行，却非常有效，因此被称为放松第一法。

人一紧张，呼吸便会急促，出现所谓“过度呼吸”的情况，此时，吸入的新鲜空气最多只能到达胸部便被呼出。这是紧张的自然结果，也是紧张进一步加剧的原因。因为“胸呼吸”会使大脑与四肢血管轻度收缩，血液里氧气的比例下降，改变血液的酸性，增加钙在神经与肌肉中的比例，从而使神经与肌肉变得敏感，你会颤抖、肌肉僵硬、脸红、出汗，甚至出现头昏、眩晕、视觉模糊、不真实感、麻木等生理反应。这些身体症状会在短短不到一分钟的时间里完成，使你的紧张实实在在地躯体化。

值得庆幸的是，过度呼吸能够如此神速地导致以上症状，改变呼吸也能迅速克服以上症状。这就是调息法简单有效的原因。调息法的关键是将“胸呼吸”变成“腹式慢呼吸”，血液循环将恢复正常，充足的氧气将随着血液流向全身，上述一系列紧张时的生理反应都将消失。

深呼吸放松法的具体操作如下。

在座位上舒服地坐好，身体后靠背挺直，不要驼背，解开束腰的皮带及衣物，将右掌轻轻置于肚脐上，掌心向下，五指并拢。

现在开始长长地、慢慢地吸气。你可以将你的肺想象成一个气球，你想尽量将这个气球充满。当你感到气球已全部胀起，已经气沉丹田，保留两秒钟。然后，轻轻地、慢慢地将气呼出。

在吸与呼时，你可以采用“手栓法”来证实你是否在进行腹部呼吸。在吸气时，你的手掌将离开身体，向外运动，表明你已将空气一直送到了肺的底部。你也可以采用鼻吸口呼的方式，并且结合使用后面将介绍的想象法，随着鼓腹收腹，细长的吐纳，你会有采天地灵气贯向全身的舒畅感。

你做得怎样？多练习几遍，直到呼与吸都到位之后，你再加上计时这一项，练习慢呼吸。你的目标是要做到：吸气持续四秒钟，呼气也持续四秒钟。

你可以边呼吸，边数秒。为了放慢速度，你数秒的方法可以做些改变，将“一秒”改成“一个千分之一”，这样数可以将速度基本上降到大约一秒钟一个数字。开始吸气时，你的脑子里便开始数：“一个千分之一，两个千分之一，三个千分之一，四个千分之一”，你一定要将吸气坚持到数完“四个千分之一”，然后，才开始轻轻地呼气并像刚才一样慢慢地数。呼气也一定要慢，否则，你不可能坚持四秒钟。

总之，记牢四个字：慢、匀、深、细，就像瑜伽里的调息法一样。

希望你每天坚持练习两次，每次4—10分钟。若能做到像洗脸、梳头一样成为习惯，你就不仅可以在最需要的时候不假思索地使用以缓解焦虑，而且能够有效地降低你对焦虑的易感度。

四、放松法之二：想象放松

想象放松是通过对一些安宁、舒缓、愉悦的情景的想象以达到身心放松的目的。你要尽量运用各种感官，观其形、听其声、嗅其味、触其柔，恰如亲临其境。

比如，你可以想象在花园中散步。在一个暮春的下午，你独自一人在安静的花园散步，你踩在柔软的草地上，阵阵花香扑鼻而来。前面有一座小桥，你慢慢走上去，1、2、3、4……小鸟啁啾，它在与你进行着一种特殊的对话；暖风拂面，就像小时候妈妈温柔的抚摸；阳光不冷不热，空气中似乎能嗅到太阳光的香味，你舒展全身、慢慢地做深呼吸，感到无比轻松舒坦。

每天可用五六分钟进行练习，可以根据自己的经验与生活习惯，选择几个特别能激发你想象的画面或场景，平时多多练习，关键时候就能运用自如。

要注意的一点是，你必须是你的想象的主人，而不能沉溺于白日梦不能自拔，以至于耗费太多时间。下面一些想象情景可供你选择：

想象在海边漫步；

想象在乡村宁静的湖里游泳；

想象在一望无际的大草原骑马徜徉；

想象你变成了一只小鸟在天空自由翱翔；

想象你如雷奥纳多一样在乘风破浪的船头飞翔。

五、放松法之三：张—弛肌肉放松法

放松是一种在体力与脑力上使紧张感得以化解的技巧，肌肉放松是一种深度放松，因此它比前两种放松法复杂一些。没有紧张感你就很难真正体会放松，因此，张—弛肌肉放松法的要点就是让你先紧张后放松，在感受紧张之后再充分地体验放松的效果。

从操作上来说，张—弛肌肉放松法一般是从上到下，依次分别进行。

第一步，面部放松：怒目圆睁，使眼睛与眼眶肌肉紧张，保持10秒钟，然后放松；嘴角尽力后拉，保持10秒钟，然后放松；牙关紧咬，保持10秒钟，然后放松；用舌头抵住上腭，使舌头紧张，保持10秒钟，然后放松；各部分分别练习之后，可以做面部整体放松：眉头上拉，眼睛尽量睁大，嘴角尽力后拉，牙齿尽量咬紧，保持10秒钟，然后放松。

第二步，颈部肌肉放松：从前、后、左、右四个方向绷紧颈部肌肉，保持10秒钟，然后放松。

第三步，肩部肌肉放松：尽量提升双肩向上，保持10秒钟，然后放松。

第四步，臂部肌肉放松：握紧拳头，使双手及前臂肌肉紧张，保持10秒钟，然后放松；侧平举双臂做扩胸状，体会臂部的紧张，保持10

秒钟，然后放松。

第五步，胸部肌肉放松：使双肩用力后扩，胸部四周肌肉紧张，保持 10 秒钟，然后放松。

第六步，背部肌肉放松：使双肩用力前收，体会背部肌肉紧张，保持 10 秒钟，然后放松。

第七步，腹部肌肉放松：尽量收腹，好像逃避别人的拳击，保持 10 秒钟，然后放松。

第八步，臀部肌肉放松：夹紧臀部肌肉，收紧肛门，保持紧张 10 秒钟，然后放松。

第九步，腿部肌肉放松：绷紧双腿，并膝伸直上抬，好像两膝盖之间夹着一枚硬币，保持 10 秒钟，然后放松；将双脚向前绷紧，体会小腿部的紧张，保持 10 秒钟，然后放松将双脚向膝盖方向用力弯曲，保持 10 秒钟，然后放松。

第十步，脚趾肌肉放松：将脚趾向下弯曲，好像用力抓地，保持 10 秒钟，然后放松；将脚趾尽量向上弯曲，而脚与脚踝不动，保持 10 秒钟，然后放松。

以上 10 步，你都要充分地体会肌肉紧张之后的舒适、放松的感觉，比如，酸、热、软等感觉，每次用 10—20 秒来体会。希望你每天练习，运用自如。

六、用系统脱敏法治疗焦虑：以考试焦虑为例

学会了各种放松技术，你就可以采用系统脱敏法来缓解焦虑了。所谓系统脱敏法就是循序渐进地消除你对焦虑情境的敏感的方法。你可以由轻到重将自己暴露于能够引起你焦虑的各种情境中，一旦感受到焦虑，便采用深呼吸放松、想象放松等技术使自己放松，消除焦虑，其要点是循序渐进与放松训练。

下面将举例说明如何运用系统脱敏法缓解考试焦虑。最关键的一步

是编制考试焦虑分级序列卡，把引起你焦虑的情境列成一张清单，按照对你威胁的轻重程度由轻到重排列，每一条分别写一张卡片。比如，

第一级焦虑情境：期末临近，大家开始议论期末考试。

第二级焦虑情境：考试日程已经公布，可我心里一点都没底。

第三级焦虑情境：考试头天晚上，我翻来覆去睡不着。

第四级焦虑情境：考试当天，一早起来头昏沉沉的。

第五级焦虑情境：考场外边，许多同学都在手忙脚乱地翻书。

第六级焦虑情境：临进考场，突然发现一个很重要的内容忘记复习。

第七级焦虑情境：监考老师威严地站在讲台上，锐利的眼光扫视着考场。

第八级焦虑情境：大家等着考试正式开始，考场里鸦雀无声。

第九级焦虑情境：在等着发考卷时，我似乎都能听到自己的心跳。

第十级焦虑情境：终于拿到了考卷，可一看，第一题就不会。

第十一级焦虑情境：我从眼角看到了老师，他正盯着我。

第十二级焦虑情境：有人开始交卷了，我无论如何也做不完了。

第十三级焦虑情境：走出考场发觉自己忘记写名字了。

第十四级焦虑情境：考试后与别人对答案，又错了一题。

你可以在真实情境或想象情境中运用系统脱敏法。按照上面的顺序，逐一对 14 个情境进行想象放松训练。比如，第一步，想象你处于这样一个情境：期末临近，大家开始议论期末考试。这是很轻的一种焦虑情境，对你的威胁性最小。在内心进行体验，看自己的肌肉群是否放松，如果不放松，便进行放松训练，方法可以灵活使用：调息法、想象法、张—弛法均可。一直训练到想到这种情境能够彻底放松之后，便可停止这一过程，转入对下一考试情境的想象。就这样，逐一进行反复训练，使自己能够由弱到强适应每一种刺激，直到很强的刺激也不引起任何紧张反应，达到最终的脱敏目的。

七、如何治疗因焦虑引起的失眠

许多人都曾有过失眠的经历，尤其是处于紧张焦虑之中，失眠更使许多人雪上加霜、苦不堪言。如何对付失眠？

要治疗失眠，首先要正确认识失眠，消除对失眠的关注与恐惧。一般性的失眠并不可怕，可怕的是一般性失眠向心因性失眠的转化。失眠都有一个共同的变化规律：一开始仅仅是因为偶然的原因而导致失眠，后来则是因为你害怕失眠而失眠。这时，失眠就变成了一种心因性的失眠。大部分心因性失眠都因为过分关注睡眠，越关注，越焦虑，阻抗越大，越无法入睡。由此看来，对失眠的关注与恐惧是心因性失眠的真正原因。因此要治疗失眠，最重要的是不要害怕失眠。

许多人都过分夸大了失眠的负面作用，一旦失眠，便如临大敌，感到非常恐怖，致使失眠加重以致恶性循环。其实，你大可不必谈失眠而色变。关于失眠的最新的科学研究发现，一两夜的失眠，对人体的正常机能活动几无大碍，哪怕头天通宵不睡，第二天你仍然能够正常工作。失眠并不那么可怕。而且，你会睡不着，在一定的程度上说明你还不是非常困，你还没有疲劳到非睡不可。不信，你强迫自己三天一点不睡，到第四天，保证你头一落枕就呼呼大睡。

因此，对付失眠，方法之一是顺其自然。睡不着，就别睡，可以起床做些无关紧要的事，若怕影响别人，那就静静躺着，不要着急，用关于失眠并不可怕的科学结论安慰自己，失眠既来之，则安之。这样，往往在不知不觉中就睡着了。所谓，先睡心，后睡身。

方法之二是矛盾对抗法。强迫自己三夜不睡。利用矛盾意向，消除自我检测，以心理兴奋诱发身体疲劳，达到治疗失眠的效果。具体操作是：晚上，你要按时上床，但却强迫自己不能睡着。静静地躺着，一有睡意，就提醒自己不能睡着，这样做的结果往往是，还没有坚持半个晚上，你早就睡着了。这种方法之所以有效，关键在于消除了对失眠的关注和恐惧。

事实证明：一旦解除了对失眠的恐惧，失眠常常不治自愈。

另外，预防和对付失眠，还有其他一些要点：其一，控制环境，尽量使卧室安静，睡床单纯；其二，规律生活，饮食适度，不抽烟，不喝酒，不熬夜；其三，适度运动，注意不要运动过度，因为适度的兴奋与抑制是相互诱导的；其四，注意睡姿：右侧卧或仰卧为最佳睡姿；其五，适当做一些睡前准备：喝一小杯热牛奶，用温水泡一泡脚，或用手搓搓脚底，直到微微发热。

第四节　负性情绪情感之三：耻感与罪感

一、什么是耻感与罪感

2009 年 3 月 24 日，就读于郴州市九中初一的女生徐远方，打开了五楼教室的窗户，坠楼身亡。第二天，就是她 13 岁生日。徐远方为何要选择这种残酷而极端的方式结束生命呢？直接原因是：不堪忍受写 1000 字的检讨而自杀！在徐远方死后，父亲从她的文具盒里找到了一张被叠得很小的纸，里面是一行很小的字："李老师，我对您没有什么意见，只是以后您不要轻易再让我们写检讨了"。一个多学期里，徐远方被老师逼令写了十多份检讨：晚交作业写 500 字检讨，没带英语报夹写 1000 字检讨，外加绕操场跑 12 圈儿。平均每月要写两份。检讨书中，充斥着这样的句子：我，可怜而不幸的徐远方，我实在是太命苦了，我只能自认倒霉。

耻感即感到自己可耻，就如徐远方写检讨时的感觉一样。高考落第感到无颜见人，少女受骗失身成千古恨，因父母犯罪而在人群中抬不起头……这种种体验都属于耻感。耻感是一种非常痛苦的情感，它常常具有巨大的摧毁作用。哪怕是力拔山兮气盖世的英雄项羽，也没能超越耻感的威胁。当英雄末路，兵败垓下，感到难见江东父老，拔剑自刎，终成千古遗恨。罪感即犯罪感，感到自己违背了社会规范或自己的理想信念而感到内疚、悔恨与自责。有违禁性罪感与自我背叛性罪感等不同类型。

耻感与罪感都属于高级的社会性情感，与社会文化密切相连。耻感出现的年龄比罪感早，当大人对着幼童的光屁股说："羞！羞！羞！"时，幼童就开始发展他的耻感了，而罪感一般要到青春期才有。成人的罪感中可能包含着强烈的耻感。

心理学中将耻感与罪感分为健康的与病态的两种。

耻感与罪感是一个人道德感的重要组成部分。如果一个人毫不顾及脸面，死不要脸，做了坏事也不自责，无法无天，那么，人性中的恶便会无节制地膨胀。正如一位学者所言：心有内疚的人，大半是有心的人、善良的人。只是在行为上——修补人格性情的决心十分不积极而懦弱。而且芝麻大的事都招来放在心里，成为沉重的心理负担，默默地受折磨，久而久之，影响到往后性情上的不能开朗和释然，才成为病态。所以，我们主张的是消除耻感与罪感对心理健康的消极影响，而不是主张彻底根除耻感与罪感。

二、耻感与罪感：心理癌症

罪感是神经症行为的一个最潜在的根源，这是弗洛伊德的一个重要发现。他认为，所有的神经症患者都有明显的或深埋的罪感。这些罪感常常与早期的创伤性经历有关。比如，著名的电影《爱德华大夫》，爱德华年少时与自己的弟弟一起滑雪，结果弟弟不幸被铁栏杆戳死，爱德华大受刺激并深感自责，认为弟弟的死与自己有关。这种潜藏的罪感在潜意识中慢慢积淀，逐渐变形成为神经症：凡看到像栏杆一样的横条状的东西或标志，如，斑马线、叉子、条形图案的睡衣、运动场跑道等，都倍感紧张。

耻感与罪感常常是一种内化的自我惩罚。耻感是社会性厌恶的内化，他认为自己的行为不光彩，为社会所不齿，一旦这种行为被人知道，就会被社会孤立和抛弃，因此他死死地保守秘密，同时进行自我惩罚：自己厌恶自己。罪感是社会性惩罚的内化。他认为自己犯了罪，因为害怕被社会惩罚，所以也死死保守秘密，同时进行自我惩罚：在精神上自己惩罚自己。因为它们的秘密性，所以常常被压抑进潜意识领域，同时，又在日常生活中以变形的方式表现。

所谓创伤性经历，不一定都是惊天动地的严重事件。有时候一些在常人看来不起眼的小事可能也会在不经意中对人构成极大的伤害，尤其在人生的早期。母亲阻止3岁孩子往街上跑的办法可能就是打屁股，然而孩子并不理解往街上跑的危险性，因此，他对母亲出于爱他、保护他才这样做并无感激之情，相反，他所记录下的是惧怕、愠怒和耻感。这些情感并未因他以后理解了母亲的良苦用心而被剔除。一个小学生春游时在车上尿急，可不敢告诉老师，最后尿湿了裤子，这整个过程给小孩的压力，也许作为大人不能理解：当时的感觉多年以后还深深难忘——清明的鸟语花香、春游的轻松全都不存在了，只有压抑、犯罪、耻辱，就像做了小偷，所有眼睛都盯住自己，所形成的压力要把人压碎压扁。不过，这个小孩还算聪明，他故意将军用水壶打翻，从此解脱。王安忆有一篇小说《一千张糖纸》，讲了一个成人欺骗孩子的事。她写道：“对于孩子，你可以批评，可以责怪，就是不可以欺骗。欺骗，对于孩子，是最深重的灾难。”

耻感与罪感累积起来，形成一种累积型效应，你的身上将会长出一个大大的“情感结瘤”，就好像有害物质累积成为肿瘤。耻感与罪感就如同心理上的癌症，危害极大。例如，你生活中一些非常重要、身份比你高的人，比如，你的双亲或老师，不断地叫你“傻瓜”，你将不断地体会耻感。对这个人你会感到痛苦和愤怒，但你无法反抗他，这样的情感积聚了几年，便会慢慢泛化，你好像对这种痛苦能够忍耐了，但实际上你学会了过度的反应，当再有任何认为你智力低下的暗示，你的痛苦和愤怒将不再仅仅针对那个人，而是针对许多人，甚至针对整个社会。这经历犹如“瘟疫”在一点点地毁灭你的自信。

当你身体受伤时，你的身体会产生疤痕，它比原来的肌肉更加坚韧、更加粗厚。疤痕组织的作用，是要形成有保护作用的表皮或外壳，以避免同一地方再度受伤，皮鞋磨脚，于是产生厚厚的茧，同样是为了起到保护作用。当我们的情感受到伤害，我们也采取类似的方法，产生情感或精神的“疤痕”，以求自我保护。情感的疤痕使你疏远生活，你会硬下心肠，对外界冷漠，或将自己藏匿于硬硬的保护壳里面。情感的疤痕制造破碎的自我意象，也会毁灭你的自信。

三、耻感、罪感与“专横的必须”

在病态的耻感、罪感的背后，有着一种由“专横的必须”构成的人生态度和行为模式。这种人有极端强烈的“应该感”。这被霍妮称为“专横的必须”①。它就像盖世太保，无孔不入，事无巨细，都被纳入这套清规戒律之中。哪怕是童年的顽皮行为和小过失都被视为不可饶恕的罪恶深埋心底。他们把哀悼心情渲染成罪感，似乎亲人的死是他一手造成的。他们将观念与行为等同，私字一闪念，就成了不可饶恕的罪过。他们开口“应该”，闭口“必须”。我必须抗拒一切诱惑，我必须永远纯洁，必须大公无私。我必须能够忍受一切，必须能够喜欢一切人；我必须永远快乐，永远控制我的感情。我必须能够立即解决一切问题。我必须克服一切困难，永不退缩。我必须永不疲倦或不生病。我必须永远勤奋地工作，不浪费任何时间。我应该极端诚实、极端慷慨、极端为别人着想、极端正直、极端庄重、极端勇敢、绝无丝毫自私自利之心……一旦这些专横的必须被违背，便感到糟糕至极，无法原谅自己。一些不起眼的小事在他们看来也成了无穷无尽的灾难。

---

① 卡伦·霍妮．神经症与人的成长［M］．张承谟，贾海虹，译．上海：上海文艺出版社，1996：55．

所以要消除病态的耻感与罪感，实际上就是消除这些太多的“应该”与“必须”。笔者曾经接待过一个来访者，指出他的“应该”太多了，结果在后来的谈话中，他小心翼翼，非常认真地避免使用“应该”，一不留神冒出一个“应该”，他会马上纠正“不对，我不应该有应该”。这样的人，清规戒律已将他牢牢捆住！

王尔德说：凡事都得有所节制，包括节制本身。我们说许多“应该”“必须”是专横的，求全责备的，但不意味着我们不应该有起码的道德规范，如果你走向了另外一个极端“我不应该有应该”，同样是专横和苛求的。

“专横的必须”有时是一些社会上不成文的忌讳。诸如“家丑毋外扬”，所以我们将家中的一切烦恼与不快悄悄地藏在心底，默默地忍受它的折磨。诸如“沉默是金”，所以我们个个城府深严，一副老成持重的深沉样。诸如“为贤者讳”，所以我们亦步亦趋，诚惶诚恐，指鹿为马，不惜上演“皇帝的新装”的闹剧。诸如“为短者讳”“打人不打脸，揭人不揭短”，所以我们小心翼翼，生怕伤害了那颗脆弱的心，哪怕对方伤害了自己，也只能默默生闷气。对谁有意见，不会主动沟通，也不说出来，只暗暗不爽，久致内伤。诸如此类，不一而足，稍有差池，违禁性罪感便会苦苦地折磨你，你那一颗“神经质的良心”便会不让你安宁。

四、儿童性侵犯：性之耻还是伤之痛

在我们的咨询中，有一类案例，心理状态全面欠佳，如，学习、情绪、亲子互动、人际关系，甚至人格。在这诸多问题背后，躲着一个痛苦的心结：曾经遭受过性侵犯。但要让来访者敢于面对这段经历并勇敢地讲出来，常常都要经历漫长的咨询过程。儿童遭受性侵犯，是我们咨询中碰到的对孩子伤害最大最持久的一类案例。而如何对待儿童遭受的性侵犯，无论是孩子、家长、学校、社会远远没有形成健康、成熟的应对方式，因此，这段不幸的经历对孩子往往造成终生的耻感。耻感的来源，往往不在侵犯一时，而在侵犯之后；施害者不仅仅是性侵犯者一人，而演变为后继的多人，甚至是自己的亲人。

香港中文大学心理学博士龙迪，花费两年多时间，对6个遭受儿童性侵犯的女孩及其家庭进行了追踪研究，完成了35万字的博士论文——《性之耻，还是伤之痛》。她列举了性侵犯对孩子的伤害，这种伤害不仅表现为明显的创伤反应：恐惧、噩梦、焦虑、抑郁、暴食或厌食、药物滥用、自杀或企图自杀等。还有其他的心理伤害：它破坏人的自我觉察能力，它会感到迷惑，无法把握人与人之间的关系。它会使受害儿童的性价值观错位，在长大后形成“性可以换面包”“性可以换感情”的价值观，阻碍他们发展健康的友谊和自我价值感。再有，就是挥之不去的“羞耻感”、犯罪感和无助感[①]。

遭受性侵犯后，孩子本人不能正确应对。绝大多数选择独自承受，他们忍气吞声。“再好的朋友，也不能说”，甚至对家人也守口如瓶。“淡忘”，是主要的应对策略。

家长不能正确应对。有许多家长，在事发之后，往往担心“丑闻”影响家人，所以要求自己的孩子闭口不谈有关性侵犯的内容，甚至不允许孩子哭，他们也不愿与周围人谈论自己内心的伤痛。他们有的会因女儿未将性侵犯状况及时告诉自己而感到愤怒，有的会因孩子受伤害而自责，有的会因女儿的“不完美”而蒙羞，而所有这些负面情绪，都会在不知不觉中转嫁到孩子身上。尽管天下所有的父母都爱自己的孩子，但在面对孩子的惨痛经历时，父母往往很少或很难提供持续有效的心理帮助，有的甚至还会在孩子受伤的心上继续撒盐。

社会不能正确应对。周围人会“添枝加叶”地谈论，会有意无意地孤立受害者，媒体在关心和报道的同时，会无意中强化她们的受害感。

---

① 龙迪．性之耻，还是伤之痛［M］．桂林：广西师范大学出版社，2007：200.

正是因为以上原因，龙迪强烈呼吁："在悲剧发生后，人们更多的是对施暴者的谴责，却忘了真正需要帮助的，是孩子和他们的家人。""如果没有周围人的理解和关怀，如果未能及时对孩子及其家人进行专业的心理治疗和帮助，那种挥之不去的羞耻感和无助感，将伴随他们的一生。"①

龙迪提醒我们：

修复创伤的关键，是受害儿童能否从家庭成员，特别是父母那里获得更多支持。

应当尊重孩子的感受，帮助孩子把过去的事情说出来，而且不仅要说，还必须帮助她重新理解以往的经历，赋予它成长的意义，化解孩子的耻辱感和罪恶感。②

我们的青春期教育，不能只停留在"生殖教育"层面，更重要的是，要进行"身体权利"和人与人关系的教育。

无论是学校和家庭的教育，都要让孩子有自我觉察的能力，并相信自己的感觉③。

五、完形治疗与未完成情结

完形治疗，即格式塔治疗，是由培尔斯创始的。他不强调对事件的解释，而重视当事人在事件中、事件后的体验。完形治疗法关于负性情绪情感的解释与治疗对于克服耻感、罪感有重要的启发。

完形治疗认为：情感的正常宣泄是心理健康之道。它有一个重要概念：未完成情结。它指一切未表达出来的情感，包括：悔恨、愤怒、怨恨、痛苦、焦虑、悲伤、罪恶、耻辱、遗弃感等④。虽然这些情感并未

---

① 龙迪．性之耻，还是伤之痛［M］．桂林：广西师范大学出版社，2007：205.

② 同①，204.

③ 白明辉．中国儿童性侵犯调查：性之耻还是伤之痛［N］．北京晨报，2007－05－11.

④ 科里．谘商与心理治疗的理论与实务［M］．李茂兴，译．台北：扬智文化事业公司，1996：283.

表达出来，却与鲜明的记忆与想象联结在一起。由于这些情感在知觉领域里并没有被充分体验，因此就在潜意识中徘徊，而在不知不觉中被带入现实生活里，从而妨碍了自己与他人间的有效接触。这些未完成的事情终究会被设法去实现，当它们蓄积了足够的力量时，个人进而会受到偏见、担忧、强迫行为、被压抑之精力及许多自我挫败行为的困扰。

培尔斯认为，罪恶感是由未表达的悔恨发展而来的，而悔恨是未竟事务中最常见、最恶劣的一种。依照他的看法，当人们悔恨时就把自己给困住了，既不愿让悔恨就此算了，也不能做坦诚的沟通，未表露出来的悔恨会转变成罪恶感。

要克服罪恶感，办法是将悔恨发泄出来。无论何时，当你有罪恶感时，就去找出悔恨的原因，接触它，再度体验当初所受到的伤害，进而简化原本纷乱的要求，把它表达出来，将伤害释放，则问题自可迎刃而解。

培尔斯的观点对我们富有重要启示。日常生活中，当我们感到烦恼与困惑时，人们常常劝导我们“想开点，忘记过去”。毕竟往事是忘不掉的，即使意识里忘记了，它还会在潜意识里一直持续存在，成为“永久记忆”。如果我们简单地对自己说：忘掉它，就好像岳晓东打的比喻：是将一堆腐烂的食物扫到了地毯底下，表面看来，垃圾不存在了，但事实上，它并没消失，而是藏到了地毯下面腐蚀着你的地毯，直至烂掉地毯的一角，使你蒙受更大的损失①。既然克服罪恶感的最佳办法是勇于面对并将它表达出来。但被罪恶感深深困扰的人，要畅快地表达并非易事。培尔斯给我们提供了许多帮助困扰者进行宣泄的完形技术：空椅技术、绕圈子、倒转技术、夸张练习、预演练习、感觉留置，等等。其中，空椅技术在心理治疗中应用最广。

---

① 岳晓东．登天的感觉［M］．北京：北京师范大学出版社，1997：125.

六、空椅技术

空椅（empty-chair）技术是使当事人的未完成情结得以宣泄的一种有效途径。由于当事人内心存在着许多冲突，导致他们不时地进行自我对话的游戏。空椅技术采用角色扮演与对话练习的方式使当事人将这种对话游戏得以外显。此技术运用两张椅子，当事人坐在其中一张，扮演事件的一方，然后再换坐到另一张椅子上扮演事件的另一方，并要求当事人扮演的双方持续对话。这项技术的本质是使未竟事务再现，通过这种方法，再现事件的情形，使当事人回到过去的事件，再次充分地体验冲突，将心中积郁的感受充分地表达出来。此技术能协助当事人去探触他们潜藏深处的情感，以及连他们自己都可能否认的一面；借此他们将情感外显化，并充分地去体验它，而非仅止于讨论而已。而且通过角色交换，当事人能够接纳和整合事件双方的感受与体会，使人们内在的对立与冲突获得较高层次的整合，即学会去接纳这种对立的存在并使之并存，而不是要去消除它。培尔斯认为其他治疗法过于强调改变，而主张改变是不能强求的，应该透过对此种对立的接纳才能产生整合，当事人也才能从根本上去除自我折磨的困扰。

心理作业：

你有未完成情结吗？尝试用空椅技术进行疏导。

5

丰富情感的培养

负性情绪的调整，核心在于增强人的心理承受能力。但是，有些人面对生活的压力，可以波澜不兴，刀枪不入，但同时，他也失去了一种非常可贵的品质：对美好事物的感动，对积极情感的细致体验。他变得麻木不仁，对一切都无所谓了。这是与我们的心理健康不符的。心理健康的人还必须是一个具有丰富情感的人。

情感是人格的核心，情感的丰富程度与人格的丰富程度成正比。人能感动，就能幸福。感受崇高、感受美、感受爱，是人的积极情感体验的主要部分，本章将像剥洋葱一样，层层展开以上情感体验的细腻、丰富的内涵。

第一节　丰富的情感体验造就丰富的人格

一、情感的丰富与人格的丰富成正比

诺尔曼·丹森说过：情感规定着人的存在。没有情感性，日常生活将是一种毫无生气、缺乏内在价值、缺少道德意义、空虚乏味而又充满无穷无尽交易的生活。因为一个真正的人，必须是一个具有丰富情感的

人。所以他认为，情感的本质就是自我的感受①。人们之所以一次又一次地陷入情网不能自拔，就是因为在情感里，他们发现了其他任何地方都不能给予他的自我的内在意义。

现代情绪理论认为：情感是人格的核心。因为情感具有动机性，它可以整合认知与行为，所以在人格的复杂结构中，情感占有核心地位。研究发现：由肯定性的情感形成的是令主体珍爱和骄傲的自我部分，而负面情绪太多则会导致人格的破损②。

过去的心理学多关心负面情绪，如，不良行为、纷扰的关系、抑郁、压力等。而最近几年，心理学研究有了转向，更多研究影响快乐、幸福、满足感、享乐、成就的因素。“幸福心理学”成为哈佛大学学生争相选修的课程。

不知从何时起，“成功”成为人们生活和教育的核心目标。但是，当这个目标真正实现时，许多人又感叹：我一点儿也不幸福！到头来，他们才发现：幸福和快乐才是人生的真正目的。

幸福从何而来？

二、人能感动，就能幸福

“人能感动，就能幸福”这是《读者》上一篇文章的标题③。作者认为：有时人生仿佛天涯苦旅，不仅身累，而且心累。但是，只要你还能感动，就能幸福。感动，仿佛纯棉内衣呵护我们的身心，让我们常住在体贴入微的幸福家园中。无论是幸存柳树的自然之美、一个幼儿成长的细枝末节，还是人间辛酸唤起的良知援助，都是感动之花结出的幸福果实。

---

① 诺尔曼·丹森．情感论［M］．魏中军，孙安迹，译．沈阳：辽宁人民出版社，1989：6.

② 李晓文，张玲，屠荣生．现代心理学［M］．上海：华东师范大学出版社，2003：259.

③ 赵捷．人能感动，就能幸福［J］．读者，2008（6）．

还有研究表明：懂得感恩，就能快乐。

许多人认为，得到想要的就是幸福——理想的工作、房子、车子、爱人，但事实没这么简单。研究表明：财富可能带来一时的欢乐，但不见得能够长期改变一个人的幸福感。

心理学研究表明：人的幸福感不是取决于生活状态本身，而是取决于对生活状态的满意程度，包括婚姻、社交、才能发挥、薪酬、自我控制、身心健康和寿命等。懂得感恩，对拥有的一切都心存感激，人会更幸福。相反，心胸狭隘、自私自利的人难以感到快乐。

停止抱怨，学会感恩，你将受益无穷。心理学家指出：懂得感恩的人不仅会加强社会关系，还会让你感到更幸福、更长寿。经常表达感激之情的人表现出更高水平的愉快心情、幸福感、乐观态度和满足感，能够享受更多的简单幸福，更善于应对压力。感激还可以预防由嫉妒、伤感等造成的具有破坏性的感情冲动。所以，爱因斯坦说：人每天都应自我提醒上百次，自己生命的一切都取决于其他人的努力，无论这些人健在或者过世。

对两性情爱的认识，也会随着年龄增长而出现理解上的变化。他们更多宽容和释然，更多原谅和放下，更多感激和知足，因此，眼里有了很多好东西，心里就有更多好东西。于是，有一种随年龄一起慢慢变得醇厚的情感特质在他们身上生根发芽，这样的人会在逐渐老去的过程中越来越快乐。

然而，感恩并非与生俱来。一帆风顺心怀感激相对比较容易，当老天对你特别不公时，感到愤怒、痛苦似乎更加自然。这时，感恩可以变成一股强大的救赎力量：可以从痛苦中超拔而出，超越消极层面，看到积极美好的事物，在转折中找到新机，更快地从失败和旧伤口中摆脱出来。所以，那些从很大的生活危机中走出来的人，会拥有丰富的满足感。意识到生命的期限和脆弱之后，人们也会更懂得珍惜。伊利·威塞尔，犹太大屠杀的幸存者，1986 年诺贝尔和平奖获得者。在经历了众多苦难后，依然在心中保留一处感恩的空间，他逢人就说：感谢上帝，我还活着。时至今日，他最常说的一个词就是“谢谢”。

一个心理学家写了一本书，《宽恕五步》：第一步，回忆伤害；第二步，尝试设身处地理解对方的想法；第三步，回忆别人对你的宽恕；第四步，把宽恕落实到语言：写信或日记；第五步，发现自己不断“反刍”怨气、受伤的感觉和报复的欲望，大声喊“停”。

三、高峰体验：人格的成长与升华

高峰体验是著名的心理学家马斯洛提出的一个重要的概念，我认为这个概念特别能够概括作为一种健康的心理体验及情感状态的特征。

在马斯洛看来，高峰体验是我们在攀登人生最高境界时不断出现的一种内心体验，它使我们一步步接近人生追求的顶峰，是一种短暂的自我实现。高峰体验具有如下特征。

特征 1. 这是一种非常美好积极的体验，这种体验伴随着瞬息间莫大的情绪体验，此时，人们感到销魂夺魄、心旷神怡、全神贯注、如痴如醉，内心充盈着欢乐与哀怜、感激与敬畏、崇敬与虔诚，这种情绪的美妙，是任何语言都无法表达的。

特征 2. 这种体验是一种同一性感受，此时，人的心理的各种成分达到高度的统一，认知与情感统一，情感与意志、行为统一，人成为一个整体的人，不仅如此，还能达到人与自然的统一，人将全身心地融化到自然之中，真正达到“忘我”的境界。笔者的一位学生形容她打篮球时的高峰体验：人场合一、人球合一。

特征 3. 它伴随着强烈的自我证实感，人将感受到自我的存在、自我的价值，此时，不仅你的情感体验达到高峰，你的智力也达到高峰。我们可以“监听”生命的急流，更深切地洞见生命的本质，许多纠缠不清的问题会突然豁然开朗，我们将沉浸于内心的光明世界之中。

特征 4. 这种体验是人成长的一种质变与升华，所以马斯洛常常将其称作“小死”“再生”。

特征5. 最后，马斯洛强调，这种体验可以出现于普通人的普通生活之中，比如，它可以来自恋人间情深意浓的片刻，来自母亲自然分娩后的微笑，来自运动场上的拼搏，来自工匠得心应手的操作，来自科学家的发现，来自心灵的感受、审美的愉悦、创造的冲动，来自表现的激情、突然的顿悟、活跃的灵感……①前面提到的感动和感恩，亦可包括其中。高峰体验可以是强烈的震撼，也可以是平静如水的感受。人间四月天，坐在阳台上，最好什么也别做。只低头看柳萌、草长、花开，看对面阳台上家庭主妇的洗洗涮涮，看草地上的老人和小孩。日常生活的一情一景，都像有了神性。我想起了张爱玲的“现世安稳、岁月静好”。

下面将一些常见的高峰体验细致展开。

第二节　感受崇高

一、义务感与责任感是道德感的核心

对崇高的感受是人的成长过程中一种重要的高峰体验。感受崇高属于道德感的范畴。道德感是伴随道德活动的内在体验，是左右道德行为的最真实、最内在的力量。道德感是自我感受的核心，它制约着人的所有情感。道德的感受是主体对于自己作为道德意识对象的自我反思，即人对自身意义的自我感受，它是通过内在意识流和自我反馈活动产生的。道德感可以分为道德愉快与道德痛苦。道德愉快是社会性评价的个人化与体验化，是社会性奖励的内在化，如，感受崇高。而道德痛苦是社会性惩罚的个人化与内在化，如，耻感与罪感。

当你确确实实体会到自己肩负的责任和义务时，你就会感到拥有无

① 马斯洛，等．人的潜能和价值［M］．北京：华夏出版社，1987：368.

穷的力量。有一部电影《征服者》，大家闺秀为何愿意为又老又丑的教主传宗接代，因为白莲教在大兵压境之下眼看就要灭亡；七尺男儿为何甘愿接受宫刑而苟且偷生，因为他肩负着保护教主下一代的使命。朝廷用武力征服白莲教，而白莲教用不屈的精神征服历史。

冯骥才在回忆他写作“文革”受难者的心灵史《一百个人的十年》期间，有约四千人以写信、打电话的方式要求他成为他们的代言人。“一个为人民代言的作家，常常享受不到自我宣泄的快乐，却能感受到引天下为己任的高尚和庄严”。

信守诺言，有时需要付出极大的代价。肖复兴在《向诺言致敬》里讲了一个真实的故事。1968 年在北大荒，上海知青金训华为救陈健牺牲了。陈健发誓永远留在北大荒，为金训华守一辈子墓地。他说到做到。35 年间，妻子与他离婚、父亲病逝、自己生病以及所有知青大返城后的孤独，都没能使陈健违背诺言。“三杯吐然诺，五岳倒为轻”。陈健将自己的诺言变成一颗钉天的星，永远闪耀在自己的心头和北大荒的天空。

二、来自底层的感动

余杰在《心灵独白》中记录了许多令他感动的人和事。

“记得拉练途经井矿体验矿工的生活，带我们参观的一名工人师傅说，他们已经不知道什么叫害怕了。井下暗无天日，漆黑一片，谁知道什么时候会出现塌方呢？瓦斯灯下，他安详的笑容显得那样动人。我闻到他身上呛人的烟味和汗味，蓦然觉得这个陌生人的生命与我有着某种神秘的联系。”

“一天晚上，我经过一片建筑工地。一座巨型大厦即将完工，旁边有一排破旧低矮的房屋。其中，有一家小杂货铺，门口摆着一台十四英寸的黑白电视机。电视机前，里三层外三层围了四五十个衣衫褴褛、瑟瑟发抖的民工。他们睁着眼睛贪婪地看着，尽管小小的屏幕上布满雪花，画面模糊不清。然而，好恶却由不得他们，杂货铺的主人可不管他们喜不喜欢看，‘啪’的一声就调到另一个频道去了。一阵轻轻的惋惜声之后，他们又津津有味地看下去。那天晚上，气温是零下好几度。这是一群无声的人。在这座一千多万人口的巨型都市里，他们数量巨大，他们干着最脏最累的活，却遭到蔑视和厌恶。他们从来不说话，也说不出话来。没有人知道他们在想什么，他们有什么痛苦与欣悦，烦恼与快乐。于是，他们只好围着一台十四吋的黑白电视机，从这个窗口仰望都市。在这一瞬间，我理解了福柯的伟大。他以自己毕生的精力为监狱的犯人说话，为精神病院里的病人说话，为现代社会一切失语的人说话，他是20世纪真正的知识分子。在这一瞬间，我想起了波普对‘历史’愤怒的指责：‘这种残酷而幼稚的事件几乎从来不涉及真正在人类生活领域中发生的事件。那些被遗忘的无数的个人生活，他们的哀乐，他们的苦难与死亡。这些才是历代人类经验的真正内容……而存在的一切历史，大人物和当权者的历史，充其量都不过是一出庸俗的喜剧而已。’”

马悦然回忆新中国成立前在四川岳父家的一件事：一个小偷到岳父家来偷东西，被抓住，马主张送警察。厨子问小偷想偷什么？小偷说父亲去世，想偷一块银元回家。厨子说送他一块银元吧。三天后小偷来要他的梯子，厨子说：当然得还他，莫得梯子他咋个生活呢？马没还梯子，可第二天梯子不见了，马没问梯子到哪儿去了。“我相信陈家的厨子不识字，要是识字，他肯定没读过《庄子》，即便没读过，也不需要读。”马将这篇文字的题目命名为《另一种道德》。

三、超越了人性的弱点，也能感受到一种崇高

英雄不是没有卑下的情操，而只是永远不被卑下的情操所屈服。据杨绛先生回忆，钱钟书还是一个虚岁27的毛孩子时，曾出言不逊，为卖弄文字，对吴宓先生多有不敬，但事过之后，他深感内疚。虽然此文并未发表，但他还是主动赔罪，甚至到1993年还要求将自我检讨的信

公开发表①。许多伟人都曾经写过忏悔录，诸如卢梭、巴金、韦君宜，他们的人格因健康的内疚和悔恨而更显真诚和丰厚。健康的道德痛苦与道德愉快一样具有力量。

超越了自卑与痛苦，你会体会到人格的一种成长。著名的心理学家阿德勒，从小体弱多病，且患有驼背，给人的感觉是又小又丑，与他聪明活泼的哥哥相比，常常自惭形秽。但是，阿德勒最终超越了自卑，而且创立了他的“自卑与超越理论”。释迦牟尼的得道，源于他对死亡与痛苦的体会。原来他是一个鲜花与欢笑簇拥下长大的王子，某一天出宫游玩，第一次目睹了死亡与痛苦，于是立志拯救苦难的众生。挪威艺术家蒙克先后遭受了母亲、姐姐、父亲、弟弟的死亡以及妹妹患精神病的打击，亲眼目睹活生生的生命一点点被病魔吞噬的惨状，他拿起了画笔，热衷的主题只有一个：死亡与病痛。“病孩”是他反复表现的主题。少女靠着白色的枕头眺望窗外，苍白的皮肤、颤动的嘴唇，痛不欲生的母亲，光明的窗给了她一个美丽的诱惑，却把希望隔绝。即将消失的一抹如血残阳，三分凄冷七分绚烂，那灵动飞扬的红色线条，营造着一种与死亡截然不同的气氛，注定失败却依然执著，那是对死亡的最后一次背叛。

四、做人的尊严

有这样一个故事：一个中国人作为联合国义工，去南非救助贫民，为孩子捐衣捐物。看到在寒风中瑟瑟发抖的孩子，他迫不及待地将衣物递给他们，但被资格最老的义工马丁制止。马丁满面笑容地对孩子们说：“孩子们，愿意帮我们做点事情吗？如果你能帮我们把车上的东西搬下来的话，你会得到酬劳的。”“我知道你们的歌声很甜美，为什么不给我们唱首歌呢？当然，你也会得到理所当然的酬劳。”这个下午，

---

① 杨绛．吴宓先生与钱钟书［J］．读书，1998（6）．

他们热热闹闹地按计划将所有的东西发给了孩子们。为什么不能直接将捐赠的东西给孩子，马丁解释道：

“我们不能让孩子们感觉这些东西是他们理所当然得到的，这样会养成他们不劳而获的惰性。他们本来就生活在一个很糟糕的环境里，我们就更应该从小培养他们正确的劳动观念和积极的人生态度。这样才能帮助他们树立起改变生活状况的信心。而且，人生来是平等的，如果我们居高临下地进行施舍、捐赠，会让孩子们的自尊心受挫，长大后会留下心理疾病的隐患。炫耀的爱心是一柄砍平人理想的利刃，它不但会拧干弱者奋发的信心，还让他们在阳光下赤裸裸地展示血迹斑斑的伤口，这种帮助是残忍的，有损人尊严的。而如何割断弱者旁逸斜出的自卑情结，并帮助他们坚持做人的高贵操守，则是施予者必须学会的高妙技巧。”①

许多企业常常出钱资助一些贫困学子，却不顾对方的感受。要么大张旗鼓宣传，要么要求按时写信汇报、感恩等，实际上都有伤被资助者的尊严。

苏霍姆林斯基曾经这样界定教育的核心，“在于让儿童始终体验到自己的尊严感”。体验尊严，是我们教育的根本，有没有体验到做人的尊严感，是精神的一大分水岭。让我们牢记这句话：“让孩子始终体验到自己的尊严感”，尤其在我们批评孩子、惩罚孩子的时候。

我们的教育要让孩子有尊严地接受惩罚，我们的教育要教给孩子：跌倒了也有尊严。

龙应台有篇文章《怎样跌得有尊严?》写道：在我们的教育中，缺乏“失败教育”。我们拼命地学习如何成功，如何卓越，从卧薪尝胆的勾践、悬梁刺股的孙敬、苏秦到砍樱桃树的华盛顿、平地起高楼的比尔·盖茨，都是成功的典范。即使谈到失败，也是要你绝地反攻，再度出人头地。很少有人教过我们怎样去面对痛苦、失败、挫折？你跌倒

---

① 一一. 圣洁的回报［J］. 读者，2007（23）.

时，怎样跌得有尊严？你痛得无法忍受时，用什么样的表情去面对别人？你一头栽下时，怎样治疗内心淌血的伤口，怎样获得心灵深层的平静，心像玻璃碎了一地时，怎样收拾？

跌倒，也可以有尊严。跌倒，可以成为远行的力量；失败，可以成为人生的修行。跌倒的人，可以更勇敢、更真诚、更深刻、更智慧①！

哪怕我们穷得要去做乞丐，我们一样可以有尊严！在欧洲街头，我们不时地看到一些打扮体面、考究的街边艺术家，他们拉着小提琴，琴声庄严悲怆，神情静默高贵。在琴声告一段落时，路边上的人会将钱币弯腰轻轻投进琴盒，他们脸上没有丝毫的傲慢和怜悯。乞丐也有尊严！这与我们常常看到的乞讨情景是多么的不一样。我们看到的常常是乞讨者的肮脏、可怜、卑贱和屈辱，施舍者的高高在上。

五、日常生活中的崇高感

如果说感受义务与责任是一种“大德”，那么坦坦荡荡为人，便是“小德”。以前的自我修养，重大德轻小德，其实，即使是芸芸众生，即使是日常生活，也有许多感受崇高的机会。余华在《活着》的前言中说：作家的使命不是发泄，不是控诉或者揭露，他应该向人们展示高尚。这里所说的高尚不是那种单纯的美好，而是对一切事物理解之后的超然，对善与恶一视同仁②。当你摆脱了狭隘与粗俗，体会到坦荡的君子风范，当你反省自己的行为，感到问心无愧，当你重读自己的日记，为自己曾经的真诚和自强不息而感动，这些都是崇高，都是人性的充实和成长。

---

① 龙应台．目送［M］．台北：时报文化出版企业股份有限公司，2008：57.

② 余华．活着［M］．海口：南海出版公司，1998：3.

第三节 感受美好

一、美感体验

感受美的过程在心理学上称为美感。美感也是一种力量巨大的高峰体验，它给人以巨大的冲击，让人陶醉。在这样一种短暂的瞬间经历中，人的发展往往经历一次质变。

19 世纪俄国杰出风景画家列维坦看到一轮孤月缓缓从荒山后面爬上树梢，此时正好有野狗嗥月，他顿时被大自然这份凄清、荒寒之美感动得哭了。邓一光在《大姨》中写道："听少数民族的歌，我永远无法平心静气，永远无法不用力闭上眼睛，永远不敢说出自己的感受。我固执地认为，他们不是唱给人听的，而是唱给天地听的，是人和天地间最后的倾诉与倾听。"席慕容在只有两岁的时候，因为头特别大，老是走不稳，却又爱走，所以总是跌跤，但这种跌跤对席慕容来说，差不多是一种诡秘的神奇经验。有时候她跌进一片森林，也许不是森林只是灌木丛，但对小女孩来说却是森林；有时她跌跌撞撞滚到池边，静静的池塘边一个人也没有，在那里她发现了一种"好大好大蓝色的花"，正是这种她几乎用仰角才能去看的蓝花的美，对她构成了难以抗拒的蛊惑力，神秘地召唤着她一生不懈地追求美。有一篇很好的散文《下午的月亮》，写的是一个在滚滚红尘中奔忙的人，在某一天的下午，抬头看到了空中的月亮，那个美得冰清玉洁的月亮立即击中了他，使他半天回不过神来。一个士兵在炮声隆隆的间歇，发现了天空的美，而忘记身处何处，呆立不动，结果被炸死，他死得不像个士兵，却像个诗人！

二、大自然的美

你感受过星空的美吗？

一本小学语文课本里，有这样一篇课文：《望星空》。

天上星星一闪一闪，我望着星空眨着双眼。多么希望有那么一天，乘着火箭去太空游玩。

在那遥远的外星上面，会不会遇到像我一样的男孩：黑黑的眼睛，圆圆的脸，也望着我们地球眨着双眼？

我乘着火箭，他坐着飞船，在不久的将来，我们也许会在太空见面。

天上星星一闪一闪，我望着星空眨着双眼。多么希望有那么一天，我们手拉着手，在太空游玩。

课文充满大胆的想象与对自然征服的勇气。课文的插图有小朋友坐在宇宙飞船里，星星月亮在他们的脚下。这也许就是星空在我们这一代人中所具有的典型的、单一的价值。其实，星空，不仅仅是我们征服与主宰的对象；星空也不仅仅是科普的专利，星空还有其他的人文和审美的向度。星空，遥远而神秘，深邃而变幻。望星空，我们是否还能想到它的神秘与博大，是否还能引起我们的美感和尊重？

十多年前，看到过一篇文章，《假如没有月亮》①，至今难忘：

假如没有月亮，并不仅仅是少了一颗地球卫星——没有空气，水分……没有生命赖以生存的所有条件的围绕地球转动的唯一天体。月亮不仅仅是元素、岩石、环形山以及直径、质量、体积、温度等物理数据，是的，不仅仅是这些。

假如没有月亮，人类会失去一块神秘的天空，一个视角，一个古老而永恒的神话，会失去那清凉的光芒，壮丽的想象，童谣，民歌，麦场上娓娓的叙说，儿童惊奇的追问和遐想……

① 郎毛．假如没有月亮［J］．中外妇女文摘，1991（4）．

假如没有月亮，也就没有月光如水、人淡如菊；没有《诗经·月出》；没有《春江花月夜》；没有“星垂平野阔，月涌大江流”的奇景；没有王昌龄的“秦时明月”，李白的“金樽对月”“青天揽月”“吴牛喘月”“峨眉山月”；也没有“效寒岛瘦”，“昆山玉碎”；没有李贺的“梦天”，杜牧的“夜泊秦淮”以及李后主的千古绝唱，苏轼的“明月几时有，把酒问青天”……

没有月亮，那些风流倜傥的大诗人会韵减三分，悠久、虚涵、灿烂的中国文学史会黯然失色……

作者认为，月亮不仅仅是一颗普通的卫星。月亮更是一种灵性的世界本身，是精神生活存在的永恒证明。

月亮是嫦娥，是玉兔，是跛脚的猎人，是暗喻，是隐私，是如期而至的记忆，是母亲的召唤，游子的思念……

直到永远，月亮都是风俗，是意象，是岁月的诗意，是寄托，是人类情感的一个空间，一片背景，一种弥漫不已的气息，是人类精神深处的家园。

曾经听过李叔同作词作曲的《月》，庄严、深沉而大气的曲调配上这样的歌词：

仰碧空明明，朗月悬太清。瞰下界扰扰，尘欲迷中道。唯愿灵光普万方，荡涤垢滓扬芬芳。虚渺无极，圣洁神秘，灵光常仰望。

仰碧空明明，朗月悬太清。瞰下界暗暗，世路多愁叹。唯愿灵光普万方，拔除痛苦散清凉。虚渺无极，圣洁神秘，灵光常仰望。

那样的高远、清朗、圣洁，仿佛有另一个天边的神秘美丽世界，映出人间的渺小与有限。这才是星空，这才是我们应该拥有的宇宙情怀。

你感受过大地的美吗？大自然对你而言是什么？我们终其一身为自然所拥抱，但我们中能有几人可与自然真正地相遇？李锐说，他与大自然刻骨铭心的相遇只有两次。其中一次是插队，那时他根本就想不到还有大自然这码事，就被命运懵懵懂懂地扔进大山。没有汽车、没有电灯、没有任何机器的响声。随便拣一条小路走下去，就会淹没在林木之间。峡谷里的音乐，或喧哗，或萧瑟，错杂缤纷。有许多次，独自一人呆在葱茏的树林里，或是站在荒远的山顶上，忽然就觉得，自己变成了一棵树，变成了一块石头。满心的孤独、如麻的惆怅，都随着脚下的溪水蜿蜒而去，都随着起伏的群山蔓延到极远的地方——那时候，就忘了还有一个自己；那时候，就觉得敞开的心胸无遮无拦地躺在天地之间，仿佛一股清风，纤毫之动便可极游八方①。

你感受过大海吗？当你走向大海，沁凉的海水翻卷着雪白的浪花排山倒海涌来，淹没了你，这种在刹那间得到的恐惧和惊喜，用不着任何事先的准备和安排。这便是你和大海的相遇②。

三、美感从何而来

心理学史上曾经有过一种尝试：力图从生理基础上来寻找美感的根源，这便是实验美学。他们通过实验室的研究发现：曲线比直线美，对称的比不对称的美，因为在看曲线时，眼肌运动均匀而柔和，使人感到更舒服；对称的东西使两眼均衡地受到刺激，能给人更多快感。音乐为什么美，因为它有节奏，与生理变化周期性相符，看到倾斜的东西就想去扶，否则会给人一种视觉上的压迫……总之，他们认为：美感就等于生理上的快感。

然而，生活中的许多现象却与以上观点相矛盾。比如，一出悲剧，纵然使你肝肠寸断，痛苦不堪，丝毫体会不到生理上的快感，但我们仍

①② 李锐. 看海［J］. 读者，2009（10）.

然会产生强烈的美感体验。“巴黎圣母院”里的卡西莫多面目丑陋，但他却是真善美的化身。莎士比亚塑造了众多的悲剧人物：哈姆雷特、安东尼奥、杰奎斯等，他们的故事充满痛苦与哀怨，但一代又一代的人却如醉如痴地拜读着这些故事。著名的诗人雪莱也说：“倾诉最哀伤的思绪才是我们最甜美的歌”。因此，许多人对实验美学提出批评，他们认为，虽然美感常常伴随着快感，但不能将美感还原为单纯的快感，美感比快感有更丰富的内容，也比快感更深刻、更内在。这集中地体现在悲剧美感中。

对美的感受，不是简单地靠美学知识的灌输可以培养起来的，童子功很重要。小时候的浸润、体验，长时间的相濡以沫非常重要。龙应台就自己的成长经历写过这样的文字：生活的艺术，其中包括品味和态度，应该是内化的气质。它应该像呼吸，像不自觉的举手投足。它是无法补课的。由于缺乏童年的艺术熏陶，音乐、美术，在她身上仍旧是一种知识范围，不是一种内在涵养，是一个要时时提醒自己去保持的东西，就像一串不能遗忘的钥匙，或是提醒自己必须每天浇水的植物①。

四、青少年美感体验的特点与局限性

青少年学生的美感体验大多还停留在实验美学的层次，更多地根基于生理的快感与舒适，是一个唯美主义者。正如《书画琴棋诗酒花》中所描述的那个18岁的女孩，正站在人生的起点上，人生对她似近实远，所以她抓不住核心，只好用文字、用意境来捕捉周围的氤氲之气与朦胧之美。明明是瘦巴巴的人，她不说“竹竿”而说“玉树临风”，明明茕茕孑立，她不说“不合群”，而说“一人独钓一江秋”，甚至想将清道夫取名“弄尘游人”，要他玩弄尘世，优游人间。这时候的审美，是理想化的、唯美主义的，是雾里看花、轻盈、飘逸、单纯、透明。有

① 龙应台，安德烈．亲爱的安德烈［M］．香港：天地图书，2007：21.

这样一种美化的心境，才会有偶像事业。

但是，如果我们的审美一直停留于这样一种水平，那么，我们的发展便难免浅薄、缺乏质感。只有发展起超越快感的审美体验，才能使我们的人格趋向于成熟和丰厚。所以我们不仅要学会欣赏美好，还要学会欣赏凄凉。行云流水，风花雪月是美，夕阳西下、晓风残月、枯藤老树、西风瘦马也是美。旅人的漂泊孤寂、恋人的离愁别绪，寂寞的长巷、无人的空阶、痛定思痛的觉悟、独步人生的脚印，都是凄凉，也都是美。马斯洛的高峰体验，更多描述的是诸事顺遂、心旷神怡的体验，因此少了一种英雄气概而多了一种庸人气。它忽略了另外一种境界：身处绝境、死而后生，山崩于前、海啸于后，临危受命、力挽狂澜，舍生取义、杀身成仁。生命在危险中的体验，人生能有几回搏的体验，林冲夜奔、秦琼卖马，这种抑郁苍凉的意境，都是审美的最高境界。

五、可怕的美

马悦然在《另一种乡愁》里描述他所经历的美感体验：我读一首诗或听一种最使我感动的音乐时，突然会感到时间停止了，或者浓缩成一种包括“一”的刹那。这感觉真是又可惊、又可怕的。那种审美的经验给我一种绝对活不下去的震惊。“要是再美的话，我就接受不了，我就活不下去了”。

你要知道什么叫可怕的美，你就去读杜拉斯。王开岭说：20 世纪 80 年代末，我第一次读《情人》和《蓝眼睛，黑头发》，那种激动得说不出话的感觉！那种急得大汗淋漓却找不到表达的感觉！甚至想迁怒杜拉斯——她表达得那么好，简直过分！我从未读过如此散漫又这般周严、极度紊乱且一丝不苟的小说，感觉自个正遭受一种美的折磨，幸福的阅读莫非也是一种受伤？

在笔者的课上，学生郑毅讲述了一段这样的体验。

灵魂戴着铁面破墙而出

郑 毅

一声巨响，一面灰色的墙轰然倒塌，一个头戴铁面的家伙从墙后走出，身后是腾起的灰尘，它的声音低沉而浑厚，仿佛是从世界的另一端传来，铁面后一双浑黑的眼睛死死地盯着我，然后以意想不到的谨慎的语调对我说："灵魂已经戴着铁面破墙而出。"

我仿佛可以记得在梦的过程中我的感受。那是一种压抑到令人恐怖的气氛，但是对于那样一种让你可以不假思索地和"邪恶""黑暗"联系起来的场景，我却在怕之外还有着一种向往和趋向，仿佛那无限的黑暗后有着一种神秘的吸引我的力量，那到底是什么呢？

那仿佛是莫扎特的歌剧《唐乔万尼》里的场景，但是情节又那么像贝多芬的《费德里奥》，而那种可怕的迷人仿佛就是但丁神曲里魔鬼的声音……

"那是一种宗教情结。"我对自己说，我开始分析记下来的那句话"灵魂戴着铁面破墙而出"，这句话中似乎也有着那种可怕的美，不是吗？无论从内容还是句式上。

那灵魂，无论是谁的，已被封锁在厚厚的石墙之后许久，那千百年的不满和冲动终于在一刻汇聚成冲破石墙的力量，一个怙恶不悛的灵魂站了出来，那沉重的铁面，是一种惩罚？还是对那给他戴上沉重之人的嘲笑？

忽然间我似乎明白了什么，仿佛那灵魂就是我，或是我的一部分，我们罪恶的灵魂时刻都想冲破那堵墙，而那铁面就是我们试图证明上帝愚蠢的证据，昔日给我们带来痛苦的刑具，此刻似乎成了我们炫耀的资本。

这一刻，黑暗，危险，诱人。

六、技巧与内涵

真正能够打动人的艺术靠的不是技巧，而是精神内涵。1999 年 2 月，当今乐坛全能型的钢琴大师阿什肯纳齐，来到上海大剧院开音乐会。然而，这场被寄予厚望的音乐会却令中国乐迷大为失望：今夜无人激动。钢琴家苏彬评论说：他的声音一个个都很出色，属于那种很圆很光辉的乐音，但漂亮是漂亮，就是不动人。问题出在他没有很好地思考音乐，没有把它与人的感情联系起来，没有表达出温柔、激动、狂怒、暴躁、愉悦、幸福等人类的情感，所以它不能打动人，不能让人哭，不能让人陶醉。和音乐质量相比，音色的千变万化更多地与一个人的精神高度有关。著名的音乐教授杨燕迪也评论说：阿什肯纳齐没有境界，我宁选傅聪。阿什肯纳齐天生技巧太好，弹什么都容易，但他被技巧误导，没有时间去细致地思考音乐，没有时间去追求更高的境界。他的音都可以一拍拍地打出来，所以他的调色板只有黑白，没有中间色调的变化，非常平淡呆板。而傅聪，虽然手指上的技巧不如阿什肯纳齐，但他心里有东西，所以他的音乐在挣扎中追求着更高的境界。

七、审美有时与效率相悖

审美的境界有时会与功利、效率、速度相悖。止，而后能观。在阿尔卑斯山的入口处，立着一块牌子，上面写着："慢慢走，欣赏啊！"只有内心放慢速度，他才可能是一个审美的主体，而一旦他加快了速度，他就立即成为一个后现代主义者，一个美的客体。所以，从某种意义上说，只有超越了急功近利，甚至在一定的意义上牺牲效率与速度，才能真正培养出艺术气质。

龙应台有篇文章，标题是"没有逗留，哪来文化？"最细致的体验需要最宁静透彻的观照。奔忙，使作家无法写作，音乐家无法谱曲，画家无法作画。奔忙，使思想家变成名嘴，名嘴变成娱乐家，娱乐家变成聒噪小丑[①]。

第四节　感受爱

一、关注与善待自然万物

爱，同样是人类的一种美好的高级情感。人的不成熟常常表现在对身边的爱熟视无睹，因此要学会爱、给予爱，首先必须能够感受爱、体会爱。

学会关注与善待自然万物，是我们该体会的爱的一种。心理学上有一个实验：感觉剥夺。蒙上你的眼睛、塞上你的耳朵，包上你的手和脚，将你的视觉、听觉、触觉、嗅觉统统剥夺，在这样的环境中，你会怎样？你会发疯！

我们常常抱怨环境太差，自然太恶劣，冬天冷得要死，夏天热得要命，但试想，有那么一天，你讨厌的刺激全都消除，你不再受烈日、寒风之苦，不再受噪声干扰，灾难威胁，那时，人类会怎样？答案：人类将退化，直至走向灭亡！

地球和大自然是人类的家园，但人类却在不断地征服、掠夺自然。

清华学生刘海洋伤熊事件，曾引起普遍的关注。但有多少“商业刘海洋”仍然存在。养鸡场里的鸡，一辈子的空间只有一本书那么大，以至于最后脚与笼子里的铁杆长在了一起；养猪场里的猪为了避免空间狭小尾巴缠绕，一出生就被剪去尾巴；黑熊被贪婪的人们抓来关在笼子里，一根管子插进内脏，不停地取胆汁，所有黑熊都被折磨得百病缠身，内脏溃烂，长满肿瘤，不堪痛苦时只能啃自己的脚，以至于脚上白

① 龙应台．没有逗留，哪来文化？[N]．南方周末，2005－11－24（D27）．

骨嶙嶙，还有黑熊患上神经症，不断摇头。

二、亲情之爱

人伦亲情，是一切社会的基础。在我们的传统文化中，对它的尊重，甚至超过对法律的尊重。《论语》中有“证父攘羊”的故事，提倡“父为子隐，子为父隐，直在其中也。”不是说亲人间要怂恿姑息彼此犯罪，只是要保证人伦亲情不受法律的伤害，否则，危害性大于犯罪。《孟子》中也有这样的故事：“舜父杀人，舜当如何？”孟子答：“舜视弃天下，犹弃弊屣也。窃负而逃，遵海屏而处，终身欣然，乐而忘天下”。舜抛弃了天子之位，就可以不受自己的社会属性约束，只作为儿子，就可以把遵天道、循人情作为自己人生最高准则。当社会中没有了人伦之情，亲人间也要相互监视和告发，社会上将无任何信任可言，人也将无任何安全可言，这样的社会只会分崩离析。

孩子是上帝送给人间的最大礼物。孩子使社会的宽容指数、和谐指数、快乐指数、创造指数大大提高。孩子是天生的乐观主义者，他对一切都充满好奇、兴趣，他永远不会感到无聊，他手边的任何东西都可以成为他的玩具。上学路上，他可以变换出无数的花样来走路：跳房子走、踩影子走、打拍子走、跨陷阱走、躲鳄鱼走、左旋走、右旋走、倒退走、和妈妈分开走……孩子是花样和丰富性的来源，是许多家庭最好的心理治疗师。

孩子的降临，使父母重生，是孩子，使父母人性中最美的一面发挥到极致，比如，善良、宽容、奉献、责任、坚强、忍耐。是天使般的孩子，激发出人世间最美的一种情感：母爱。父母对孩子的爱，沛然莫之能御。汶川地震，多少母爱故事惊天动地！已经死去的母亲定格为一尊半跪的雕像，艰难撑起的身体下保护的是还在吃奶的婴儿。还有手机里的留言：亲爱的宝贝，如果你还活着，一定要记住，妈妈是多么爱你。还有那首感人的诗：孩子，快抓紧妈妈的手，去天堂的路，太黑，妈妈怕你碰了头。快抓紧妈妈的手，妈妈陪你一起走。

母爱不仅仅对一己之私的孩子有意义，亲情之爱，实际上是具有社会意义的。生儿育女的过程，是爱心传递的过程。有了孩子，世界与他人在她心目中的意义就会发生改变。原来与她没有任何关系的熙来攘往的外界，突然与她变得很亲。她的爱心会像阳光雨露无边无际。公园里、马路边的任何一个孩子，都会吸引她慈爱的目光。路边肮脏挨打的乞儿，暮色苍茫中落水哀号的小狗，都会令她揪心。“丁克”家庭的增多令人担心，这是否会使这个只能用体验来传递的爱的链条断裂，使爱的社会总量减少？

每年笔者请学生写自己的高峰体验，几乎都有三分之一的人写到亲情。

年轻时，是不会很细致地体会父母心的。龙应台说过：母亲想念成长中的孩子，总是单向的。充满青春活力的孩子，奔向他人生的愿景，眼睛热切地望着远方，母亲只能在后头张望他越来越小的背影，揣摩，那地平线有多远、有多长？怎么一下子，就看不见了？

年轻时经常犯的一个毛病是对父母之爱麻木不仁，因此也不会想到给予父母相应的安慰。等到终于有一天，体会了父母的爱心，想回报的时候却为时已晚。树欲静而风不止，子欲养而亲不待，从此心中留下永远难以弥补的伤痛。许多人是从内疚与感动中学会孝顺，懂得施与报的。

韩伯瑜有过，其母笞之，泣。母曰：他日未尝泣，今何泣？对曰：他日得笞，尝痛，今母之力不能痛，是以泣也。

我们都曾读过朱自清的《背影》。不要把父母想象成刀枪不入、钢铸铁打的英雄，他们有他们的无奈、脆弱与困窘，他们会老，他们会病，最终有一天，世界上那个最疼你的人，会从你的世界中永远地消失，任你千呼万唤也没有办法将他们重新唤回。父母们同样有一颗需要关心爱护的心，尤其是来自子女的关爱，对他们具有非同小可的作用。世界大文豪董桥曾写过一篇散文《撒在沙发上的文化史》①，细致地记录了一位父亲，在父亲节收到儿子贺卡时的感动。

16 岁少年亲情柔美似水，沉迷电影、电视、录影机、唱片、音乐杂志、汽车月刊、女歌星、打球、溜冰、哑铃之余，还有心情挑选这样温馨的贺节画片，亲手挂在这颗中年人的心坎上，果然受用！虽说贺片公司大量设计各种“印刷的柔情”应节应景应情，生产者与消费者的关系始终建立在物质的庸俗基础上，但是，消费品给消费者带来的报酬却大半是精神上的乐趣。廉价的伤感也好，廉价的温情也好，科技时代的科学规律和经济规律始终没有脱离源远流长的人情规律，针针刺在人性的弱点之上，痛得好舒服。这个 16 岁的少年有心情，在千万种“印刷的柔情”贺卡中挑选一张温馨的画片，用柯式印刷机滚出来的画面和字句，打动唐诗宋词那样古老的中年父亲的心。

三、爱一切人

除了父母之爱，爱还包括对我们周围一切人的欣赏与接纳。《世界上最伟大的推销员》中有一条成功秘诀：学会爱一切人，我爱雄心勃勃的人，他们给我灵感；我爱失败的人，他们给我教训；我爱王侯将相，因为他们也是人；我爱谦恭之人，因为他们非凡；我爱富人，因为他们孤独；我爱穷人，因为他们是如此之多；我爱少年，因为他们真诚；我爱长者，因为他们智慧；我爱美丽的人，因为他们眼中流露着凄迷；我爱丑陋的人，因为他们有宁静的心灵。

林同奇在《林氏家风》中讲到儒家文化的核心：恕。恕，由两个字组成：心和如，所有人的内心都是相似的，所有的心最初都是好的。

---

① 董桥．董桥散文［M］．杭州：浙江文艺出版社，1996：61．

所以，每一个人都能够将心比心，尽可能站在他人的立场上考虑问题。“己所不欲，勿施于人”“己欲立而立人，己欲达而达人”。这也就是西方所讲的“移情”。中国传统的大家庭都有一个传统：“善待下人”。林先生特别提到他们与长工高二的友谊。林先生分析了他的母亲嫁到父亲家所做的自我调适。由于外公家的家风自由开放活泼，而林家家风传统严格，所以母亲的自我调适过程注定会非常艰难而痛苦。但是，母亲成功地通过了考验。在这个调适过程中找不到任何情感紧张、冲突的证据。为什么？因为，第一，母亲天生就有一种开朗的、温和的、乐观的心情，她是温和通融的，她天生就能与一切人友好相处。这就是为什么在今天的一些心理学家看来会造成心理创伤的冲突，她都能顺利渡过；第二，她深深的“母爱”挽救了她的情绪。她全身心地用来照顾她的孩子，所以没有时间和心情自寻烦恼；第三，母亲利用儒家伦理获得道德和情感上的支撑。儒家的家庭伦理准则，是用人性的准则弱化道德的严肃性的一面。家庭关系是一种义务与情感，而不是法律和商业交换。母亲在与父亲的关系中找到心理的安慰，也在完成她的职责后收获着喜悦。儒家的这种人性精神使她能够更好、更平静地进行自我调适①。

爱一切人，包括爱自己，无论你长得多丑，只要你爱自己，自强不息，你也会成为一首最美的歌。

四、爱你的敌人

基督教的教义说：“你不仅要爱你的邻人，还要爱你的敌人。”关于人道的教导，恐怕没有谁的话比耶稣基督的这一教诲更具真理，意义更重大。冤冤相报何时了！“9·11”事件、中东前仆后继的人肉炸弹、伊拉克战争、韩国人质危机，以眼还眼、以牙还牙，换来和平了吗？只有原谅、宽恕、博爱，可以结束仇杀。当我们真诚地爱我们的敌人，就

① 由林同奇《林氏家风》英文原稿直接翻译。

有可能终止人类冲突。这似乎是一个可望而不可即的目标，但无论个人，还是民族，都实现过这一理念。

卢刚，一个中国留学生，在美国杀害他的导师、同学多人，其中包括副校长安。然而，安的家人却给卢刚的家人写了这样一封信。

致卢刚的家人：

我们刚经历了突发的剧痛，我们在姐姐一生中最光辉的时候，失去了她。

我们深以姐姐为荣，她有很大的影响力，受到每一个接触她的人的尊敬和热爱——她的家人，邻居的大人和孩子们，她遍及各国的学术界的同事、学生、朋友和亲属。我们一家人从远方赶到爱荷华这里，不但和姐姐的众多朋友一同承担悲痛，也一起分享了姐姐在世时所留下的美好回忆。当我们在悲伤和回忆中相聚一起的时候，也想到了你们一家人，并为你们祈祷。因为这周末你们肯定也是十分悲痛和震惊。

安生前信仰爱和宽恕。我们在你们悲痛时写这封信，希望分担你们的哀伤，也盼你们和我们一起祈祷彼此相爱。在这痛苦时刻，安想必是希望我们大家的心，都充满同情、宽容和爱。我们知道，在这时会比我们更感悲痛的，只有你们一家。请你们理解，我们愿和你们共同承受这悲伤。

这样，我们就能一起从中得到安慰和支持。想必安也会希望是这样的。

诚挚的安·柯莱瑞博士的兄弟们

弗兰克、迈克、保罗·克莱瑞

1991 年 11 月 4 日

弗吉尼亚理工大学杀人案发生后，笔者的朋友小丽从美国发来了廖康的文章《第 33 块铭石》：强烈的冲击波再次袭上心头！第一波是赵承熙在维吉尼亚理工大学开枪杀人，32 位师生死在他枪下。第二波更强烈——追悼会上，在维州理工大学的中央广场不仅安放了32块半个足球大小的花岗岩，悼念无辜的死难者，而且还有第33块同样大小的花岗岩，悼念赵承熙。他的铭石和其他人的铭石一样，在剪成VT模样的橘黄色彩纸上写着“2007年4月16日赵承熙”，在铭石旁边也放着玫瑰、百合、康乃馨等鲜花和紫色蜡烛。在鲜花中还有一张便笺，上面写着：“希望你知道我并没有太生你的气，也不憎恨你。你没有得到任何帮助和安慰，对此我感到非常痛心。所有的爱都包含在这里。劳拉。”没有任何人比死难者的家属和维州理工大学的师生更有权利、更有理由愤恨，但是他们默默地向33位死者志哀，悼念的钟声也敲响了33下，放飞升向天空的白气球也是33个。

杀人者和死难者同样受到悼念，这与我们从小受到的教育实在太不相容。

情绪情感的领域是一个永远挖不到底的深矿，对它表述的深度永远不可能达到体验的深度。希望你尽情地感受、投入地体会，不断地超越消极情绪情感，通过一次次的高峰体验，达到人格的完善。请你，担负起对自己的责任来，不但要活着，而且要活得热情而起劲，要活得有质量、有尊严。不但要真切地去体验，而且要在真切的体验中反思，如果这样，你将逐渐成为一个拥有丰富内涵的人。

心理作业：

请回忆自己的一次高峰体验：如前所述的那些丰富细腻的体验，你经历过哪些，对你的发展起过什么作用？

6

健康的意志行为

著名作家赵鑫珊在一篇散文中写道："每个人都有赖床，没有力气起床、穿衣、穿鞋子的早晨。起床、穿衣的力气并不是什么纯物理学或生理学上的力，而是精神的力，心理学的力，人生哲学的力——面对生存挑战的勇气。起床，意味着你又要去面对昨天那一堆烦恼、尴尬和棘手；至少那是一堆无聊和枯燥。"① 19 世纪俄国作家冈察洛夫笔下描写了一个懒汉奥勃洛摩夫，他身上集中体现了人的惰性。他年轻、善良，有一定的能力，但就是懒，懒得连翻身都感到麻烦。他说："我什么都知道，什么都懂，就是没有力量和意志。"在现实生活中，这种懒于行动的现象比比皆是：只想不做，只动口不动手，只做决定却从不采取行动；对应做之事，我推给你，你推给他；对应完成的任务，今天拖到明天，明天拖到后天，总是逃避；有问题不去想办法，有想法又不做计划，有计划却不去执行。许多人失败，不是失败在能力或品德，而是失败在意志。人生犹如一段逆风行舟的艰苦旅行，在旅途中有无数的困难在阻碍着你，如果没有克服各种困难的勇气，那么别说成功地改造这个世界，就连被动地应付这个世界都会感到没有"力气"。偶尔的、暂时的"没有力气"，人人都体验过，但是日复一日、年复一年的"没有力

---

① 赵鑫珊．赵鑫珊散文精选［M］．上海：复旦大学出版社，1997：276.

气”就不是正常、健康的心理了，那是意志的严重缺乏。

西方心理学中不讲意志，也许他们认为这属于哲学研究的问题。但是，意志的障碍，却成为现代人心理障碍的一个重要方面。

本章将涉及强迫倾向与强迫症、如何通过意义治疗、存在治疗与现实疗法追寻意义、学会负责、如何形成良好行为、矫正不良行为、如何改变拖拉的习惯、走出无聊。

第一节　意志与健康

一、物质条件越好，人的意志就越薄弱吗

物质条件越好，人的意志就越薄弱，这是自古许多例子验证的一个真理。自古英雄多磨难，从来纨绔少伟男。生于忧患，死于安乐！现代社会，许多人生活条件优裕，却感到莫名的烦恼、沮丧、空虚、无聊。

但是，作为反例，在许多读博士、读硕士的学生中，许多家境不错，衣食无忧的人，学术志向远大，他们不受外界的功利诱惑，静心学问，所表现出的刻苦、坚定也让我们不得不承认：顺境逆境、家境好坏，与人的意志坚定与否，没有绝对的关系。

二、不良的意志品质

人的意志品质表现在四个方面：自觉性、果断性、坚韧性与自制力。每一方面发展过分或不足，都会形成不良的意志品质。

盲目被动与独断专横是与自觉性相反的意志品质。

优柔寡断与冒失武断是与果断性相反的意志品质。

动摇与顽固执拗是与坚韧性相反的意志品质。

任性与机械刻板是与自制性相反的意志品质。

我们常常误解意志品质，把独断专行、刚愎自用当成独立自主，把盲从当成听话，把轻率当成利落，把迟疑、犹豫当成稳定、谨慎，把执拗当顽强，把鲁莽当勇敢，把拖拉当耐心，把急躁当成高效率，把冲动当成冒险精神……不一而足。不良的意志品质一经形成，便会带来种种性格缺陷，如，偏执、暴躁、依赖、自卑、猜疑、害羞、惰性、怯懦、莽撞等。意志品质不良，是我们现在孩子发展的一个顽症。

意志对行动的调节包括发动和抑制两个方面，对符合目标的行为“当做则做”，对不合目标的行为“当止则止”。

我们知道意志薄弱不好，但我们常常忽视：意志太强，也是一种意志障碍。这便是强迫倾向和强迫症。

三、过分自律容易导致强迫倾向

一男孩，非常聪明，随随便便就能考第一，但常打架，甚至与校长打。被处分后，男孩发誓重新做人，但却变得不对劲——处处谨慎，思前想后。考试时，到处不舒服。笔头有裂缝，用透明胶粘后还是别扭，鞋不平，腰带紧，衣服脏，还有小线头。有时心里会纠缠于一些无意义的胡思乱想：3 是 6 的 1/2 还是 1/2 倍，为了得出结论，还会去查各种资料。买东西时老怀疑自己算错账。越不想分心，却越做不到。

一女孩，对每一件东西，都有想把它归类的念头，所以，在家里不停地整理。有时把某物放入某类后，又会产生怀疑，要拿出来重新放。有时会重复好几次。最后要做到全部认可才终止。这不仅占用了许多宝贵的学习时间，而且影响到全家正常的生活，父母常常因为她的整理而找不到他们要的东西。

这两个孩子的表现其实是很明显的强迫倾向。

自律、坚韧、执著、上进、认真、忠于职守这些正面品质，被社会高度重视，但有时会发展成为功能不良的强迫倾向。这些人常常感到压抑和不自由。追求完美、过早懂事、过分利他中也有强迫特征。

现在的父母强调早期教育，但拔苗助长，结果却事与愿违。一母亲在孩子仅三个月大时就按时训练其大小便，结果导致孩子夜里睡眠不踏实，明明有尿不湿，却还得在夜里按时将其抱起，做撒尿状，然后放下，他才能再踏实入睡。其实，这已是很明显的强迫倾向。

具有强迫倾向的人必须遵循一些没有必要的程序和仪式，否则，就会感到紧张焦虑。强迫倾向会使人丧失本体感、自主感和自由感。

四、强迫症

现代社会，随着社会的高度组织化，强迫症越来越普遍。顾名思义，强迫症患者好像被人绑架了一般，身不由己，强迫冲动虽然源于他自身，但却违反他的意愿。他意识到这些反复出现的强迫性冲动是不必要的、不合理的或毫无意义的，很想摆脱，但却欲罢不能，因而十分痛苦。

1. 强迫症的类型

强迫症可分为强迫观念、强迫情绪、强迫意向、强迫行为。

强迫观念，又称强迫思维，是指不由自主地产生一些念头，明知不必要却又无法通过意志努力加以控制，从而感到紧张不安。强迫观念包括强迫疑虑、强迫联想、强迫回忆、强迫对立思维、强迫性穷思竭虑等。

有位学生，大二时出现强迫观念。打球时会想："我的肢体不会动了怎么办?"球投出去后会想：为什么要投篮？对一些不证自明的观念反复思考，看书时会因提问太多而干扰阅读速度，苏格拉底是不是个大傻瓜?

强迫情绪是指出现一些难以控制的不必要的担心，担心自己会做出不道德的行为，害怕自己会杀人或自杀，害怕自己会当众出丑或得精神病，整天提心吊胆却难以自控。如，担心自己某天不会写字了怎么办?

不会说话了怎么办？我不会走路了怎么办？我会不会不会思考了？“我会不会杀死妈妈?”

强迫意向是指总是出现与正常意愿相反的欲望和冲动，但从不表现为行为。如，见到桥就想往下跳，见到刀就想去刺人，明知这种内在驱力为现实社会所不容，但却老是为此纠缠不休，甚感苦恼。

强迫行为是指不由自主地重复做自己认为毫无必要的行为，如，强迫计数、强迫洗涤、强迫检查、强迫性仪式动作等。这是患者为缓解痛苦而渐渐发展起来的行为模式，但却使其社会功能明显受损。

2. 强迫症的成因

强迫症与某些人格特征有较为密切的联系。强迫性人格具有追求完美、过分执著、缺乏安全感的特点。具体表现为：不确定感、不完善感，过分压抑、内向、自缚、自我封闭，对人处事谨小慎微、胆小怕事，该做决断时回避、拖延、犹豫、过分注重细枝末节，墨守成规，循规蹈矩，顽固执拗，缺乏灵活性及适应性，与人交往吹毛求疵或过分古板，责任感过强等。这种人格特征的形成与早期过于严苛的教育有一定关系。

如上面的男孩，父亲是个军人。从小的教育带着浓厚的道德色彩。大到先天下之忧而忧，温良恭俭让等大道理，小到日常生活的细节：从小要记路、背唐诗，写字一笔一画、贴着格子，做数学要先攻下难题，等等。一次语文考试回家，爸爸大发脾气，不是因为成绩，而是因为卷面乱。

强迫症一方面表现为意志增强，集中一切力量做正常人认为无意义或无价值的事；一方面又表现为意志减弱，对这种不合意愿的强迫症状缺乏控制能力。这样就形成强烈冲突，不能自拔。

强迫症常常是对心理冲突的一种防御方式。患者是用刻板化的程序来缓解自己的焦虑。他们往往存在难以调节的心理冲突、潜在焦虑，这种紧张不安通过强迫症状替代释放，但患者意识到这种症状的不必要、不合理，就竭力去抵抗它、控制它、摆脱它，从而造成新的对抗关系及紧张焦虑，于是又通过强迫症状的出现得以缓解，随之又引发了更深的自责与担忧，如此循环，痛苦难言。在这个过程中存在着意志矛盾、意志倒错的意志心理障碍，所以揭示症状背后更深层的心理冲突，理顺意志关系，才能实现真正的意志自由，恢复健康的行为方式。

也有人从生理的角度研究强迫症。认为这是神经回路的一种简单而刻板的联系。

3. 强迫症的治疗

对于较轻的强迫症，可以运用意志的力量进行抵制和矫正。如，弄清症状背后的认知偏差，积极主动地采取正常的意志行动，并通过毅力加以自控；也可以适当引导自己的意志从强迫冲动转移到其他有意义的事情上来。

思维阻断法就是利用意志力量使强迫观念停止的方法。当强迫症状出现时，应对自己大喝一声：“停!”这果断的棒喝可以打破自己“应该如何，必须如何”等教条习惯。当采取决定或执行决定内心冲突较激烈、容易出现强迫症状时，应对自己大喝一声“当断则断!”可以及时解决冲突。

当然，这种硬碰硬的方法只能对付较轻的强迫症。森田疗法是对付强迫症的另一思路：堵不如疏，犹如大禹治水。其治疗原则是“顺其自然，积极行动”。比如，有位学生的经验：观念就像猴子，抽空跟它玩一玩。或者把强迫观念当作水，想象自己在里面舒服地游泳。少想多做。当你不去关注、不去强化症状时，反而是消除内部冲突，放弃心理对抗，强迫症状反而会自动缓解。

日常生活中性格的修炼，去执，大气、自我肯定等，则是一个长期的过程。一切的治疗都离不开日常生活的调试。恢复与现实生活的联系，将生命能量从内转向外，情绪的放松。

从生理的角度讲，有研究提出：通过大脑手术，切断刻板的神经回路，可以治疗强迫症。

第二节　行为矫正理论

一、行为矫正的理论基础：强化理论

行为矫正的理论基础直接来源于斯金纳的强化理论。斯金纳将行为后果对行为的反作用称为强化。

斯金纳及其同事经过多年实验研究对强化方式列出了细目单。一个行为的后果可以分为四种：得到愉快刺激，取消愉快刺激，得到痛苦刺激，取消痛苦刺激，因此强化也可归结为四种具体形式：正强化、负强化、惩罚与剥夺，如，表6－1所示①。

表6－1　强化的四种类型

强化的具体形式	行为后果的实质	对行为的作用
正强化	得到愉快刺激	使行为加强
负强化	取消痛苦刺激	
惩罚（正惩罚）	得到痛苦刺激	使行为削弱
剥夺（负惩罚）	取消愉快刺激	

正强化就是给予一个愉快刺激（积极强化物），使适应性的行为能得以建立、保持和增加。

负强化就是去掉一个痛苦刺激（消极强化物），使适应性的行为由于痛苦刺激的去除而出现和增加。换言之，行为者如果避免了负强化刺激，则反应频率会提高。如，一个犯错误的孩子，如能及时主动地认错、道歉，就可以避免类似被单独关在小屋里反省等处罚；犯罪嫌疑人

① 李晓文，张玲，屠荣生．现代心理学［M］．上海：华东师范大学出版社，2003：8.

如果主动投案自首、坦白交代，就可得到从宽处理，减轻或免去刑法。

正惩罚就是施加一个痛苦刺激，使不适应行为受阻和消除。

负惩罚也称剥夺，就是去掉一个愉快刺激，它会使不良行为减少。如，在有趣的游戏活动中，一个学生捣乱，就被驱出游戏圈；儿童吃饭如果总是用手去抓菜，就把他喜欢吃的菜端走，用这种方式使他改掉用手抓菜的坏毛病；作为班干部必须以身作则，否则就撤掉其所任职务；工厂规定，迟到 3 次扣除 1 个月的奖金，为免除奖金被扣，工人必须保证不迟到。

不同的行为后果将对行为产生不同的反作用。正强化与负强化都是对行为的奖励，它们将使行为重复或加强，惩罚与剥夺实际上都是对行为的惩罚，它们将使行为减少或消除。习惯上，我们将能增加操作行为的发生率的正强化与负强化，统称为奖励，将使操作行为的发生频率减少的惩罚与剥夺，统称为惩罚。

既然人们的行为是由行为的后效来塑造的，那么，有意识地设置一些环境条件，使特定的行为产生特定的后效，就可以人为地控制、塑造行为。由此，人们得到一个极富价值的启示：假如你要使某个行为重复或加强，那么，在这一行为之后，你就给予正强化或负强化。假如你想使某个行为消除或减弱，那么，在这一行为之后，你就给予惩罚或剥夺。这便是行为矫正的核心思想。

塑造良好行为，矫正不良行为，是健康行为的基本要求。下面我们将分别介绍如何更好地塑造良好行为，矫正不良行为。

二、如何更有效地奖励一个良好行为

无论是给予愉快刺激还是取消痛苦刺激，都能使行为增强，所以都属于奖励。有些书中将负强化认为是惩罚，这是一种错误的观点。

以下一些方法可以较有效地奖励一个良好行为。

（1）要奖励努力而不是聪明。

（2）要奖励具体行为而不是人。奖励别嫌口啰唆，要及时发现他每一个可以奖励的细节，充分地表达出他好在哪里，不要吝啬语言：你的作文写得很细致，说明你观察仔细。你读外语的声音很有表现力和感染力。笼统地表扬人“你真棒”，没有太大的意义。

（3）不要“无意中”奖励了不良行为。如，有的学生在班级捣乱，其心理是想出风头，惹人注目，这时，如果教师去批评他，正中下怀，他会越来越起劲。

（4）祖母原则。祖母原则是奖励的一个变式。当你做完家务，你才能好好休息。用艰苦劳动之后的放松奖励自己，就能很快地去完成一件你不喜欢的事。

（5）奖励可以替代。心理学家班杜拉的社会学习理论进行过许多著名的实验，比如，诚实实验、抗诱惑实验。他告诉我们，看到他人受强化，可以起到间接的强化作用，他将此称为替代性的强化。《灌篮高手》中总是通过攻击与暴力来解决冲突，对观众将起到误导作用。

（6）代币制。代币的形式有小票券、小红旗、小铁牌、“真棒章”、五角星、扑克牌、塑料筹码，等等。代币制的好处是逐层兑换、延迟满足，但在使用时要警惕，它所激发的只是一种外在动机。

三、如何矫正不良行为：惩罚与剥夺

正负惩罚都能使行为减少或消除，所以可以用来矫正不良行为，但要把握好方法和原则。

（1）惩罚有明显的消极作用，所以要慎用。惩罚有禁止不良行为的功用，但却有明显的消极作用，如，正惩罚可能只是压抑了表面的行为，而没有使之内心信服；惩罚往往引起焦虑、恐惧、愤怒等不良情绪反应，为避免这种不适，可能使之学会撒谎；惩罚只是禁止某人做某事，但没有指给他正确的行为方向，这可能导致他用另一种不良行为来代替；惩罚还可能使之学会用同样的方式攻击别人或迁怒于人。惩罚还可能导致回避行为，为了逃避惩罚，少做为妙，不做最好。所以惩罚要慎用。

（2）惩罚之后要提供正确行为的机会，实施分化性强化，奖惩分明。将惩罚与奖励结合使用，消除不良行为后，还有对适当行为进行选择的余地，并对正确选择加以适当奖励。如，对学生打游戏机进行扣分，而对在闲暇时间参加兴趣小组、文体活动的行为进行鼓励或加分。

（3）惩罚要具体，就事论事，意义要明确，不能用嘲笑、讽刺等有损人格尊严的恶性惩罚。对某种具体不良行为的惩罚应坚决，并指出应该怎么做，而不应对行为者人格进行贬损，使之感到不公平，产生逆反心理。对惩罚物的选择要因人而异，惩罚的轻重程度也要适当把握。如，对一个5岁的儿童说罚掉他的100元压岁钱是不会改变他的行为的，在他眼里，100元钱还不如他手里的纸飞机珍贵；对一个厌食的孩子说罚他不吃饭，那他乐得如此；有孤独症的儿童喜欢单独活动，隔离室的惩罚对他来说不是惩罚而是正强化物。

（4）剥夺不是直接施加痛苦，而只是剥夺原有的愉快，所以是更和缓的惩罚，可以更多地使用。

（5）故意忽视原则。现象是儿童为了引起客人的关注、家长的注意，不管大人对之欣赏还是批评，都达到了他引起别人注意的目的，大人的反应就是对他这种行为的强化，如果对他坚持不加理睬，他就会自感没趣，这种行为就会慢慢自行消失。

他人的注意是一种强化，许多不良行为是由于受到注意而加强的。因此，要消除该行为，只要他人对该行为置若罔闻就行了。如，儿童的“人来疯”、儿童在商店哭喊着要玩具，追求奇装异服，喊人绰号，等等，只要你表现出无动于衷，毫无反应，行为者就会自觉没趣，不良行为就会偃旗息鼓、自生自灭。运用此法一定要坚持，不能因为他更激烈的言行而心软动摇，否则会前功尽弃。

（6）隔离技术。隔离是西方学校、家庭常用的一种惩罚技术。一般教室和家庭都设有“隔离角”，隔离的目的是使犯错误的孩子冷静、剥夺其参加游戏的资格。隔离的时间一般为年龄减两分钟。其实，隔离不仅是大人对孩子的一种教育方法，也可以是成人社会处理矛盾的方法。记得在欧洲旅游，一次在餐厅用早餐，一旅客因对食物不满而故意摔了一个杯子，侍者走过来，平静地请他出去，安静一会儿。见惯了一点点冲突，就引发口角大战的场面，所以，我对这位侍者的处理方式印象很深。

（7）自然后果法。由于惩罚的局限性，其效果往往是治标不治本，为了将行为者的行为引入正轨，可以使用自然后果法。自然后果法就是在别人不加干涉的条件下，让行为者从自己的行为后果中受到鼓励或惩罚，体会到应该怎么做，不应该怎么做，自动对行为加以调节。这有利于行为者在感性认识的基础上培养其对正确与错误行为的理性认识和增强其自制能力。如，小孩不按时吃饭，过了时间就将饭菜收起，到下一顿再吃。学生在夏日郊游、野外作业等活动中忘记带水，尝到了极渴难耐的苦头，以后在类似的活动中，他总会把水准备充足。在自然后果法中，最忌讳的是外人干涉。比如，在上述情境中，行为者本来可以从自然后果中吸取教训而自动改正，但假如有人对行为者刻意提醒或对其后果幸灾乐祸，行为者就可能将注意力转到保护自己不受同情、谴责和维护自尊心上，甚至有意反其道而行之。

（8）逻辑结果法。有些危险的情况如由其亲自行动、亲身体验其后果显然是不可取的。如，儿童想用手触摸带电的插头、攀爬工地上的脚手架、在车辆拥挤的马路上骑车等，这就需要用逻辑结果法。逻辑结果法则需要外人的引导和行为者的参与。首先要向行为者讲清道理，按照逻辑推出行为的结果，使其能够对行为的结果有所预见，然后双方制定控制行为的“君子协定”，如有违反，则照“章”办事，不必等行为结果出现。如，儿童欲爬脚手架，则按“规定”这一天他不能再在户外玩耍了。逻辑结果法的运用要求态度坚决，又让其觉得合情合理。

（9）不要“无意中”惩罚了良好行为。分清动机与结果，如果没有对行为者的动机进行分析就大发脾气，结果可能就在无意中惩罚了良好行为。区分动机与结果，还可以避免防御性行为。如，以不行动逃避责任，避免惩罚。

（10）惩罚时的情绪自控，学会理智而不具攻击性地表达“不赞成”。有时，学生的错误会让你很生气，但即使这样，惩罚的目的是制止不良行为，而不是发泄自己的愤怒。

（11）让人体面地接受惩罚。

请你体面地接受惩罚

虎　符

道格拉斯与妻子离婚后，5 岁的小女儿琼妮归他抚养。他教育琼妮：每个人都有权力做自己愿意做的事，只要不违背大家共同承诺的游戏规则。而在人最宝贵的品质中，诚实、善良、勇于承担责任排在前三位。在此基础上父女俩达成了一项共识：撒了谎就必须接受惩罚。于是，当小琼妮将幼儿园的拼图游戏板偷偷带回家，并撒谎说是同学给她的时候，父亲除了要她退回玩具，当面向老师道歉之外，给出三种惩罚要她选择：第一，一个星期不能吃冰激凌；第二，取消周日的野餐；第三，接受肉刑——在屁股上狠揍两巴掌。琼妮选择了第三种。于是道格拉斯不得不打电话把前妻叫回家来当“监刑官”。这是因为在接受惩罚的问题上，父女俩同样形成了一种共识：因为过错我愿意接受惩罚，但任何人都不能剥夺我的尊严，我有权选择至少有一位目击者证实惩罚过程是否伤害到了我的尊严。

正当道格拉斯为自己的民主教育方式沾沾自喜时，几天后发生的一件事让他也尝到了被惩罚的滋味。

这是个星期一的早晨，因为周日带女儿玩了一天之后，贪恋酣睡，道格拉斯没有按时起床。当他开车送女儿到幼儿园时，已经迟到了。园长劳拉女士微笑着问小琼妮因为什么迟到，道格拉斯带她答道，因为昨天在公园玩累了，小琼妮今天早上多睡了一会儿，请老师原谅。“不，爸爸，你在撒谎！我没有贪睡，贪睡的是你！”身后的小琼妮愤怒地大叫，眼里噙满了泪水。尴尬的父亲不得不向园长承认自己说了谎，并向女儿道歉。小琼妮擦干眼泪，神情严肃地说："你现在有两种惩罚方式可以选择：第一，取消本周末和辛蒂小姐的约会；第二，接受肉刑。""宝贝，我选择接受肉刑，可你妈妈昨天出差去了，我缺少一位'监刑官'，来证实你在实施惩罚中没有伤害我的尊严哪！"道格拉斯企图跟女儿打马虎眼，并且提出给女儿买新鞋子作为取消肉刑的交换条件，但女儿不依。在一旁饶有兴致地看着这场争执的劳拉女士此时提出，愿意担任本次肉刑的"监刑官"。于是，一个稚嫩的童音在幼儿园上空响起："请这位绅士体面地接受肉刑——"①

第三节　现代治疗的核心：追寻意义、学会负责

一、在磨难与痛苦中，活出意义来：弗兰克的意义治疗

每一个时代都有这一时代面临的心理困境，因此也就有这一时代特有的心理学任务。维多利亚时代的性压抑产生出弗洛伊德的性心理治疗，一次世界大战后的动荡局势促发了阿德勒的权力学说，20 世纪 40 年代兴起的虚无主义导致的存在虚空促成了意义治疗心理学的产生。

弗兰克，意义治疗的创始人，曾是集中营里的囚犯，漫长的牢狱生涯，使得他一息尚存之外别无余物。他的双亲、哥哥、妻子，不是死在牢营里，就是被送进煤气间。像这样一个丧失一切，饱受饥寒凌虐，随时都有死亡之虞的人，居然还能够对自己的命运怀着超然的好奇心；生还的机会微乎其微，但他仍然想尽办法保全性命；饥饿、屈辱、恐惧以及惨绝人寰的遭遇，他都统统忍受。他如何能够做到这一切？出狱之

① 虎符. 请你体面地接受惩罚［N］，中国教育报，2003－02－11.

后，他写出了一本不朽的经典之作：《活出意义来》[1]，开创了一种新的心理治疗学派：意义治疗。人在实现意义的同时实现他自身。行为背后有一强力支撑，那便是自我的价值与生活的意义。如果丧失了自我的价值感与生活的意义，行为将陷入消极被动。

弗兰克与弗洛伊德一样最关切的是神经症的性质与治疗。但他对神经症的病因的解释与治疗的方法均不同于弗洛伊德。弗兰克认为，当今时代存在虚空有三大表现：精神消沉、攻击行为、滥用毒品与酗酒。他将这三者称为是大众神经症的三位一体，这是一种准临床现象，是一种人性的神经症，它远比临床上的神经官能症严重得多。心灵性神经症的病因在于患者无法由自己的存在中找出意义与责任感。要解除这种人性上的神经症就需要心理治疗的重新人性化[2]。

弗兰克认为：活着便是受苦，要活下去，便要在痛苦中找出意义与目的。没有人能够告诉你这个目的究竟是什么。每个人都得自行寻找，也都得接受其答案所规定的责任。如果他找到了，那么，即使他受尽屈辱，他仍将继续成长。正如尼采所说：懂得“为何”而活的人，差不多“任何”痛苦都忍受得住。哪怕在集中营里，人们被剥夺了一切自由，但你还有一项终极的自由谁也无法剥夺：在既定的境遇中采取个人态度的能力。

陀思妥耶夫斯基曾断言：人无论任何境遇，都适应得了，我只害怕一件事，我怕我配不上自己所受的痛苦。人在身陷绝境、无计可施时，唯一能做的，也许就是以光荣的方式忍受痛苦。这样，他们承受痛苦的方式，就成为一项实实在在的内在成就。正是这种不可剥夺的精神自由，使得生命充满意义且有其目的。它使生命保有坚韧、尊贵与崇高的特质。痛苦就如命运和死亡一样，是生命中无可抹杀的一部分。没有痛

---

① 弗兰克. 活出意义来［M］. 赵可式，等，译. 北京：生活·读书·新知三联书店，1998.

② William Blair Gould. 弗兰克尔：意义与人生［M］. 常晓玲，瞿凤臣，肖晓月，译. 北京：中国轻工业出版社，2000：235.

苦和死亡，人的生命就无法完整。困境是考验人内力的试金石。

在第二次世界大战中的集中营里，许多人都活得没有未来，活得漫无目标。集中营里的生活，是一种“无明确期限的暂时生存”。许多人因为看不到未来而自甘沉沦，他们变得冷漠，对一切都毫无兴趣。而人一冷漠，现实就会模糊，就会对现实中的确存在的、可堪利用的机会视而不见，任何事物在他们眼里都显得毫无意义。

我们应自行学习，认清一个事实：真正重要的不是我们对人生有何指望，而是人生对我们有何指望。我们不该问生命有何意义，而该接受生命无时无刻的追问。面对这个追问，我们不能以说话与沉思来答复，而该以正确的行动和作为来答复。到头来，我们终将发现生命的终极意义，就在于完成生命不断安排给每个人的使命。“生命”不是模棱两可的，而是非常真切具体的东西，正如人生的使命也非常真切具体一样。这些使命构成了人的命运，所以每个人的命运都独一无二，无法与别人互作比较。“尔之经历，无人能夺”。

弗兰克认为：固执地追问“人生的意义到底是什么?”这只是一种天真的质疑，我们不能把人生仅仅看成借着积极创造某种有价值的东西和实现某个目标。集中营的经历让他们彻悟：人生意义的涵盖面远不止于此，它包括生存与死亡、困顿与挫折、临终与痛苦。弗兰克提醒我们，在某些特殊的情境下，光是接受命运，承担个人的十字架即足矣尽矣。人一旦发现受苦即是他的命运，就不能不把受苦当做是他的使命——他独特而孤单的使命。没有人能替他受苦或解除他的重荷，他唯一的机运就在于他赖以承受痛苦的态度。在毫无逃生之望的时候，我们能够凭借这种态度免于绝望。一旦你看透了痛苦的奥秘，你就不会再以忽视、幻想或矫情的乐观态度来减轻或缓和种种折磨所带来的痛苦，反而把痛苦看做是值得承担的负荷。我们不再退缩！我们不再害怕痛苦，因为痛苦暗含成就的机运。

尼采说：要爱命运。人世间，有无数种命运。史铁生问：即使你碰上的命运不可心，难道你就恨它吗?

生活中，有这样一种人，当生活不如意时，他们会陷入痛苦之中，反复地回忆所受的不公，固执地像祥林嫂一样地追问：为什么老天这么不公？为什么要让我受这样的苦？为什么他要这样对我？就像笔者的一位朋友，多年来，她不断地抱怨：她的丈夫，她的同事，她的上司，她的孩子……所有她周围的人都对她不好。在对同一次冲突的多次描述中，他人的错误越来越不可原谅，而自己的行为则越来越无懈可击，而她的气愤和痛苦也越来越浓酽。这样的人很傻。她实际上是在受双份的苦。事实上，别人不一定错得那么离谱，即使别人错得那么离谱，你也不应该用别人的错误惩罚自己。相反，你应该挺起你的脊梁，呼出你生命中的那股气：我不下地狱，谁下？当你不再怨天尤人，当你把责任主体由“他”变成“我”，回到正常的生活，担当起生活的责任，把受苦当成你光荣的使命时，你反而会超越痛苦。

二、用爱引导原始生命力：罗洛·梅的存在治疗

罗洛·梅的存在治疗给我们的启示就是：爱与意志同样重要，爱是意志的原始动力。

罗洛·梅认为：20 世纪是人类文明的过渡时期。现代人越来越陷入外在的技术决定论和内在的无意识决定论。随着爱的“技术”越来越高明，爱的感觉却越来越压抑和漠然。抽空了人的自由意志之后，意志趋于瘫痪沦丧，人陷入常态的焦虑。冷漠一开始是作为一种自我防御的方式，最后迁延成为一种普遍的性格特征，而生活在冷漠中往往又会激发暴力。当生命与生命不能相接触，人就会以疯狂的方式、魔鬼的方式强行与人接触。

存在疗法将人理解为一种存在。要体验自己的存在，就要真实地觉知自己的身体、愿望和欲望。这是心理治疗的第一层面。用爱来引导原始生命力。开放自己的感觉和想象，丰富自己爱的乐趣、激情和意义。但是，这种真实成熟的觉知并不是人人都能做到的。我们的文化有一种

流行病，它会将人们的需要理性化、公式化，最后就像艾略特说的，这些需要变成了“干骨头的咯咯声”[①]。心理治疗的目的，就是要帮助人们产生愿望和愿望的能力，这样才能获得情感上的活力和真诚。

第二层面是将觉知转化为自我意识，也就是将愿望转化为意志。因为意志是自我意识到的意向，所以，它具有意向行为的积极主动性和自我确认性。

心理治疗的第三个层面是决心和责任感。责任感涉及响应和做出反应[②]。成熟的责任感必须与他人联系，与社会相互依赖。三思而后行，做出负责任的行为，重新发现人生的价值与目标。在行动中，通过实践充分展现自由。计划、构想、价值的选择、意向性、自主性、创造性、真诚、责任，这些都是人的自由的体现。当然，这种自由是在无限复杂的诸种决定性因素下的自由。所以，对现实生活中的缺陷，我们不应该用回避的态度，而是应该正视它们、容纳它们、建设性地利用它们或是发挥自己的力量战胜它们。

在现实生活中，有些人生活无聊、内心空虚、态度消极，生活绝望，究其原因，乃是由于个人丧失了愿望能力造成的[③]。

在学校中，有这么两类学生，其表现就说明了愿望在人的成长中的作用。有些学生能吃苦，这苦往往是物质条件的艰巨，一旦“鲤鱼跳出了龙门”，他们往往就随遇而安。他们会克制自己的享受，但也不会有太大的出息。他们在前期奋斗时很有冲劲，条件一改善，马上心满意足，不思进取，成就动机很低。而另一些学生表面上娇生惯养，但他们有很高的精神抱负，有很强的成就动机。两者在目标上的要求不一样，使他们在心理环境和精神面貌上大不相同，也直接影响到其行动的积极性。缺乏追求与目标的人，因为找不到自己在社会中的地位与重要性，就会感到迷惘而失去创造成就的动力，容易为一些物质性的、浮躁的事

---

① 罗洛·梅．爱与意志［M］．冯川，译．北京：国际文化出版公司，1987：295.
② 同①，297.
③ 同①，228.

物所吸引并沉溺其中。有明确目标和自我价值感的人更乐观，更踏实，更能够独立自主、保持个性，有更强的挫折忍耐力，行为更富有效率、富有成果。

三、学会负责，注重当下：现实疗法

现实疗法是由美国精神病学家威廉·格拉塞开创的一个心理咨询和治疗流派。

现实疗法的产生与学校、教育特别有关系。格拉塞有丰富的学校心理咨询的经验，他的多本著作都直接讨论学校教育问题，如，《没有失败的学校》《同一性社会》《课堂中的控制理论》《学校的质量：无强制的管理》《高水平的教师》。

他认为，学校里的孩子，最重要的基本需要有四种：爱（归属感、友谊、关注、参与）、自尊（重要性、承认、价值、技巧）、乐趣（高兴、享受、笑和学习）、自由（独立、选择性、自主性）。这也是构成良好自我同一性的四种成分，但这四种东西在我们的学校里却严重缺乏。由此导致失败的自我同一性，其后果有四种：第一，抑郁和退缩。当学生没有恰当的方法减轻失败感和孤独感时，就会退缩到自我的小圈子里从而引发痛苦和抑郁。第二，越轨行为。在承认失败者的角色之后，任性行为便合理化了，他们甚至期待惩罚，这总比冷落好，这使他们有机会参与并得到注意。第三，精神紊乱。他们通过否认现实来减轻痛苦。第四，疾病。生病疼痛是非常真实的感受，这使他们有理由发脾气、求助。①

失败同一性的一个基本点是：他们认为是外在的东西使他们失去控制，他们是外在世界的受害者，需要改变的，是这个世界而不是他们自己。这是我们所说的外部控制点。

---

① H. T. Prout，D. T. Brown. 儿童青少年心理咨询与治疗［M］. 林丹华，等，译，北京：中国轻工业出版社，2002：382，385.

现实疗法的关键，就是将外部控制点转变为内部控制点。为此需要：第一，关注此时此地而不是过去。因为过去已无法更改，沉溺于过去的失败和悲伤，不是解决的办法，应该直面现实。第二，关注“行为”而非“感觉”，因为行为比情绪更容易启动。第三，根据价值判断对行为做出负责任的选择。第四，坚持，不找借口。“我不关心你为什么没做作业，我相信你的道理有合理性。但我还是坚持，要找到一个更好的办法把作业完成。”第五，只要约束而不要惩罚。约束是双方认可的，基于行为逻辑结果的。

第四节　重建积极自主的生活

一、精神的起点要高

首先，要打开人的精神领域。一个精神洞开的人是不太可能堕落的。

汪丁丁曾经满怀激情地回忆：少年时代，与同学一起听古典音乐，心灵世界豁然洞开，从此奠定了他对精神世界的兴趣和持续的追求。汪涌豪说过，青少年时代读过的书，可以跟人一辈子。当一个人无力表达纤敏而澎湃的激情时，伟大作家的经典创造，可以为人们心底无法言说的经验命名，这些伟大的创造，如天意神启，让人静听极视；又如大雨行潦，为灵魂冲刷出一道开阔的河床。读浮士德的永恒冲动、曼弗雷德的孤高厌世、哈姆雷特的怀疑反省、卡拉马佐夫兄弟的深重叹息、苔丝的温暖记忆，都构成人的宝贵经验。精神世界的打开对青少年可以起到定海神针的作用。这样的人不太会吸毒，也不太会迷恋网络不能自拔。

笔者的一位学生苗苗，当了三年教师，送走了一届高三毕业生。当问她：“你觉得你现在的学生最需要的是什么？”她列举了这样几方面：生活经验的积累、生活的态度、个人的责任、了解他人、形成一个好的趣味，包括人生的趣味。她所列举的都可以包含在我们这一章里。

古人曰：养其大者成大人，养其小者成小人。又曰：取法乎上。对一个青少年来说，精神的起点很重要，有高的起点，才会有精神的深度与厚度。北京一所中学的语文教师，教出了许多高考作文得高分者，他的经验是：高考作文是学生活到 18 岁总价值最璀璨的实现。高考作文命题越来越注重才、学（积累）、识（透辟的观点）。文章要充满博大气象，人首先要是博大的。脑际有星河宇宙，笔底才会有万顷波涛。内心像干毛巾，怎么写得出好作文？

文学艺术是精神世界的窗户。透过这扇窗，我们可以触摸心灵世界的各个侧面：生命、价值、意义、尊严、责任。所以，笔者常常对中学生说：喜欢语文，学好语文，不仅仅可以帮助你在高考中拿高分，更重要的是可以滋养你的灵魂，丰富你的心灵。

记得一次暑假回老家。一位朋友带着他读中学的儿子过来，说要让笔者指点一下他儿子的发展。我们聊到一点：当你的同学都沉迷于电脑、游戏、明星故事、快餐读物、流行文化时，你要跳出来，读经典，读大师。哪些是大师？如，陈三立、陈寅恪、牟宗三、熊十力、王国维、李叔同、史华慈、王元化、余英时、林毓生。五岁的豆豆在旁边听到了，得意地背起陈寅恪、龚自珍的诗：“天赋迂儒自圣狂，读书不肯为人忙……”“未济终焉心缥缈，百计翻从缺陷好……”“绝色呼她心未安，品题天女本来难……” “凤泊鸾飘别有愁，三生花草梦苏州……”。

曾经读到两篇文章。一篇是讲爱尔兰人的“布鲁姆日”。

为了纪念乔伊斯的《尤利西斯》，爱尔兰人以小说中主人公的名字命名了“布鲁姆日”。爱尔兰人哪怕客居异国，也不忘记“布鲁姆日”。这一天在上海的桃江路上，爱尔兰人开的酒吧里，爱尔兰和上海的作家，轮流上台朗诵《尤利西斯》。老板专门按照小说里的情节，提供了羊杂碎汤。一个章节读完，按照布鲁姆日“一边朗读，一边行走”的传统，赶往下一个朗读点。普希金雕像前，许多爱尔兰的小孩子，即使是童车里的婴儿，都在专注地聆听大人们的朗读。一个八九岁的男孩，长得很好看，也走上台用爱尔兰民族的盖尔语朗读了他自选的《尤利西斯》，最后，大家用盖尔语哼唱小说里的民谣。

另一篇是介绍美国的“国家诗歌月”。

四月是美国的“国家诗歌月”（National Poetry Month），在整整的一个月里，学校里天天有诗歌朗诵。有请来的很著名的诗人朗诵，也有本校学生自己朗诵。学校里还有诗歌比赛，大家都写诗投稿。每年都经历整整一个月的诗歌熏陶，这样培养出来的学生该具有怎样的精神气质呀!

绘画、音乐、文学、诗歌，是最永恒的精神产品，能够尽早体会这些东西的好，可以提升人的精神品质，使人超越世俗、摆脱功利的计较。

当然，有了好的起点，还要避免眼高手低。

二、人为什么会拖拉

每天六点起床，但七点还出不了门，上学经常迟到；课堂上老师布置作业，别人已经得出答案，他才刚刚拿出纸和笔；放学回家就开始做作业，但磨磨蹭蹭，到 11 点还没完成。所谓：起个大早，赶个晚集。一件事刚开始，不断会有其他事跳出来打岔。许多孩子拖拉磨蹭，令家长、老师非常头疼。生活中，拖拉成性的人不在少数。

拖拉不同于一般的懒惰。有时拖拉的人一直很紧张，一直有任务压在头上，甚至一些人还会忙忙碌碌，只是忙不到点子上。

人为什么会拖拉?

拖拉可能与时间掌控有关。有些人很糊涂，头脑不清楚，分不清主次，计划能力差，时间分配不好，目标不明确，所以东摸摸、西摸摸，重要的事都耽误了。心血来潮的人不会区分孰重孰轻，写作业之前，吃点东西、读份报纸、发个短信，一个晚上就过去了。

拖拉也可能源于完美的企求。因为力求完美，所以总觉得准备不足，不愿开始，或者觉得还没做好，不愿画上句号。所以，有时候，一个拖拉者常常是一个完美主义者。

拖拉还可能源于害怕。害怕失败或成功，害怕暴露自己的弱点，暴露自己能力差。他们情愿别人认为自己没尽力，也不愿意被别人说自己没能力。一个学生数学没及格，他宁愿老师大声批评他不该临时抱佛脚，也不愿意承认他底子差、能力不行、需要特别指导。

为什么干脆利落的父母会培养出拖拉的孩子？童年时代，家长老师过于严厉，动不动给孩子发号施令，必须这样，不要那样。孩子不服从和反抗的方法就是拖拉。

拖拉者会给自己找很多借口：逼近最终期限，工作效率高；还没准备好，再准备准备可以做得更好。到头来证明，这些都不过是美丽的谎言。

拖拉有很多坏处：小时拖拉，似乎仅仅是“皇帝不急太监急。”周围人着急，自己不觉得。但长大之后，自己会吃苦。且不说事业受损，就是结婚成家后，打理家务都会显得比别人辛苦，而且常常劳而无功。拖拉影响职业前途，他们会把任务转嫁别人，给别人造成负担，影响团队进程，激怒同伴，影响人际关系，所以这种人很难被重用和提拔。拖拉危及健康，身体状况不佳时，会拖延看病。还会扰乱平静心境，自我折磨，最终在麻痹与罪恶感间恶性循环。

如何应对拖拉？可以和自己做生意：先做 10 分钟，然后犒劳自己。只要一开始，就能进入状态①。清理环境，将分心的东西都消除。最关键的还是明确目标，分清主次、轻重、缓急。

三、走出无聊

叔本华说：人类摇摆于贫穷与无聊之间。对于心理医生来说，比起

① 李维娜，编译．给拖拉一味解药［N］．上海壹周，2007－02－07（D14）．

贫穷来，更多的是处理无聊。无聊对人是致命的，许多人自杀都源于内心的空虚。

我们的时代已经不像弗洛伊德时代，我们不是生活在性挫折的时代，而是生活在生存挫折的时代，生活在生存空虚之中，而生存空虚首先通过无聊感表现出来。我们拥有自由，但我们却不知道用什么去充实这种自由。人们有一种谬误：似乎只有负担感才是病原性的，而缓轻感则不算病原性。然而正如昆德拉的一本小说所言：生命中有不能承受之轻。一个学生写道：我们生活在一潭固定的没有风浪的静水中，顺利也成了一种厌倦，同一、单调成了寂寞和无聊的奢侈，没有近期目标的压制，使我们犹如生活在一个过分自由的国度，轻飘得有些沉重。

我们都有过无聊的体验：内心空虚，却又不知道如何去充实，觉得干什么都没有意思，感到生活毫无意义。现代生活的压力使现代人普遍具有这种把握不住自己，把握不住生活的感觉。我们常常处在这种怪圈中：心有渴望，又不知道渴望什么，感到不满却又不想行动；感觉很忙，却又不知道忙些什么。没有什么明确目标，行动上表现为东干干西干干，甚至什么也不愿意做，做到最后，又觉得没什么价值，常浮在心头的一句话是："真没劲!"无力感与无意义感包围着我们，生活便失去了往日的光泽。但是同样的压力，却有着不同的承受能力。暂时的、轻度的无聊心理是正常的，但长期地被这种极端无聊的心理所左右就不正常了。这种人表面上无所事事、麻木不仁，实则心神不宁、烦乱不堪，带着惶惶不可终日的心理度过一天又一天。他们表现为对什么都没有兴趣，不关心国家大事，不喜欢人际交往，对自己的学业和职业只是被动应付，也没有什么兴趣、爱好，即使干点什么也总觉着不对劲，对这种漫无目的的生活他们并不满意，所以内心感觉失落，空虚甚至绝望。所以，对这种心理需要很好地调适。

头脑太空的人会无聊，如，周末神经症：过剩社会伴随自由时间的过剩，使生存空虚日见大白。结束一周的忙碌迎来周末，生存空虚即刻闯入，压抑感充满那些意识到自己生活内容空虚的人。退休、失业，都可能是对人的一次重大考验。

太忙的人也不一定充实。生存空虚有时是隐性的，它伪装在某种假面具之下，比如，“经理病”，以一种邪劲一头扎进工作，实则是权力意志或金钱意志将意义意志排挤。

无聊心理的主要特点就是空虚、幻想、被动，感觉不到自我存在的意义和人生的价值，其症结就是没有确定起合适的人生目标。

空虚，是因为没有目标或目标太低，远远不能满足其心理需要。没有目标的牵引，生活就缺乏动力；没有对目标价值的深刻认识，生活就缺乏意义，于是活着就变成了吃饭、睡觉、混日子，这实际上是对生活的否定，发展到极端就会产生对生命的否定。

幻想，是因为目标太高或目标太多不专一，这种超出能力、不切实际的目标会导致行为受挫，个人感到无力承担生活的负担，就转而躲在自己的小窝里编织白日梦，以逃避现实的方法使内心得到满足，在幻觉或梦境中实现自己的理想。他们沉湎于幻想而不能自拔，缺乏追求专一目标的行动，这实际上就是对责任的恐惧。

被动，是因为所追求的“目标”不是自己由衷向往或自觉认同的。感觉做事是为别人做的，自己只是像个机器在机械地运转，全然体验不到工作的乐趣，没有积极性、主动性、创造性，不去挖掘自己的潜能，事情做完也没有自我实现的成就感。由上可见，克服无聊心理的关键是确立一个合适的人生目标。心中树立一个有价值的目标，才能避免空虚，感到生活的意义；积极行动去追求目标的实现，才能从幻想中挣脱出来，感到生活的充实；做自己想做、喜欢做的事，才能变被动为主动，感到生活的美好。

改变生活方式，培养多样化的兴趣爱好，养成健康的休闲娱乐习惯。就像美国人一样，星期一至星期五拼命工作，双休日拼命玩，形成张弛有度的生活节奏，可以在一定程度上缓解偶尔出现的空虚无聊的生活。

四、学会负责

诿过于人，是现在许多人的习惯性思路。但凡碰到什么不如意的事，都是别人的错，怪社会、怪他人、怪父母、怪老师、怪亲戚朋友，唯独不怪自己。所以，学会负责，是现在的青少年，也是现代人最应该培养的一种精神。且看下文。

为自己负责[①]

我曾在一本心理学专著里读到过这样一则很有意思的案例分析：一位美国心理学家到一位中国人家中做客，主人两岁多的小宝宝在客厅里跑动，不小心被椅子绊倒，大哭起来。当妈妈的赶紧跑过来抱起小孩，然后一边用手打椅子一边说："宝宝不哭，妈妈打这个坏椅子，妈妈打这个坏椅子。"心理学家见此情景不禁有些狐疑，过了一会儿，她对这位母亲说："这跟椅子没关系，是他自己不小心绊倒了椅子，是他自己造成了这样的结果而并非是椅子的错。你应当让他知道，如果是他做错了什么事，责任就应当由他自己来负。这样他长大后就会慢慢懂得，在他与这个世界发生关系时，他应负的责任是什么？"

看到这里时，我不由得笑了。我想起了我自己。

师范毕业后，我和大多数同学一样，回到乡下当了一名小学教师。虽然嘴上不说什么，但在心里却着实觉得自己有点大材小用。于是备课时不过是走走形式，讲课时觉得是小菜一碟，从不旁听其他老师的课。更不和同事交流什么心得体会，被誉为"全乡最自由的教师"。而学生的考试成绩却总是一塌糊涂。不过我觉得这不是我的水平和态度问题，而是乡下学生的素质太低。"苗儿不好怎么会有好收成？"我振振有词地对校长讲。当时，我也开始隔三岔五地写些不疼不痒的稿子偷偷寄出

① 乔叶．为自己负责［N］．中国青年报，1998－10－03．

去，但总是石沉大海，于是我也暗自埋怨那些编辑都是“有眼无珠”之人。同时又哀叹自己父母双亡，出身太苦，虽有一个在县城当局长的哥哥，却又顾不上我的死活……我就这样陷入了一种昏天黑地的恶性循环中，直到认识了我现在的爱人当时的男友——小林。

一个月夜，我对小林哭诉了我的“坎坷”与“不幸”。听后，他没说一句同情与宽慰的话。沉默了许久，他才说：“你为什么不说说你自己呢?”

“我一直都在说我自己啊。”我困惑地说。

“可我听到的全都是别人的错误和责任。”他说：“你有没有想过，为什么面对的是同样的乡下学生，有的老师能教出那么好的成绩而你却只能充当垫背的？为什么面对的是同样的杂志和编辑，人家的稿子能上而你却不能？不，先不要急着历数你付出的努力，我只建议你去想想其中你应负的那部分责任。”小林顿了顿，继续说了下去：“我们再来谈谈你的工作。我想问问你，你有什么资格这么强烈地要求哥哥帮你调工作？哥哥在为他的前途孤身奋战时你又为他做过什么？进一步说，不要看他是个局长，即使他是个市长、省长，和你的工作又有什么必然的联系？退一步说，即使是父母在世，帮你调工作也不是他们非尽不可的责任和义务，你又有什么权利去要求哥哥？父母把你养大，国家授你教育，社会给你位置，换来的就是你的满腹牢骚和抱怨吗？你为自己做过什么？你应该做些什么？你做得够不够?”

那真是我有生以来遭受诘问最多的一次。每一个“你”字，他都强调得很重，像锤子一样击在我的心上。月光下，我的大脑一片茫然，真的，我从没有想过这些问题，从没有把锋利的矛头对准过自己。我总是想当然地把一切借口推到身外，而把所有理由留给自己。从没有想过自己有责任去承担自己的生命。

从那以后，我变了。教学成绩、发稿状况和工作环境也随之发生了一系列根本的变化。因为我彻底明白了：虽然有许多必然的外力我们无法把握，但我们最起码能把握住自己。只要我们学会承担起自己的责任，让自己为自己负责。

在孤独漫长的生命旅程中，谁都曾渴望能获得帮助，谁都会盼望被人温暖，谁都会希望有人能让自己逃避严厉的风雨——而且，也确实会有一两次这样短暂的时刻，但是，有谁会长久地站在你的身边呢？除了自己，你别无他物。有人帮你，是你的幸运；无人帮你，是公平的命运。没有人该为你去做什么，因为生命是你自己的，你得为自己负责。

还是借用赵鑫珊的话，作为本章的结语："把不愿意转化为愿意，是人生的一大胜利。愿大家每天早晨都有一股发自内心的生机勃勃的起床、穿衣的力气！如果没有，就想方设法去找到它"①。

心理作业：

你经历过痛苦与无聊吗？如果有，和大家一起分享一下你是如何走出痛苦与无聊的？你是一个拖拉的人吗？请为你的拖拉找一味解药。

① 赵鑫珊．赵鑫珊散文精选［M］．上海：复旦大学出版社，1997：277.

7

健康的个性

许多心理问题背后常有个性基础。在我接待来访者时，面对其陈述的种种棘手难题，首先要判断的一个问题是：是单纯的行为问题、情绪问题，还是个性问题？如果是前者，处理起来相对容易，如果是后者，不仅改变难，而且周期长。而从临床个案来看，属于后者的较多。许多人际交往问题、学习问题，背后常常与个性有关。一个共同的特征是：一般来访者很少意识到自己个性有问题，他们可以明显地感受到抑郁或焦虑，注意到自己与他人相处的困难，或者清楚地描述被他人歧视，但却不能觉察问题源于自身的性格。

古语曰："积行成习，积习成性，积性成命"。悲剧的性格决定了悲剧的命运。如何拥有一个好的性格，进而为我们的幸福人生提供良好保证？这就是本章的主要内容。

个性中有两个主要部分：先天的气质与后天的性格。我们先介绍气质与健康的关联，然后分析"乖孩子""要强学生""自虐型的工作狂""御宅族"等各类人可能的人格缺陷，最后列举健康个性的要点。

第一节　你的个性好吗

一、你的个性不好，要改掉

让我们先来看下面的影评，想一想：亚曦的个性好不好？

那场太阳雨[①]

那一场《太阳雨》真叫人惆怅。仿佛注视着灰白的樱花在蒙蒙细雨中悠悠落下，感觉到一份湿漉漉的哀伤。

令凯像团跳动的火，亦东潇洒地奔忙，他们都解不开亚曦心头的愁结。每当夜深时，我总是依稀看到，亚曦孤独地走进小巷深处，青石板上铮铮的脚步动人心弦。手执一把遮雨的阳伞，却整个笼罩在淡淡的阳光里——这阳光，恰似嘴角一抹无奈而自嘲的笑。

亚曦，你好傻。

如果亦东是只流浪的小舟，亚曦就像是静默期盼的港湾，她希望这只小舟永远停泊在她的怀抱，就像个守寡的母亲，盼望着儿子的归期。她那静悄悄地等待，只是一寸寸心灵的煎熬。她深深地陷入了感情的世界，却依然无法抛却内心的孤芳自赏，她等待着别人来细细揣摩她易变的心境，来慢慢抚慰她敏感的心绪。她身上的才气，灵气，并未生成妩媚和可爱，却连同雍容的风度，淑女的风范，构成了一种痛苦的细腻。

她也等待着这个纷乱的世界，慢慢地显示它的条理，她倔强地要这个世界向她解释明白，为什么孔令凯不去考大学，为什么阿元出尔反尔嫁给了经理，为什么街头巷尾弥散着陌生的气息，为什么一夜之间失去了生活的平静。可她注定要受到冷落，她太钟情于自己的内心，好像世

① 邹静．那场太阳雨［N］．华东师范大学校报，1987－10－23.

上就她一个人受到了冷落，她心中的骄傲灼烧得更旺。有时候，她也试图改变自己，可每次努力，都意味着伤害甚至屈辱。当亦东向她坚定地许诺，一天写一封信时，我感到亚曦是彻底失败了，以她的特异的灵秀和过分的敏感，在亦东的眼神里体味到的只是怜惜。

她流着泪说："我把握不住"，可她好傻，她根本就没有真正去把握，只是一如既往地等候着生活来把握她，依旧向往着炉边温暖的谈话。

"亚曦，你个性不好，要改掉。"其实亦东在苦苦规劝整整一代人。包括他自己。

亚曦，你好傻！

就放弃等候吧，驾一片自己的风帆。

留着些心灵空间，因为不光是你有这种感觉。

《太阳雨》是20世纪80年代末一部非常好的电影，当它以"大学生电影周"参影作品放映后，在校园里引起热烈的讨论，讨论的一个主题是：亚曦的个性好吗？亚曦是电影的女主人公。电影的结尾，亚曦的男朋友亦东对亚曦说："你个性不好，要改掉！"然而，我的一位师兄在看完电影后却说："今后找女朋友一定要找亚曦那样的，温柔、善良，十足的女孩！"

亚曦的个性好不好？以上两种观点都是从男孩的角度来评价，尤其是从作为女朋友的角度评价的，那么，从亚曦自己的角度来看，她认为自己的个性好不好？《那场太阳雨》将亚曦的性格分析得非常细微透彻，亚曦的个性消极、被动却又孤芳自赏，在瞬息万变的时代面前，她只是静悄悄地等待：等待别人来细细揣摩她易变的心绪，等待纷乱的世界慢慢地显示它的条理，等待着生活对她做出一个妥帖的安排。然而，世人都很匆忙，生活的脚步也来去匆匆。她注定要受到冷落，而这种冷落又使她的骄傲灼烧得更旺，她也因此而承受着双倍的痛苦，这种痛苦是细腻的，因为她的心过于敏感；这种痛苦是不为人知的，因为她心性太高，因而不齿于向人诉苦。

也许不能绝对地说亚曦的个性不好，但在我们这样一个日趋竞争与变化的时代，已经有越来越多的人不再认同亚曦的个性！在心理咨询中，我们发现：亚曦这样的个性在学生中为数不少，有女孩，也有男孩，他们都生活得不快乐！他们都强烈地希望改变。

二、什么是“个性”

个性在心理学中也称“人格”。“人格”作为一个心理学的概念，其含义与日常的使用不同。口语中常说一个人“人格高尚”，这里主要说的是一个人的道德品质。而心理学中的“人格”是指一个人稳定的、区别于他人的心理倾向和行为模式，也就是我们常说的“个性”，其主要内容为气质与性格。气质是人与生俱来的心理活动的动力特征，包括心理活动的强度、速度、稳定性和指向性，如有的人是慢性子，有的人是急性子，有的人外向，有的人内向，这就属于一个人的气质范围。性格是指在人的成长过程中不断形成的、对现实稳定的态度和习惯化的行为方式。气质是先天的，是天性，基本上不能改变；性格是以气质为基础，不断发展起来的，后天的，因此具有可塑性。人格中的这两种成分相互交织，很难严格区分。

第二节　个性中的先天成分——气质

一、四种气质类型

俗话说：江山易改，本性难移。每个人的个性中，都有一些先天的难以改变的基本特征，这便是一个人的气质。为什么“本性难移”，这与每个人与生俱来的生理特征有关。这些特征中最重要的是一个人先天的高级神经类型。有的人天生神经类型较强，有的人天生神经类型较弱；有的平衡，有的不平衡；有的灵活，有的不灵活。

按照不同标准可以把气质分为不同类型，现在为大家普遍接受的是四种类型划分：多血质、胆汁质、黏液质、抑郁质。四种气质各有优缺点，而且由于四种气质的神经类型不同，所以在心理健康方面也各有预防重点和措施（见表 7－1）。

表 7－1　四种气质的神经类型特征及心理健康预防重点与措施

气质	主要特征	高级神经类型特征	预防重点	措　施
多血质	敏捷好动，开朗活泼，善于应变与交际。富有生气活力，表情丰富，但喜怒易变，体验不一定深刻。兴趣广泛，但容易转移	强、平衡、灵活		
胆汁质	精力旺盛、反应迅速，但容易粗心；热情奔放，直爽坦诚，行为果断，但容易急躁冲动，感情用事	强、不平衡型、兴奋强于抑制	躁郁症 冲动性自杀	劳逸结合、放松练习
黏液质	踏实稳重，沉着冷静，富于耐心，自制力强；但行动迟缓，容易刻板机械，生气不足	强、平衡、不灵活	易有强迫倾向	森田疗法
抑郁质	观察仔细，感情细腻，体验深刻，多愁善感，过于敏感。谨慎稳重，容易迟疑怯懦，外表柔弱，容易孤僻	弱型：兴奋和抑制都弱	易抑郁、焦虑	外向训练，社会交往

二、哪种气质类型的人容易出现心理问题

气质没有好坏之分。每一类型的气质都有其积极面和消极面，如，多血质的人活泼开朗却“花心”，胆汁质的人热情但易冲动，抑郁质的人细致但多虑，黏液质的人踏实但刻板。我们要发挥气质中的积极面，克服消极面。

虽然气质无好坏之别，但不同气质类型的人出现心理问题的类型与比例却不相同。如果按内向与外向区分，内向者出现心理问题的可能更大一些。因为内向者不善与人交往，心理宣泄渠道不多，可获得的心理支持相对较少，内心可能会更加压抑。如果按照四分法，多血质的人相对较健康。

哪种气质的人最容易出现心理问题呢？抑郁质的人由于神经类型属弱型，心理承受能力较弱，又比较内向，因此心理压力会较大，较容易感受到抑郁、焦虑。这是在心理健康方面特别需要关注的一种气质类型。胆汁质的人由于神经类型不平衡，而且兴奋强于抑制，容易心血来潮，干事情刹不住车，常常累得筋疲力尽，在极度亢奋后，进入极度抑制，所以容易出现躁郁症。另外，胆汁质的人一旦陷于抑郁状态，还容易将自杀意图变为行动。在这一点上，与抑郁质的人形成对比，抑郁质的人有时会有自杀意图，但要将这种意图变为行动，他会犹犹豫豫，不像胆汁质的人那么容易。黏液质的人不太会出现情绪性的心理问题，但容易钻牛角尖，有强迫倾向。相对而言，多血质的人出现心理问题的较少。

不同气质类型的人，应该有不同的心理健康预防措施。在教育和日常交往中，对待不同气质类型的对象，应该采取不同的教育方式和交往方式。如果是抑郁质的人，要特别注意保护其自尊心，不能直接或当众批评，要诱导他们更多地倾诉和交流，要帮助他们心理减压，提供更多的心理支持。如果是胆汁质的人，要注意劳逸结合，注意放松训练、制怒，形成行动前的冷却机制。如果是黏液质的人，则要“破执”，家长与老师不要对他们提过多的“完美”要求。

第三节　神经症人格倾向

一、什么是神经症人格倾向

现代社会竞争加剧，日益增长的财富意味着竞争中有更多的回报，于是，竞争精神水涨船高。难怪有人说：只有偏执狂才能生存！许多研究经济与人格发展的人得出结论：神经症在欧美发达国家流行，而日本也有普遍的神经症倾向。这样一种趋势引起很多理论家的关注。霍妮便是诸多理论家中的佼佼者。

霍妮不是将神经症当成暂时的心理功能失调，而是把神经症当成人的发展的一种倾向。她所研究的神经症是发展中的、固执迁延的神经症，她与其他人的研究有以下区别：明显症状与潜在倾向的区别；暂时的功能失调与固执的人格变化的区别。她根据人际防卫策略对神经症的划分，相对于以明显症状划分的神经症类型对教育中的个体更有针对性。

霍妮认为：神经症是人际关系紊乱的表现①。神经症的本质是对不利环境所采取的一种刻板化的、强迫性的人际防卫策略。在儿童的成长过程中，若经常面临环境的各种不利因素，将导致儿童产生基本焦虑，它包括不安全感、不被喜爱感和不受重视感。别看孩子势孤力弱，充满疑惧，被基本焦虑所困扰时，也会自己摸索，默默地寻找对付这带有威慑性世界的方法，在不知不觉中便形成了自己的人际关系策略。

这种人际关系与正常人际关系的区别主要在于它是防御性的，它的目的是为了减缓自己的内在焦虑。她归纳了三种不同的人际关系策略：顺从人、对抗人与逃避人②。具有安全感的人能在三种方式间灵活变通

① 霍妮．我们内心的冲突［M］．王作虹，译．贵阳：贵州人民出版社，1990：19.

② 同①，16.

地转移，他可退可进，不卑不亢。顺从、对抗、逃避都可能在他身上表现，只要恰到好处。而对备受内心冲突折磨、基本焦虑困扰的个体，涉及基本焦虑的因素将被夸大：如，顺从中的无助，攻击中的敌意，超脱中的孤立。为了进行自我保护，他们会强调某种防御胜于其他，久而久之，这种防御便不加区分，成为僵化的、刻板化的、强迫性的人际防卫策略：他要么以顺从或自我谦卑的方式迎合他人；要么以攻击或自负的方式对抗他人；要么以超脱、与世无争的方式逃避他人①。每一种防御策略背后都隐含着一系列的人格构成要素：关于人性的假说、关于人的价值与人的处境的信念、一个公正的概念、一个行为模式与命运的一个交易②。久而久之便会形成主导的神经症人格倾向：顺从型人格、自负型人格、逃避型人格。自负型人格又有三个分支类型：自恋型、完美型、傲慢—报复型。接下来我们将结合临床案例对其中的一些重要类型进行分析。

二、顺从型人格与完美型人格：警惕“好孩子”的心病

顺从型人格与完美型人格最明显地表现在日常生活中的“好孩子”身上。顺从型人格的最大特点是“乖”“听话”，而完美型人格的最大特点是“自觉”“上进”“追求完美”。

如何从心理健康的角度破解“听话”“上进”对孩子发展的作用？

“听话”“上进”都可能包含两方面的意义。从正面的意义上说，“听话”意味着“合作”，这是现代社会人与人相处的一种重要品质。每个父母和老师都有体会，如果一个孩子“听话”，不争抢也不吵闹，顺从你的意志、配合你的节奏，那他就非常容易管教，父母会省心很

---

① 卡伦·霍妮．神经症与人的成长［M］．张承谟，贾海虹，译．上海：上海文艺出版社，1996：109.

② 伯纳德·派里斯．与命运的交易［M］．叶兴国，译．上海：上海文艺出版社，1997：24.

多。相反，如果孩子时时处处与你作对，该吃饭时不吃饭、该听课时不听课，你会感到非常麻烦和恼火。“上进”意味着积极进取，意味着自觉有动力、成就动力强，这样的学生也常常让老师很省心。所以，在我们的教育中，“听话”“乖”“自觉”“上进”就会成为我们不断重复的要求，成为我们要培养的首要品质。医学心理学专家提醒家长，有些“乖”孩子有可能是“退缩儿童”。

哈尔滨医科大学医学心理学教授王丽敏说，有些孩子虽然已经掌握语言，但经常保持缄默，不主动与人交往。与陌生人接触，会令他们惶惶不安。对他们来说，在家玩玩具、静静地看电视、看书是最好的安排。实际上，这类孩子有可能属于“退缩儿童”，容易产生交往困难、言语表达差、在陌生环境紧张焦虑、缺乏积极性和主动性等问题。

王丽敏解释说，退缩行为的产生主要有两方面原因，一是天生的神经类型较弱，适应性差；二是后天的教育方式不当。例如，父母很少与他们交流、玩耍；父母性格孤僻，很少与亲戚朋友或邻居交往，使孩子缺乏接触社会的经验。另外，受到严重心理和生理创伤的孩子也容易出现退缩行为。

在我接待的个案中，许多“乖孩子”都属于“退缩孩子”。这些人即使上了大学，也会有因为害怕竞争希望躲回家的“学校恐惧症”，有因为人际矛盾希望自己不要长大的“社交恐惧症”，有因为胆怯怕事而被人欺负的，甚至有为迎合迁就而成为“少女妈妈”的，有因为对自己要求太高而陷入焦虑甚至神经衰弱的。请看下面的案例：

小学时，小华成绩一直名列前茅，但入重点中学后明显滑坡，曾经骄傲自信的小华陷入沮丧焦虑之中。为了重新恢复自己的优势地位，她越发勤奋，几乎放弃了所有的娱乐活动，双休日不断上各种补习班，下课也总是闷头在教室看书。晚上学习也要学到很晚，但成绩仍未好转。小华渐渐变得沉默寡言，朋友越来越少，晚上老做噩梦。老师建议家长带小华去看心理医生，家长说“学习这么自觉，看啥心理医生！”

临床心理学特别关注“听话”及“追求完美”的负面意义。适度地培养人的合作精神是必须的，但我们要警惕的是顺从人格的过度发展，一旦“顺从”成为孩子处理人际关系的首要甚至唯一的策略，这便会导致心理学家霍妮称为的神经症的顺从人格。她这样描述这种人格的特点：

顺从倾向占主导的人试图通过获得爱与赞许，通过使他人需要自己，以此控制他人，从而克服基本焦虑。其价值观基于善良、同情、爱心、慷慨、无私、谦卑、柔软的导向，他们坚信，只要他们富有爱心，回避骄傲、不求荣誉，就会被命运和他人善待，因此假如有人打他的左脸，他便把右脸也伸过去，他们的这一系列表现均是强迫性的，并有可能发展成为“病态的依赖”。他们憎恶自负、野心、主宰欲、冷酷、无道德原则。任何期望、奋斗、试图得到更多回报的想法都是向命运提出的危险轻率的挑战，因此被严重地压制。顺从策略往往会导致强烈的苦恼和经常的不愉快，因为谦恭和善良引来他人粗暴地对待，对别人的依赖导致异常的脆弱。但内心的愤怒威胁到自我形象，因此敌意以及攻击倾向将被严重压抑。就这一点来说，顺从倾向是所有神经症倾向中最不幸的一种①。

同样，一些原本重要的社会品质，如，自律、坚韧、忠于职守、认真、一丝不苟、情绪控制、可靠性、彬彬有礼等，在一定的背景下，却会变成功能不良的固执、完美主义、武断、犹豫不决、过分深思熟虑，说它们功能不良是因为它们常常伴发焦虑、抑郁、自责和身心问题，这便是霍妮称为的完美型神经症的人格倾向。

完美主义者有非常高的道德和智力标准，追求完美无瑕，为自己的操行端正而自豪。他们通过高标准来控制生活，由于达到这种标准非常

---

① 卡伦·霍妮．神经症与人的成长［M］．张承谟，贾海虹，译．上海：上海文艺出版社，1996：12－13．

困难，他们可能常常产生无助感和自我憎恨感，并将自我谴责外表化，将自己的标准强加于人，以苛刻或居高临下的态度藐视别人①。

在笔者接待的个案中，曾经有一个这样的案例：

小玉，从小就是大家公认的乖孩子、好学生。他的母亲经常对人夸奖她的女儿很懂事，从小到大，没让他们做父母的操过一份心。从小学习就很认真、自觉，每次做作业，一笔一画就像做美工，认真到画等号都要用尺子，做完之后总是一遍又一遍检查，生怕有什么地方做错；睡觉前总是很细心地整理书包，但上了床还是不放心，老是怀疑忘记了东西，要一遍遍地起床验证。星期天，不做好作业，绝不看电视或出去玩，哪怕错过精彩的演出或节目。她的自觉常常让父母和亲戚交口称赞。老师则说，小玉不仅学习好，思想品德也好。从一年级开始就特别懂得体谅人、谦让人，还特别富有牺牲精神。学雷锋，做好事，她表现最突出。一次公益劳动，寒冬里要赤脚在冷水中清洗东西，她那天的身体是不适于下水的，但她却不好意思请假，结果患上了关节炎和腰疼病。她的头上有无数荣誉：三好学生、学雷锋标兵、优秀团员，等等。就是这样一位优秀学生，到了大学后却感到特别不适应。在宿舍里，尽管她为集体做的事最多，打水、扫地、帮助别人，但似乎并没有得到相应的回报，她感到非常委屈；宿舍室友一起聊天，她常常感到自己毫无观点，在人际交往中缺乏足够的吸引力，最给她挫折感的是，她越来越害怕在班级里被提问，在公众场合更是难得开口。班级讨论，哪怕是准备得很充分，但就是不敢起来开口，过后又很后悔和自责，人际交往中常常觉得自己很无能，缺乏起码的应对，事情过后，头脑中会一遍遍重演刚才与人打交道的场景，一遍遍检查自己哪句话没说好，应该怎么说。就这样一遍遍在头脑中演练，搞得自己很累、很沮丧。做事非常优柔寡断，感到自己缺乏独立的审美和趣味，缺少判断力与决断力。周末

① 卡伦·霍妮．神经症与人的成长［M］．张承谟，贾海虹，译．上海：上海文艺出版社，1996：14.

上街买衣服，面对琳琅满目的商品，不知道哪一件好，来来回回犹豫多次，好不容易买了一件衣服回来，别人一句话，又会让她很后悔。她特别在乎别人的评价，好像一直在为别人而活，从来就没有过自己。这种犹豫甚至表现在每天下课进食堂买饭，在各个窗口走来走去，不知道到底该买什么样的菜。总之，她很自卑，感到自己一无是处。

小玉的个案兼有顺从型和完美型的神经症人格倾向。其实，还在很早，小玉的身上就表现出了一系列的强迫倾向：过早懂事、过分认真与追求细节、追求完美、超乎年龄的自律或过早懂事总意味着过多的压抑、对自己本体需要的忽视、追求快乐的天性的丧失，这些都是应该警惕的神经症的起点。然而，我们的家长和教师都缺乏必要的警惕，相反，还会有意无意助长学生的神经症倾向，将小玉这样的学生树为典型。他们用爱、用表扬、用榜样教育“温柔地控制着”小玉。小玉就像穿上了神秘的红舞鞋，患上了表扬依赖症，陷入强迫性的良好行为之中。在这个过程中，小玉所做的，都是她“必须”做的，指导着她行为的是“父母的期望”“老师的要求”，她也许从来没想过：“我想怎样?”“我要什么?”实际上，小玉的真实自我从来就没存在过，她从来就是按照由外界所强加给她的理想自我在行动的。

在一个班级里，有非常大比例的孩子属于乖孩子，他们在班级里，从来不会惹是生非，因此也常常成为最不受关注的一群，但也许正是由于他们特别顺从的个性，使他们承受着比常人更多的、不为人知的心理压力。因此老师要特别留意这一群体的心理健康问题。而对于班级里特别出色的班干部、三好学生，他们是班级的佼佼者，是大家关注的中心，但这些人同样会有心理问题。所谓“亢龙有悔”，越是大家认为“完美”的人，越有可能饱尝焦虑之苦。

《风俗通》记载：路旁小儿赞马快，乘者喜之，乃驱驰至死。杀君马者道旁儿也。我们做老师、做家长的，可得警惕：不要成为“杀君马者”。

三、傲慢—报复型人格：自虐狂的故事

按照霍妮的分析，傲慢—报复型的人需要报复性的胜利。他们在童年时代受到粗暴对待，所以他们愤世嫉俗，冷酷无情，他们感到世界像个角斗场，优胜劣汰，适者生存，所以要不断通过竞争加强自己的主宰地位。他们不相信任何人，避免任何感情纠葛，认为任何感情的流露都是软弱的表现。如果自负的解决方式突然失败，谦恭的倾向立即抬头。报复的心态往往开始于童年，他们在童年往往遭遇到几乎没有弥补因素的极为不利的经历。十足的粗暴、屈辱、冷遇或明显的虚伪，迫使他们经历了一个变得残酷无情的过程。他们可能做过一些可怜而无效的尝试，最后他们认定自己是个被社会所抛弃的人，他们只有自己向自己证明自己的价值。而且要用异乎寻常的方式才能够把自己的价值证明得令自己满意。他们必须像神一样自给自足。他们要将自己的能力发挥到异乎寻常的地步，使自己不可战胜、神圣不可侵犯。他们想通过智力与意志力来控制生活，以此来实现理想化的自我，他们由超过别人的需要所驱使，所以，他们希望在一切竞争性的活动中证明自己。他们会用毫不掩饰的、貌似“天真”的方式来达到自己的目的，而全然不顾及他人的感受。他们会牢牢记住曾经受到过的伤害，并把这看成是要向世界收回的账单。他们以令人奇怪的顽强态度坚持自己的行为，抵制别人的影响，他们让自己穿上一副盔甲，这副盔甲厚得无法穿透，他们能够使自己不会受到伤害，也使他们接触不到理性的判断，在与别人的争论中，他们可以不顾任何陈述的真理性，而自动地进行反击。他们的生活热情遭到窒息但未被扑灭。虽然他们声明过葡萄是酸的，但他们生命中的葡萄仍然值得拥有。他们嫉妒时，会与别人显得水火不容，但当他们不再嫉妒，他们便会显得非常友好①。

---

① 卡伦·霍妮．神经症与人的成长［M］．张承谟，贾海虹，译．上海：上海文艺出版社，1996：14－15．

笔者曾经有过这样一位学生。

小王，大学二年级。高考成绩非常优秀，数学几乎拿了满分（满分150，小王考了148分），但由于综合考得不好，所以进了一所师范大学。

小王学习非常努力，考试总名列前茅，每年都获一等奖学金。她的笔记的详细程度在班上是数一数二的，而且课后花大量时间重新加以整理抄写，一盒接一盒听录的听力磁带，时常阅读英文报纸，经常去图书馆看书借书。老师让大家每天看报，很少有同学每天都认真、全面地看，但小王却能做到，即使熬夜也要从头到尾阅读，还经常摘抄一些新闻。即使期末迎考期间也不间断。课堂上小王绝对是除了教师以外的二号主角，提问，发言都很积极，几乎到了没有哪一次讨论、提问，她不发言的情况，下课后经常追问老师问题，也经常和别人激烈争论。

除了拼命读书外，小王还积极参加各种比赛。只要是正式的，如，征稿，演讲等，她通通参加，有时一人写双份征稿文章，演讲稿也是让众多室友帮着修改，反复诵读。

小王对时间的利用几乎到了极限。晚睡早起，晚上两三点钟睡，早上五六点钟起。梳头、整理内务时也要听外语。除了吃饭就是看书，甚至吃饭时也看书，熄灯后在走廊昏暗的灯光下看书，考试期间经常通宵学习。连走路也常常小跑。从来不参加任何的文娱活动，也从来不做除了睡眠之外的任何形式的休息。由于她每天都早起晚睡，睡眠很不充分，所以有时上课小王也会打瞌睡，而晚自修、熄灯后在走廊里也会边看书边睡觉。室友们劝她早睡，她照样我行我素。

小王生活上特别节俭。她除了拼命学习外，还拼命打工，做很多份家教，她从不向家里要钱，相反还自己存钱。

由于过分用功，加之营养不良，她的身体一直不太好，脸色苍白，嘴唇也没有血色，经常莫名其妙地得病，比如，胃疼，肚子疼，胆囊炎、嘴里起泡，睡觉时浑身冰冷，脚麻，抽筋更是经常的事，也曾几次晕倒。

如果仅仅从上面的描述看，许多人都认为小王是一个刻苦、上进、对自己要求很严的好学生，她的精神特别令人钦佩。但是在与小王朝夕相处的室友眼里，小王却是个怪人。

刚开始，室友们对小王都很好，常常开导她，但她还是我行我素。时间久了，人们认为她越来越怪：她邋遢、不修边幅，动作和神态夸张，许多人认为她像个疯子，惹人讨厌，也有人觉得她想出风头。她会随便把别人的一整袋东西都吃光，而当别人偶尔向她借东西时，她会毫不客气地明确拒绝。她很偏激，攻击性很强。与人争论起来，更是胡搅蛮缠。

说到她的节俭，室友们都说那简直是“自虐”。每个月她连学校补助的有限的生活费都用不完。常常是买3两饭，加两碗免费汤和一匙辣椒，带回宿舍，不仅解决了晚饭，还要留一半做第二天的早饭。她买的豆浆喝时要加水，一包小包装的豆奶粉要分五次泡，舍不得买洗发膏，就一直用肥皂洗头。若是早上没课，她就不吃早饭，说吃了浪费。一天，她去学校医院就诊，花掉一元钱的挂号费，回来就说什么也不吃饭了。大家都以为她没胃口，谁知道她竟然是因为花掉了一元钱的就诊费才不肯吃饭的。她每次放寒暑假回来都会从家里带一些东西，比如果冻、可乐、易拉罐、笔记本等，只要她吃了几颗果冻或者是喝了一瓶可乐的话，她也就不再吃饭。

她好强到不可理喻。她每年都能够评上一等奖学金，但她说不算，除非评上特等。参加比赛，如果没有得到她期望的成绩，她就会发脾气。奇怪的是她从来不对人发，只对自己发，摔东西、骂自己、垂头丧气，弄得寝室的氛围很紧张。还有一点，每次考完试，总是唉声叹气，说自己什么都不懂，肯定考不及格，但每次成绩下来总是很好。明明她比任何人都用功，可是她还要坚持说自己不刻苦。明明是她比大家考得都好，她照样会夸别人："哇，你好强啊！我考得差死了！"她口口声声说男人没有一个好东西，她以后绝不恋爱、绝不结婚，还在课上当众表示40岁后要出家为尼。但国庆有男同学要来，她却专门去买了擦脸油。这些都使周遭的人觉得她很虚伪。大一时她独来独往，到了大二，她开始主动结交一些朋友，但功利性非常强。

她和她以前的同学平时几乎不联系。她外公外婆每个星期给她打个电话，往往挂了电话后，她会哭一小会儿。

当然，也有些时候，她特别让人感激。比如说，有人生病，她会非常关心，经常端茶找药、嘘寒问暖。如果宿舍有人回来晚了，她会在门口等，怕看门的阿姨不让进或是没带钥匙。放假回家，谁要是没人送，她就会帮忙拿行李，直到上车。

我们怎样看待小王这样一个怪人？

从霍妮的傲慢—报复型神经症人格特征的形成和发展，我们可以知道，当一个人表现出惊人的意志时，他只是为了以一种极端的方式向人证明自己的价值，而这样的人往往曾受到过社会的粗暴对待。当他的价值没有得到社会的承认时，他便会不惜代价地自己证明自己的价值。这一点在小王身上得到了证实。小王确实有过非常不幸的经历。她有一位很不好的父亲，吃喝嫖赌抽皆做，还经常打她的母亲，但母亲却无论如何不愿离婚。从小她就生活在这样一个鸡犬不宁的氛围当中。只有外公外婆是她感情上唯一的支柱。初中时早熟的她与自己的老师发生了情感的纠葛，但最终经历的却是感情上更大的伤害，她曾试图跳楼自杀。在这样的背景下，她形成的是：世界就是一个战场，你只有全力以赴，才能不被打败。从她母亲的身上，她痛切地体会到软弱的可悲，她无论如何都不能重蹈她母亲的覆辙。所以她头脑中的理想化的自我便是：必须像神一样自给自足，不可战胜。她要用超乎寻常的方式将智力与意志力发挥到极致，所以，她做一切都拼命。

在人际交往中，她特别害怕受控于人，她像回避瘟神一样地回避慈悲、同情心、依赖。只有尽量让自己显得冷酷无情、不讲情面，才能符合头脑中的“强者”形象。她本能地拒绝别人的建议，在争论中，她会“自动地”反击对方，她头脑中的理想化的意象决不允许她认同别人的观点，否则就意味着她的软弱。所以她在与人打交道时便要使自己刀枪不入。

在神经症的自尊体系下，她的本体感觉慢慢地失效，她头脑中那个专断的“必须”不断地对她提出更高的要求，所以，她总是觉得自己不足，她不是谦虚，也不是虚伪，而是她缺乏基本的自知。我们可以把她说成自私自利、傲慢自大、冷酷无情，我们也可以说她不是伪君子，却是真小人。这些描述都很准确。但我们还是要从心灵深处理解她，理解她深陷在自己的自尊体系中，为了不被软弱碾碎而苦苦地努力，为了能够活下来而挣扎、而奋斗。她是个经受过痛苦的人。她往往意志很坚强，内心却很脆弱。她需要的仍然是同情、理解和尊重。

透过光怪陆离的表象，去追寻心路历程的点点滴滴，我们也许会对人理解得更深、更透、更宽厚一些。

四、逃避型人格：圈养的一代、啃老族、下流社会、御宅族

逃避倾向占主导的人既不追逐爱慕，也不渴求权力，他们向往自由、和平、自给自足。他们极需优越感，他们轻视别人，经常是在想象中而非现实中完成自己的抱负。为避免满是凶兆的世界，最好的办法就是逃避自己一如逃避他人。他们的信念是“如果不向别人索求，别人就不会打扰你；如果不做尝试，就不会失败；如果对生活一无所求，就不会失望。①”

现代社会逃避型人格大增。《参考消息》有文“‘圈养的一代’能否自立?”谈道：这是一个有史以来最以孩子为中心的时代。孩子与父

① 卡伦·霍妮．神经症与人的成长［M］．张承谟，贾海虹，译．上海：上海文艺出版社，1996：14－15．

母的关系也许好得过头了。他们的父母和蔼可亲而且提供一切所需。他们不抽烟，不吸毒，不喝酒，人缘好，学习努力，听话，言语幽默，与父母关系很好。听起来像个模范少年吧？且慢！面对这样的孩子，他们的父母却忧心忡忡："我面对的似乎是一个不了解现实人生的孩子。我无法让他认识到，如果要在竞争中生存，努力工作是多么重要。我的迁就造就了他的懒散性格。他太依赖我了。我担心他怎么实现从与我们一起的舒适生活到独立生活的跨越。"① 他们希望自己的愿望能够即刻满足。他们被称为"圈养的一代"，他们基本上是出生于 1977 年至 1999 年间。从全球的背景来说，当时经济繁荣、股票上涨，技术为人提供了前所未有的便利，也养成了人的浮躁和依赖。

逃避型人格在现代社会有一种特殊的变形：啃老族。他们是这样一些人：在完成学业，本该独立时，仍然依赖父母养活。这些人中的许多并非找不到工作，而是主动放弃了就业的机会，赋闲在家，衣食住行全靠父母，人们给这群人起了一个很狠的名字"啃老族"。有这样一首打油诗这样描述"啃老族"："一直无业，二老啃光，三餐饱食，四肢无力，五官端正，六亲不认，七分人性，八方逍遥，九坐不动，十分无用。"这些人"啃父母"短则一两年，长则十年八年，甚至"啃"到父母去世。"啃老族"在最初一代或几代独生子女中的比例日渐升高。

"啃老族"的构成多种多样：对就业过于挑剔的高校毕业生；"创业幻想型"的青年人：虽有强烈的创业愿望，但没有目标，缺乏真才实学，总是不成功又不愿"居人篱下"当个打工者；频频跳槽者：跳来跳去"漂"到无事可做；下岗的年轻人：这山望着那山高，越比越不如意，干脆不就业；文化低，技能差，又怕苦怕累索性在家"啃"父母。

日本将"啃老族"称为"NEET"。据官方统计，目前国内"NEET"一族已高达 52 万人。日本文化研究所的三浦展抛出一个惊人

① 凯瑟琳·奥布赖恩．"圈养的一代"能否自立？［N］．参考消息，2007－07－25（10）．

概念：下流社会。他认为，日本中流社会正在萎缩，日本社会向下流动的趋势正悄然成形。上流子女很多成为末流，不像过去书香门第、家学渊源，后代也很争气，现在由于上流社会子女条件优越，贪图享受，不愿自己奋斗，最终沦为下流。“下流”不仅是收入低下，其人际沟通能力、生活能力、工作热情、学习意愿、消费欲望等也比一般人低下，即全盘人生热情低下，疲疲沓沓，松松垮垮①。

仔细分析，“啃老族”的产生，就业压力是一部分理由，但不是全部，这些人都有不同程度的人格问题：眼高手低、怕苦怕累、缺乏斗志、怯于竞争、推卸责任、害怕长大。“逃避型人格”是其底色！

在网络的便利下，逃避型人格又多一族：御宅族。大批的宅男宅女，可以十天半月不出门，只靠网络和电话与人沟通，日常所需靠快递送来。这样久了，心理健康很可能会出问题。

五、神经症的不幸所在

人们对神经症给人发展造成的消极影响并不是一开始就很重视。

一开始，人们关注的主要是神经症的主要症状：心理功能失调，表现为人的精神活动能力降低，如，注意力不集中、记忆力差、思维与工作效率低下，以及情绪障碍等。随着临床心理学研究的深入，人们的认识又推进了一步：神经症不仅仅是一种心理功能的短暂失调，而且它越来越多地倾向于成为一种稳定的人格特征，越来越威胁着人的健康发展，成为心理健康的大敌。

神经症的不幸所在，最终表现为“和自我疏远”。神经症起源于与他人关系的失调，而终结于与自我疏远。在早期，霍妮只是把神经症看成是与他人关系的障碍，后来，她充分认识到，神经症也是人与自我关系发生的障碍。在神经症的冲突和压力下，理想的自我会苛责现实的自

① 三浦展．下流社会——个新社会阶层的出现［M］．陆求实，戴铮，译．上海：文汇出版社，2007：5.

我，回避真实的自我，最终将是自我的迷失。具体表现如下。

第一，表现为主体深受不能自主之苦。神经症在人格倾向上的典型表现就是其强迫倾向。这种强迫倾向使他的感情、愿望、思想和信念的自发性受到损害。他能够做到的只是“自由地”表达他必须表达的东西。霍妮将这种来源于理想自我的必须称为是“专横的必须”，就像是头脑中的暴君、内心不成文的指令。他的所作所为，不是出自主体的真实意愿，而是出于一种莫名其妙的强迫性的异己力量，“一切都是从外面强加的”①。

第二，表现为毁坏主体的自我感觉。虽然通过一定的自我防御，可以使主体获得一种暂时的满足，达到一种虚假的和谐，但这种虚幻的满足并不能缓解内在的焦虑。他的三个自我一直纠缠不清，最终现实的自我就变成了理想自我的牺牲品，他便会憎恨现实的自我。自恨的强暴和固执十分惊人，他使人们饱受精神上的摧残。自恨有各种表现：自限、自责、自疑、自贬、自辱、自卑、自挫、自苦与自毁。当然，这种自恨常常是一个潜意识的过程，有时意识里他反会以严于律己、勇于自责而自豪。

第三，表现为建设性精力的浪费。神经症复杂的人格结构是一步一步形成和发展起来的，他的防御体系也是一个个层叠起来的。在这个过程中，他消耗了大量的精力。第一，他遇事犹豫不决，事无巨细，都无休止地动摇，一个决定，常常一拖再拖。第二，办事效率低下，这不是因为缺少训练，而是因为内心冲突，他在一种扭曲的状态之下工作，所以，他迟缓、笨拙、健忘。第三，生活懒惰懈怠，他常常放弃努力并有自己合理化的解释。其实，他放弃努力是出于内心的恐惧，他害怕努力的结果会给自己带来损害。这种恐惧将瓦解他的主动精神与行动能力，使他疲惫无力、无精打采、得过且过。

第四，表现为损害道德品性。他坚持矛盾的道德价值，缺乏道德的

① 卡伦·霍妮．神经症与人的成长［M］．张承谟，贾海虹，译．上海：上海文艺出版社，1996：76.

完整性，并试图掩盖其中的矛盾。他缺少真诚，经常表现出许多无意识假象：爱的假象、诚的假象、苦的假象。他常常推卸自己的责任，当自己出了问题，他要么运用外化作用找一个替罪羊、要么怪罪命运不公、要么否认因果关系[①]。最关键的是，以上表现，都在潜意识范围，他本人对此缺乏基本的自知。

第四节　健康个性的培养

一、健康的个性品质

健康的个性品质，有善良真实、乐观开朗、自主独立、自信自尊、坚强豁达、勤奋负责等。中国有句俗语：人善被人欺，马善被人骑。许多家长在教育孩子时，常常将善良作为一种缺点，将善良等同于软弱。其实，从心理健康的角度看，善良不仅是一种利他品质，也可以是一种利己的品质，尤其是一种于已的心理健康非常有利的品质。郑板桥有两句名言：难得糊涂，吃亏是福。“满者损之机，亏者盈之渐。损于己则利于彼，外得人情之平，内得我心之安，既平且安。福即是矣。”善良的人容易与人相处。善良的人不计得失，不斤斤计较。善良的人宽容，“吃亏是福”，对善良的人来说，无损失可言。所以他们会有更积极健康的情绪与心态。善良是一种精神力量，是一种心灵上的平和，是一种快乐，善良者永远微笑着面对现实。善良是一切美德的基础。贝多芬说过：没有一颗善良的灵魂，就没有美德可言。

在讲到健康个性品质时，我们用“真实”一词，而不用“诚实”。因为诚实带有更多的道德意味。而所谓“真实”，就是真实地面对自己和他人。就是不虚伪、不防御、不过敏、不自欺欺人。

① 葛鲁嘉，陈若莉．文化困境与内心挣扎［M］．武汉：湖北教育出版社，1999：122.

有姐妹两人到花园看玫瑰，姐姐哭着回来，妹妹笑着回来。人们问她们看到什么。姐姐答："每一朵花的下面都有刺。"妹妹答："刺的上面都有花。"乐观就是凡事多从积极面考虑。美国研究人员发现，个别表现消极的员工会对整体工作产生严重的负面影响。那些情绪低沉、喜欢攻击别人的人被定义为消极员工。他们不在场时，大家感到自如，开始听音乐、交谈、共享午餐、互相帮助；但只要消极员工一回到办公室，和谐的气氛马上荡然无存。开朗的人不会生闷气。生闷气对身心极其有害，是用别人的错误惩罚自己。开朗的人有啥说啥，心理轻松，没有负担。开朗还是一种很有感染力的品质，就像灿烂的阳光，照到哪里哪里亮。

自主的人能够自己把握自己的命运，不会被人牵着鼻子走。自主的人有肩膀，敢担当。自主就能自制，自主就能够自我负责。哪怕面临错误，也能够自己为自己的错误负责；哪怕面临逆境，也不会凡事推卸责任，不会一味怨天尤人。自主的人都有明确的人生目标，有清晰的价值观，对该做的和不该做的有清晰的认识。自主不仅思想能够自主，行为也能自主，有良好的学习习惯与工作习惯，如，按照作息时间表生活，今日事今日毕。要做到这一点，必须克服懒惰、消极、逃避、贪婪等缺点，凡事从长远考虑，不要为眼前的一时一事而放弃未来。

自信是心理健康的基础。心理学家班杜拉认为：一个人的成功，不是取决于他的实际能力，而是取决于他对自己是否能够成功的自我判断、评价与信念，他将这称为自我效能。对自我效能的评估与体验决定了一个人的自我力量感。自我效能感强的人都是非常自信的人。自信是在肯定自己存在价值的基础上，了解自己的长处和短处，在工作学习中扬长避短，并相信自己的能力和努力。自信的人不卑不亢。既不自轻自贱，妄自菲薄，也不狂妄自大，容不得别人的半点意见。

勤奋认真的人能够身体力行，将远大的理想付诸实践。勤奋在现代社会是一个很容易被忽视的品质。甚至有人在潜意识中会瞧不起勤奋，在日常生活中会故意掩饰自己的勤奋。俗语说："笨鸟先飞"。有些人就会推理出：先飞的是笨鸟，为了显示自己的聪明，他们就摆出一副无所谓的样子，懒散、随意，以此得到虚幻的安慰。其实，抬头四顾，各行各业出类拔萃之人，哪个不勤奋？

二、生活中的重大事件与人格障碍没有必然联系

许多人格障碍者都曾经在人生成长的过程中遭受过重大事件。童年母爱的被剥夺、家庭的变故、生活的不幸，会对人的成长造成重要的负面影响。但是，这些影响不是绝对的，不是完全不可逆的。同样的不幸事件，对张三是迈不过去的坎，留下终身的阴影，对李四可能只引起短暂的应激反应。这与不幸事件的具体情形、作用形式，尤其是主体的应对方式有关。心理学家拉扎洛斯有一个基本观点：人们应对压力的方式比压力本身更重要，机能不良的应对方式会使压力更加严重并影响心理健康。应对首先取决于对压力的评估：是否存在威胁、紧急或潜在？个体是否具有应对压力的潜能？可以做些什么来克服危机？我的资源够不够？研究表明：通过评估，报告的压力水平与应对的努力越大，个体的身心健康就越差。相反，控制感越强，身心健康就越好。有计划地解决问题通常比逃避—回避或对抗性应对更具适应性[1]。还有研究表明，自我复杂性是影响青少年压力缓冲的一个主要因素。高数量的自我维度使青少年有更高的满意感，清晰、连贯的自我，使青少年较少产生抑郁，分裂的自我使青少年易受消极事件的影响，简单、狭隘的自我，使青少年难以应付生活的高压力[2]。

---

① 李晓文，张玲，屠荣生．现代心理学［M］．上海：华东师范大学出版社，2003：284－285．

② 孙晓玲，李晓文，吴明证．青少年自我复杂性的测量及其压力缓冲作用探讨［J］．心理学报，2006（5）．

三、积行成习，积习成性，积性成命

古语曰："积行成习，积习成性，积性成命"。这句话浓缩了诸多人生真谛，也包含丰富的心理学意义。

首先，人格的培养与塑造是一个渐进过程。一种行为不断重复，就会成为习惯，根深蒂固的习惯就是性格，性格最终决定命运。可以看出心理积淀的重要性。我们千万不要小看生活中的一件件小事：人的命运就是由一件件小事累积而成的。

其次，性格的改变是有难度的。我们常常发现这样的现象：许多上了年纪的人会趋向于宿命，这是为什么？是人生智慧使然，还是另有原因？人有没有命运？你信不信命？命运是什么？"积行成习，积习成性，积性成命"，这句古语也许可以为我们提供一个分析路径。将这句话倒过来就可以解释命运：命运就是性格的累积，性格就是习惯的累积，习惯就是行为的累积。许多上了年纪的人变得宿命，并不是因为人生的智慧，恰恰是因为人生的无力。当你十几岁、二十几岁时，人生的积淀较浅较少，改变起来很容易，所以我们不相信命运。但是到了七八十岁，人生的积淀已根深蒂固，你想再改变自己，则难上加难，似乎只能听天由命了。

最后，性格的改变还是可能的。每个人都可以做自己命运的主宰。只要坚持不懈，从一件件小事做起，性格就可以改变，命运也可以改变。

心理作业：

阅读《南方周末》2009 年 8 月 13 日两文《不懂我伤悲，何解我疯狂？——"云南裸女"事件全观察》《不如带着温度去关照生命》，用霍妮的理论分析。

附录：气质测验

下面60道题大致可确定你的气质类型。若与你的情况“很符合”记2分，“较符合”记1分，“一般”记0分，“较不符合”记－1分，“很不符合”记－2分。

1. 做事力求稳妥，一般不做无把握的事。
2. 遇到可气的事就怒不可遏，想把心里话全说出来才痛快。
3. 宁可一个人干事，不愿很多人在一起。
4. 到一个新环境很快就能适应。
5. 厌恶那些强烈的刺激，如，尖叫、噪声、危险镜头等。
6. 和别人争吵时，总是先发制人，喜欢挑衅别人。
7. 喜欢安静的环境。
8. 我善于和人交往。
9. 羡慕那种善于克制自己感情的人。
10. 生活有规律，很少违反作息制度。
11. 在大多数情况下情绪是乐观的。
12. 碰到陌生人觉得很拘束。
13. 遇到令人气愤的事，能很好地自我克制。
14. 做事总是有旺盛的精力。
15. 遇到问题总是举棋不定、优柔寡断。
16. 在人群中从不觉得过分拘束。
17. 情绪高昂时，觉得干什么都有趣；情绪低落时，又觉得什么都没有意思。
18. 当注意力集中于一事物时，别的事很难使我分心。
19. 理解问题总比别人快。
20. 碰到危险情景，常有一种极度恐怖感。

21. 对学习、工作，怀有很高的热情。

22. 能够长时间做枯燥、单调的工作。

23. 符合兴趣的事情，干起来劲头十足，否则就不想干。

24. 一点小事就能引起情绪波动。

25. 讨厌做那种需要耐心、细致的工作。

26. 与人交往不卑不亢。

27. 喜欢参加热闹的活动。

28. 爱看感情细腻、描写人物内心活动的文艺作品。

29. 工作学习时间长了，常感到厌倦。

30. 不喜欢长时间谈论一个问题，愿意实际动手干。

31. 宁愿侃侃而谈，不愿窃窃私语。

32. 别人总是说我闷闷不乐。

33. 理解问题常比别人慢些。

34. 疲倦时只要短暂的休息就能精神抖擞，重新投入工作。

35. 心里有话宁愿自己想，不愿说出来。

36. 认准一个目标就希望尽快实现，不达目的，誓不罢休。

37. 学习、工作同样一段时间后，常比别人更疲倦。

38. 做事有些莽撞，常常不考虑后果。

39. 老师或他人讲授新知识、技术时，总希望他讲得慢些，多重复几遍。

40. 能够很快地忘记那些不愉快的事情。

41. 做作业或完成一件工作总比别人花时间多。

42. 喜欢运动量大的剧烈体育运动，或者参加各种文艺活动。

43. 不能很快地把注意力从一件事转移到另一件事上去。

44. 接受一个任务后，就希望把它迅速解决。

45. 认为墨守成规比冒风险强些。

46. 能够同时注意几件事物。

47. 当烦闷的时候，别人很难使之高兴起来。

48. 爱看情节起伏跌宕、激动人心的小说。
49. 对工作抱认真严谨、始终一贯的态度。
50. 和周围人的关系总是相处不好。
51. 喜欢复习学过的知识，重复做能熟练做的工作。
52. 希望做变化大、花样多的工作。
53. 小时候会背的诗歌，至今似乎比别人记得清楚。
54. 别人说我“出语伤人”，可我并不觉得这样。
55. 在体育活动中，常因反应慢而落后。
56. 反应敏捷，头脑机智。
57. 喜欢有条理而不甚麻烦的工作。
58. 兴奋的事常使自己失眠。
59. 老师讲新概念，常常听不懂，但是弄懂了以后很难忘记。
60. 假如工作枯燥无味，马上就会情绪低落。

8

健康的自我

在学校里，有这样一批学生，他们的表现无可挑剔，常常是老师众口一致赞扬的好学生、班干部，然而，这些学生走上社会之后，却亦步亦趋，难有出息。相反，有一些学生，在读书时经常惹是生非，颇让老师头疼，但工作以后，却能独当一面，敢想敢干，成绩卓著，很为母校争光。

原因何在？在于他们在成长过程中，是否感受到自我的勃勃生机与独特价值，是否感受到我之为我的独特性，在于他们的自我是否被唤醒！

虽然口号叫了很多年，自我发展在教育实践中相对还是很陌生的。唤醒自我，感受并增强自我的力量，是当前我国教育亟待强化的理念。

第一节　感受自我力量的重要性

一、我国当前教育亟待强化自我的发展

美国教育有重视自我，强调个性的传统，而我国的教育目标基本上属于社会本位占主导，因此，忽视人的自我，是我国教育根深蒂固的

毛病；强化自我力量，是当前教师亟待加强的理念。

自我的力量，是健康人格的动力。在本书第一章里，我们曾提出一个观点：过分利他是一种不健康的行为。为什么？其根本的原因就在于，过分利他将导致自我的迷失。

从利他行为的形成与发展来看，可以将利他行为分为两种：作为手段的利他行为与作为目的的利他行为。最初的利他行为，都只是作为手段，如，儿童的利他行为，它只有在得到奖励的情况下才能得到巩固。当儿童把自己的糖果分给别人吃以后，将会得到父母的奖励，如，得到更多糖果和夸奖。奖励起到巩固孩子行为的作用，同时也促进了儿童预见性的发展。儿童能够预见到，在利他行为之后，必然会有奖励继之，一旦形成了这样的预见性架构，为了得到奖励，他将更积极地采取利他行为。如此循环，将形成一个不断加强的链条：利他行为——奖励——满足——利他行为——奖励——满足……在这样的模式中，儿童的行为顶多只能算是准道德的，因为它只是手段，而不是目的，它离不开别人的奖励，不论是物质的还是精神的，它无法体现主体的自我力量。当然，随着主体的发展，利他行为可能发生一种奇迹式的质变或飞跃，它由手段变成了目的，行为者在利他行为中体验到了愉快。这种愉快不依赖于奖励而只来源于主体心目中的自我肯定。当一个人做了好事，而根本不想让他人知道，也不希冀任何形式的奖励，甚至因为做了好事还会招致他人否定性的评价或强烈谴责，或者因做好事而导致自身的损失，但他都义无反顾，无怨无悔。这样的利他行为才与自我的力量紧密相连。前面提到的过分的利他行为，显然属于前者，它与自我的力量无关。

我们教育中最受大家认同的是乖孩子。其实，过早学会听话的孩子，形成的是英国临床心理学家威利柯特所说的虚假的自我[①]。或者说是一个“他控”自我，而不是“自控”的自我。在这些人的内心深处，

---

① 亚当·菲利普．威利柯特［M］．龙卷风，译．北京：昆仑出版社，1999：5.

真正的自我一直在沉睡，能够表现他们内心力量的门一直没被打开。早熟的果可能成为永远也成熟不了的僵果，就像首届新概念作文大赛一等奖获得者徐敏霞描述的：它最先结出，给人以硕果累累的先兆，但年深日久，心理的成长捉襟见肘，停滞不前，永远落在了年龄的后面，最终，停在一处，不动了。早熟，却永远难以珠圆玉润修成正果①。

与自我的内心世界相比，我们的周遭世界显得微不足道。我们的自我拥有强大的力量与巨大的资源。我们能够理解自己与他人。能想象、计划和解决问题。我们有动机、能决策、富有道德、尊严、同情心与利他精神。我们能批判、反思，还能超越自我、超越苦难。所有这些都来源于我们的内在的自我。促进自我的发展就要深入人的内在世界，去触摸人的内在精神质素与内在资源的丰沛，去感受人的精神的强大与丰厚。

二、孩子的自我是慢慢长大的

从心理学的研究来看，每个人都要到青春期之后才会有比较清晰的自我意识，于是，许多人就认为，对儿童讲自我发展太早了。那么，自我概念是否就与儿童无缘？

我们认为，儿童也有其独特的自我意义世界。开放与信息化的现代社会为孩子的成长提供了非常丰富的刺激，大量的书籍、图画、玩具、电子产品、电视、电脑、旅游，等等，使孩子形成的自我世界非常丰富多彩，非常强大有力，非常的完整自足。你看孩子在看“猫与老鼠”或者打电子游戏时反应之敏捷、理解能力之强时，你能说孩子没有自我吗？当你看到孩子们为了得到 kitty 猫不惜在麦当劳门口排上几个小时的队，或者为了凑足水浒 108 将的卡片而不惜花掉所有的零用钱，你能说孩子没有自我吗？当孩子们听着老外婆讲鬼故事，尽管背脊发凉、吓

① 徐敏霞. 你读过童话吗？［C］//全国新概念作文大赛获奖者自述. 上海：华东师范大学出版社，2001：149.

得直往外婆怀里钻，但旋即又会睁大好奇的眼睛追问：后来呢？看看《小王子》里孩子看待成人世界的方式，比如，当可爱的孩子将他画的蛇吞象的画给大人看，大人们无一例外地说："这是一顶帽子"，如此一来，我将不再同这个人谈论蟒蛇、原始森林或星星。我会迁就他，说些桥牌、高尔夫、政治或领带的话题，这样大人就会以为他碰到了明白事理的人①。你能说孩子没有自我？

到底是什么东西让孩子着迷？破解了谜底，商家大赚其钱，而我们这些整天与孩子打交道的教育者却没有好好思考与利用，我们只是简单地说：小孩子，懂什么！

孩子的自我是慢慢长大的，孩子的这一感性的、发散的、无目的的、充满童真与动感的意义世界，便是自我的萌芽。自我不是先验的、既定的，而是不断发展、不断贮备的。而且，孩子的自我不是反思型的，而是感受与体验型的，要在活动中实现。

三、自我的丧失

真切地感受自我的存在与力量是一种高峰体验。这种体验在许多人身上已经荡然无存。在健康的两个原则中，社会对现实原则的强调甚于快乐原则，因此，在人的社会化过程中，人会逐渐迷失自我。狄德罗曾经说过：一个民族越是文明，越是彬彬有礼，他们的风尚就越少诗意，一切都在温和化的过程中失掉了力量。现代文化使生命之根枯萎，精神之花凋零，生命的本能和精神的追求双重退化，人正常得俗不可耐。

有一种观点从生物本能的角度对自我力量的丧失进行解释：人们对活力有一种天生的恐惧。当我们的机器以全速运转时，我们会本能地产生一种畏惧的心理。为安全起见，我们喜欢把人生的节奏放得慢而稳当。其实不然。只有当我们充分地运用人的官能、力量和智慧时，我们

① 圣·埃克苏佩里．小王子［M］．马振骋，译．香港：智能教育出版社，2004：3.

的头脑、心灵与意志都处于生机蓬勃的状态时，我们才能充分地体验生活的乐趣。当你学会跳迪斯科，你会感到生命力能够如此酣畅淋漓；当你学会跳快三，世界也跟着你旋转时，你会感到生活原来可以如此和谐流畅。

在学校里，有这样一批学生，他们的表现无可挑剔，常常是老师众口一致赞扬的好学生、班干部，然而，这些学生走上社会之后，却亦步亦趋，难有出息。相反，有一些学生，在读书时经常惹是生非，颇让老师头疼，但工作以后，却能独当一面，敢想敢干，成绩卓著，很为母校争光。

原因何在？在于他们在成长过程中，是否感受到自我的勃勃生机与独特价值，是否感受到我之为我的独特性，在于他们的自我是否被唤醒！

第二节　青少年的叛逆：自我同一性的探寻

一、青少年叛逆的种种表现

许多很乖的孩子，一到了青春期，就变得难以沟通，像个刺猬，一说就跳。儿子一个人在房间做功课，妈妈端杯牛奶，推门进去，就是去给他送杯牛奶，但他一听妈妈推门，就会激动地大叫：又来监视什么，我又不会干什么坏事！妈妈睁大眼睛：这孩子怎么变成浑身长刺？

大 S，徐熙媛这样描述自己叛逆的 17 岁：那时心里有一把火在烧，觉得精力充沛，冲动得很。运动、一般性的耍酷、搞怪都已经不过瘾了，就瞒着家人去做刺青。要疼，而且有印记，唯有这样，才能将心中的火烧出来。刘索拉，“文革”中父母被抓，她和一帮没家的孩子“野”在一起。穿着奇装异服，在荒草丛里唱歌，累了就摆个“大”字往长安街上一躺。“我们也不是做什么行为艺术，就是不自觉地心里有一股劲，就是要反着突然就觉得特放松、特舒服。”①

还有的表现为目空一切。请看 2000 年 11 月 25 日中央电视台的“对话韩寒”节目。

一女士：王朔写作有很深厚的积淀，你是否感到生活积淀太少？

韩寒：你怎么知道我的积淀少?!

一女士：因为你毕竟只有 18 岁。

韩寒：请问你几岁？

一女士：我 30 多岁。

韩寒：我怎么觉得你比我还小。

一男士：在你过去的成长中，有谁对你有过影响？

韩寒：没有。

某人：请问你在网上聊天用什么工具？

韩寒：我不用什么工具。

2000 年的韩寒，有着强烈的抵抗与逆反：你问他任何问题，他都不会从正面回答。

这类孩子容易否定一切，目空一切。似乎承认了受过别人的影响，就会削弱自己的个性。越是与众不同的异类，越是有自己的个性！

叛逆还可能表现在价值观和生活方式上。龙应台与 18 岁的儿子安德烈曾经有过通信②：

MM：

信迟了，因为我和朋友们去旅游了三个礼拜。不要抱怨了，儿子 18 岁了还愿意跟你写信，也应该够满足了，尤其你知道我从小就懒。

可我马上陷入两难：我真的能够告诉我妈我们干了什么吗？你——

---

① 王悦阳．“巫婆”刘索拉［J］．新民周刊，2009（24）．

② 龙应台，安德烈．亲爱的安德烈［M］．香港：天地图书有限公司，2007：37，44．

身为母亲——能不能理解，受不受得了欧洲18岁青年的生活方式？能，我就老老实实告诉你：没错，青春岁月，我们的生活信条就是俗语所说的“性、药、摇滚乐”。只有伪君子假道学才会否认这个哲学。

安德烈：

请你告诉我，你信中所说“性、药、摇滚乐”是现实描述还是抽象隐喻？尽快回信。

MM：

能不能拜托你，不要只跟我谈知识分子的大问题？生活中还有很凡俗的快乐：“性、药、摇滚乐”当然是一个隐喻。我想表达的是，生命有多种乐趣，所谓“药”，可以是酒精，可以是足球或者任何让你全心投入、尽情燃烧的东西。我想从弗洛伊德开始我们已经知道人类是由直觉所左右的。“摇滚乐”不仅只是音乐，它是一种生活方式和品味的总体概念：一种自我解放，不在乎别人的眼光，自由自在的生活，对不可知的敢于探索，对人与人关系的联系加深……

青春期的逆反是有原因的。性激素的成熟、身体的发育是原因之一。身体的急剧变化使他们惊奇地睁大眼睛看自己，从而进入认知上的自我中心。这种自我中心有两个表现：一为产生自我不朽的个人神话，他会进行各种冒险，并天真地以为自己独一无二、刀枪不入，可以自我赦免。另一表现是产生想象的观众，以为别人都在注视自己，他会格外注重自己的仪表，稍有差池，就会极不自在，似乎全世界的眼睛都在盯住自己，他想象出的观众可以成千上万。

最近的脑成像研究为青少年的性情变化提供了新的解释：虽然脑容量在儿童期已经发展到与成人相差无几，但青少年时期大脑结构却发生巨大变化：灰质减少，白质增加，负责处理冲动控制、判断决策、情感信息的额前脑最后成熟，所以青少年会性情无常，判断力差，对长期后果缺乏预料。

二、没有逆反阶段会怎样

为青春期孩子的逆反心理苦恼，“怎样才能让他们听话一点?”这是咨询中家长常会问的一个共同问题。是的，逆反会有很多消极作用，这大家都深有体会：不服管教、难以沟通甚至激化矛盾，产生种种行为问题。但是，我们想提醒的是问题的另外一个方面：没有逆反阶段会怎样?

临床的考察告诉我们：青春期没有逆反，很可能潜伏发展的隐患。逆反对人的发展其实有重要的积极作用。

没有逆反，可能导致自我发展的单一与空洞化。

没有逆反，可能导致自我同一性的早闭或延迟。即过早地以他人的、权威的观点代替自己的观点，或者迟迟不去寻找自我，自我的力量永远不能被唤醒。

没有逆反，可能导致他控自我或自我迷失，许多乖小孩的经历就证明了这一点。

叛逆是自我同一性寻求的一个必然阶段!

三、准确诊断：问题到底出在哪里

有位广东老师介绍了她的一位学生：

她是初一通过关系转到我带的班级来的。高高个子、长得很靓，一看就让人喜欢。但很快她就让我头疼了。军训第一天，就给我一个震撼，远远看到一大群同学中有一个雪白的背，她将衣服脱掉，只穿一个肚兜。我赶忙冲过去，扯过她的衣服将她包住。她说她很热。不久，同学中失窃，有人怀疑是她。一天，她冲到德育主任那，对德育主任说：“我是飞女，我吸毒，我扣仔，我和男孩睡觉。”终于有一天，她真的这样干了，她带一外班男生窜到自己班的男生宿舍睡觉了。上课时明目张胆地将黄色书摆到老师眼皮底下。

因为这个孩子惊动了学校，所以由德育主任牵头，成立了一个特别小组教育这孩子，大家的一致看法是：这样的孩子很可怕，就像洪水猛兽。这样疯狂的行为有极强的传染性，若不及时制止，会对全校的风气有极大的破坏性。那时，班主任每天都在跟这个学生打仗。甚至有人提出要将其送工读学校。半年后，她转学走了，学校和老师都大大松了一口气。

没有想到的是，她初三时回来看我。仍然是很前卫的打扮，穿着露脐衫，大摇大摆走进办公室，惹得办公室的老师睁大眼睛。但随着谈话的展开，我却对她刮目相看。她说："虽然老师天天骂我，但我知道老师是为我好。我理解老师你的苦心，但我必须得这样做。""我最佩服我一位同学的妈妈，别看她在一个歌厅里当嬷嬷桑，她最懂教育，有一次她把我骂得跪下，泪流满面，从此以后我就重新做人了……我现在的学校差劲得很，我的同学都在扣仔，她们的那些花样我早就玩过了。我现在喜欢读书，我三门主课全是学校第一"。

现在回头来看，当时的处理方式很失败。其失败的原因在于，没有准确诊断她的"病因"。她的种种劣迹和叛逆行为后面，躲着特殊的动机：对爸爸的惩罚。三年级前她的家庭很幸福，后来变了。她的爸爸常常不回家，回家就跟妈妈吵架，要和妈妈离婚。她曾看到过爸爸给妈妈好友的短信，很恶心。当时她认为：妈妈是受害者，爸爸是负心汉。所以她恨透了爸爸。她学坏的目的就是要惩罚爸爸。她要把事情搞大，越大越好。后来她慢慢明白，爸爸妈妈的问题，不能一味怪爸爸。两人的差距确实很大。她现在所做的是劝爸爸让步，妈妈进步，虽然很难。但她已不再那么恨爸爸了。

其实，上面这个孩子，我认为是教育中不可多得的好苗子，她有着非常强大的自我。这样的孩子，教育得法，可以成大材。

四、如何对待孩子的逆反

对禁忌的叛逆，乃成长之一部分。一般来说，年龄一过，自然痊愈。幼儿园小朋友讲“搞笑剧”，不是屁股，就是大便、马桶，大笑不已，乐此不疲。大人尴尬叱责，屡教不改。甚至中学生网上流行的放荡行为：脱裤门、摸奶门，有些老师认为道德沦丧，非治理不可。实际上，一阵风过，照旧阳光灿烂。

不要简单将孩子的逆反归因于品德问题。要看到逆反后面潜伏着的巨大的成长能量。引导孩子正确看待个性与逆反，判断什么是真正的自我发展，不要为叛逆而叛逆。叛逆是自我发展的一个必然阶段，但也是必然要超越的阶段。展现自我并不意味着要时时处处与众不同。

要有足够的耐心和宽容。等待，等待，再等待。只要可能，接受你能接受的一切。输在过程，不一定输在结果。这是我的一位同事的育儿名言。面对青春期孩子的混乱或表面的失败，要有足够的耐心。走出叛逆的孩子，也许会更出色。

与叛逆的孩子沟通要特别注意方法。不要硬碰硬，不要让谈话式的协商变成激烈的争吵。要形成成熟、良性的沟通，形成成熟、轻松、民主、弹性的关系。

关注情境，而不是个性；关注情绪，而不是行为。要帮助他熟悉困境、减少威胁、尝试成功。要让孩子知道他有权利表达自己的情感与需求，尊重与理解孩子的情绪。帮助他处理情绪：害羞、恐惧、挫败感、攻击、耻感等。

爱、关心、尊重与指点，永远能够点石成金，它能够为孩子提供强大的心理支持。要留意能够给予孩子自由与责任的机会。

我们做过高中校规的调查，学生对过于严格的着装规定，实际上都不以为然。在每个季度，给学生设立一个“奇装异服日”，像美国每年都有“禁书阅读周”，这些都可以主动为孩子的叛逆需求提供发泄的渠道。自然痊愈法，常常是教育中最省劲、最神奇的方法。

第三节　青少年的时尚

一、青少年给我们的震撼

现象一：女儿小学五年级毕业册里的留言，让妈妈吓了一跳：

有灰色趣味，“我的兴趣：骗人；我的爱好：乱穿马路。”

有低级趣味，如，“希望你早点嫁个有钱的大款，生个白白的胖小子。”“你长得真美丽！鹰钩鼻子蛤蟆嘴，蛋糕身子鸡大腿”。

甚至还有“死亡留言”“我真想宰了你”“消灭你我最开心”①。

现象二：中学生最流行的口头禅是：都是假的、你有病呀、神经病、我杀你、捣糨糊、郁闷、爽、烦死了、闷死了、累死了！

现象三：“快闪一族”。许多年轻人通过网络联络，约定准时出现在某公众场合，集体做一个怪异的动作，如，同时高喊某句口号三遍、互相拥抱两分钟甚至同时抬头看天两分钟，然后迅速消失。

现象四：无论长相和学识都平平的“芙蓉姐姐”在网上自吹自擂：“我那妖媚性感的外形和冰清玉洁的气质，让我走到哪里都会被众人的目光无情地揪出来。我那张耐看的脸，再配上我火爆的身材，会让人流鼻血。”还有大学生杨广，自称“妖妃娘娘”，在网上发布扭捏作态的裸照，以此出名。

现象五：青少年的偶像崇拜。“春春来了，玉米疯了”，他们激动得不停地跺脚、跳跃，放声大哭。“追星追得骨瘦如柴，15 岁生日离家

① 孟知行．留言册里的“胡言乱语”［N］．解放日报，2007－06－15．

出走”。还有“超级粉丝”杨丽娟，16 岁开始专职追星，倾家荡产，最后赔上了父亲的性命。

二、从时尚中解读青少年的需要

你怎么看待这些现象？

许多人将这些现象提到思想品德的高度来看，觉得这是非常不健康的，应严肃对待。但我更偏向于将这看成是青少年的时尚追求。

什么是时尚？齐美尔《论时尚》中有很精彩的描述：本性驱使人们既追求个性，又追求共性。没有个性无趣，个性到就剩你一个人，又感到压力太大。时尚正好，既体现个性，又有少数人陪伴你。时尚不能长久不衰，它有生有灭，而且现代社会中时尚的更替越来越快①。因为太普及太持久就不成其为时尚了。

时尚与爱好不同，爱好是相对稳定的，不像时尚那么受制于他人和社会潮流。而时尚是变动不居的。青少年中流行什么样的时尚？这取决于青少年的需要。

所以我们可以从时尚中解读学生需要。有人将青少年的时尚通称为 K 文化。K 者，酷也、空也、克也、快也、哭也、卡拉也，总之一句话：怪也。在这些光怪陆离的现象背后躲着的实际上是青少年的需要，比如，颠覆常规，标新立异，自我满足；比如，寻求归属感，补偿社交缺失；比如，宣泄情绪，心理减压，体验快乐；比如，利益表达，价值诉求；比如，满足青春幻想，丰富内心体验，感受文化的多元性，等等。

三、减少青春期的思想重负

不要简单将时尚与道德联系。

---

① 郑也夫. 解密消费的历程 [N]. 南方周末，2007-05-17.

减少青春期的思想重负。青春期的主要任务：体验自我力量，青春期有一特权，即尝试错误。所以我们要宽容青春期的恶作剧。过去孩子边走边唱，情绪是向外扩散的，而现在孩子塞个耳机欣赏，情绪是向内收敛的。正因此，他们更需要一定的宣泄。

有人说偶像崇拜的过程是自我人格放弃的过程①，笔者不同意这种说法，我宁肯将偶像崇拜的过程看成是自我人格建立的一个阶段。心理学上有观点采择理论，自我人格的建立不是一个孤零零的、封闭的、自给自足的过程，而是不断与社会、与他人互动的过程，偶像崇拜是一个很重要、投入很多热情的观点采择，它为青少年的自我人格成长提供了丰富的资源。他们在看似恶搞、狂欢中表达对生活的热爱与执著，在自由自在中表达个人的喜好、激情，对新事物的开放，学会与人合作、沟通。参与大众狂欢可以缓解压力，得到站在社会文化的潮头浪尖的快感，获得本能的安全感与归属感。青少年是情感最脆弱、精神最敏感的群体，也是新思想的最佳发源地和载体，但前提是要让他们摸索、尝试，在做中学。

四、睿智引导，超越时尚

时尚不是爱好、时尚不是美。

爱好相对稳定，时尚变动不居。因为时尚不断破灭，候选越来越艰难，有时怪诞甚至丑陋也被选中。一位才教了三年书的年轻教师已经感觉到与学生的代沟了。她很奇怪：在喧嚣的世界中年轻人怎么不觉得累，魔法世界、选秀、加油、好男儿，男生身上挂满了滴滴答答的饰品，衣服也变得这么不安静？

现代社会，时尚还是消费的机制之一。它集中体现了商人和消费者的“合谋”。对商人来说，“利润”是他们考虑的核心，在这种选择下，

① 岳晓东．我是你的粉丝［M］．上海：上海人民出版社，2007：188.

价值判断是靠边站的。

正是时尚的两面性，所以盲目追逐时尚，也会有其负面意义，比如，沉迷梦幻世界、思想性淡化、远离主流文化，等等。

所以，对待时尚，宽容不等于放纵，不等于放弃责任，还要睿智引导。让我们的学生在尝试错误时，付出的代价尽量小。要将青少年的趣味引向纵深，超越时尚，真正找到自己精神的根。

第四节　自我的成长

一、《死亡诗社》的启示：设计一系列具有一定冲击力的活动

传统教育的压力太大，固有的模式太根深蒂固，有时需要一些极端的、过激的、反叛的方式才能唤醒学生沉睡已久的自我。学生可能震惊、哄堂大笑，但笑过之后，可获得新的领悟。就像心理治疗中的满贯疗法或魔鬼训练一样，将人逼到死角，就能超越。

笔者向许多教师推荐过美国影片《死亡诗社》，每一个关注学生自我发展的教师都应该好好看看这部影片。影片中的基廷老师来到一所非常正统的贵族学校，设计了一系列与传统教育格格不入的极富冲击力的活动，使学生们从另一个角度去认识自我，使他们身上沉睡已久的另一个自我慢慢觉醒。片中许多情节堪称经典。

情节1：聆听亡灵的忠告

新来的教师基廷第一天上课，从教室前门进入，手插裤兜、吹着口哨绕场一周，从后门径直走出，学生们面面相觑，基廷老师在门口伸出头来，狡黠地说：来，跟我来！学生们疑惑地跟着老师，来到了校史陈列室。里面挂满了历届校友的照片。“好好看看这些面孔，他们曾经年轻，和你们一样；他们充满活力，野心勃勃，和你们一样；他们眼中充

满希望，相信世界就在他们手中，相信一定能成就伟大的事业，和你们一样。现在，当年的年轻人已成花下之尘，他们中的许多人曾因蹉跎而错过他们本可成就的事业。靠近一点，会听到他们留下的忠告。”在神秘的气氛中，基廷老师压低嗓门：“抓紧时间，孩子们，让你的生命不同寻常。”

情节2：撕书

基廷老师请一位同学读课本上一篇查特博士关于如何欣赏诗歌的文章：将诗歌的艺术性作为横轴，重要性作为纵轴，然后计算面积便可得出诗歌的优劣。基廷老师的评论语惊四座：“屁话！现在我要你们把那一页撕了！快点！把整个前言都撕了！撕、扯、拽！这不是圣经，你们不会因此下地狱。这是一场战斗、战争，受害的可能是你们的思想和灵魂。让查特博士见鬼去吧。现在你们要学会自己思考，学会欣赏文字和语言。不管别人怎么说，文字和语言的确能改变世界。”

情节3：如何引导学生写诗

“现在我有个秘密要告诉你们，靠拢来。我们读诗写诗并不是因为它好玩。我们读诗写诗是因为我们是人类的一分子。人类是充满激情的。没错，医学、法律、商业、工程，这些都是崇高的追求，足以支撑人的一生。但诗歌、美丽、浪漫，这些才是我们活着的意义。惠特曼曾写道：啊，自我！啊，生命！这些问题总是不断地出现。毫无信仰的人群川流不息，城市充斥着愚昧，生活在其中有什么意义？回答：因为你的存在，因为生命与个体存在，因为伟大的戏剧在继续，因为我们可以奉献一首诗。”

基廷老师要学生上台读自己写的诗。一学生的诗就一句话：一只猫，坐在垫子上。同学们哄堂大笑，基廷老师评论：“祝贺你，按照查特博士的评价，你的诗得的是负分。我不是在笑你，而是在恭喜你。我不在乎你的诗主题简单，一只猫、一朵花、一场雨，知道吗？只要有新意，什么东西都可以写出诗来。只是，不要让你的诗太俗套。”

情节 4：胆小逃避的托德如何在转眼之间奇迹般地成了诗人

基廷：托德，你在那坐立不安，来，来吧，让我们结束你的痛苦！

托德：我，我没做，我没写诗。

基廷：你认为你内心的想法全没价值，让人笑话，是这样吗？你错了，我认为你内心的有些东西很有价值。

基廷（在黑板上大大地写上了惠特曼的诗）：站在世界的屋脊上，我喊叫，我野性地咆哮。

基廷：来，托德，为我们表演什么叫咆哮，来，你不会坐着咆哮的，做好咆哮的姿势！

托德（轻轻地）：咆哮。

基廷：不行，大声点。

托德：咆哮。

基廷：这是鼠叫。大声点。

托德：咆哮。

基廷：野性的咆哮。

托德（终于声嘶力竭）：咆哮。

基廷：这就对了，你瞧，你的身上也有野性。

托德想回座位。

基廷：不能这样让你走。你看，那是惠特曼的照片，它让你想起什么？

托德（迟疑片刻）：一个疯子。

基廷：什么样的疯子？

托德：一个疯狂的疯子。

基廷：你可以回答得再具体一点。好，解放你的思想，发挥你的想象，说出第一个跳进你头脑中的东西，哪怕荒唐透顶。

托德：一个牙齿流汗的疯子。

基廷：我的天哪，你毕竟是有诗人气质的嘛。好了，闭上眼睛，看到了什么？

托德：我闭上眼睛。

基廷：还有呢？

托德：他的形象在我眼前晃悠，一个牙齿流汗的疯子，瞪得我心怦怦直跳。

基廷：好极了，让他动起来，让他做点什么。

托德：他伸出手，掐住我的脖子。

基廷：好，继续。

托德：他一直在念叨。

基廷：念叨什么？

托德：念叨真理。

基廷：真理——

托德：真理就像一条裹住你双脚的冰凉的毯子。

基廷：继续说毯子。

托德：你怎么扯，怎么拽，它总是盖不住我们。踢也好，打也好，它总也盖不住我们。自从我们哭着诞生，到我们奄奄一息，它只会盖住我们的脸，不管你如何痛苦，如何喊叫。

托德的创造力就如开闸的洪水，滔滔不绝；又如突发的火山，势不可挡。教室里鸦雀无声。很长时间，同学们才如梦方醒，爆发出热烈的掌声。

之所以不厌其烦地一字一句记录下电影的各个细节，是因为这电影实在是太精彩了！自我的培养不一定要诉诸条分缕析的理性、苦口婆心的说教、逻辑严密的分析，基廷老师的实践告诉我们：打破逻辑（诡逻辑法）、违反常规，能够给人极大的冲击，从而使人认识到自我内心深处隐秘的角落，挖掘自我潜在的能量。

二、你敢标新立异吗

刘再复先生曾在《人论二十五种（怪人论）》中对北京大学的教授做过评论："在同一个北京大学，在蔡元培的时代里，教授们都有很多故事，在他们之后，还是一些教授，如顾颉刚、梁漱溟等，也有很多故事。然而奇怪的是，到了本世纪的下半叶，北京大学的教授们似乎没有故事了。他们除了著书、教学和写自我批判的文章之外，顶多还留下一些'思想改造'中的笑话，没有属于自己的故事。"余杰对此也深有感触：读张中行先生的杂文，写及红楼的点滴旧事，尤其令人神往。特立独行之士、异想天开之论，比比皆是。又读汪曾祺的散文，追忆西南联大的校园琐事，同样让人心仪。困窘中的尊严，苦涩中的幽默，乃见中国新型知识分子之人格独立。而今在北大，"好听"的课和值得崇拜的教授如同凤毛麟角。老先生方方正正，年轻教授也学会了照本宣科、斟词酌句。密勒曾有名言："一个社会中，怪僻的数量一般总是和那个社会所含的天才异秉、精神力量和道德勇气的数量成正比。今天敢于独立怪僻的人如此之少，这正是这个时代主要危险的标志。"

许多学校对学生的行为有严格的约束，如，上课规矩：发言要举手，回答要完整，手要贴裤缝……下课规矩：不许下楼，不许打闹，不许在楼道奔跑……学生偶有出格的行为，便被呵斥：疯疯癫癫、骨头轻。久而久之，学生都变得规规矩矩、死气沉沉，即使下课也安安静静地呆在教室里或座位上。

自我发展一定要有一个宽松的空间，有些在成人看来毫无意义的活动对孩子具有非同寻常的作用。一个学生如此回忆自己的成长经历。

从小，我就是一个循规蹈矩的好学生，在老师、父母、亲戚、朋友们的一片赞扬声中，我像穿上了神秘的红舞鞋，陷入一种强迫性的良好行为中，乐此不疲地迎合着他人的赞扬，心满意足地享受着来自各方的荣誉。但是，直到本科毕业，我才发现，我从来就没有拥有过自己。上硕士的3年，是我脱胎换骨的3年。有几个死党，只要我们在一起，什么不可能的事都会成为可能。我们记公共日记，办ABO报，自编自拍摄影小说。我们疯疯癫癫，通宵达旦地在毛爷爷脚下聊天，肆无忌惮地大笑大闹甚至大哭，在热闹的街头，旁若无人地大叫“哇——哇——哇——”我们处心积虑地策划各种各样的恶作剧，比如，怎样从卖水果的老头处偷出那个最大最红的苹果，愚人节时怎样才能让全班的每一个人都进圈套。互相送别时，我们站在月台上背徐志摩的诗：“最是那一低头的温柔，像一朵水莲花不胜凉风的娇羞，道一声珍重，道一声珍重，那一声珍重里有蜜甜的忧愁，沙扬娜拉!”傻乎乎而一本正经！虽然这些不务正业的活动多多少少也占用了一些专业学习的时间，导师也为此而不满，但是，这些活动在我的成长中所起到的作用，是别人无论如何也体会不到的，它是一个又一个的奇迹，是我心路历程中不可替代的里程碑。在这些自发性的活动中，我发现了一个全新的我，一个独特的我，一个充满能量的我。这是我以后一切自信的起点。

《还珠格格》塑造了一个充满生命活力、极富个性的小燕子形象，这样的形象在我们的学校里可能会给老师带来一些麻烦，但我还是希望他们能够得到更多的关注和欣赏。

有一个姑娘，她有一些任性，她还有一些疯狂，
有一个姑娘，她有一些叛逆，她还有一些嚣张，
没事吵吵小架，反正醒着也是醒着，
没事撒撒小谎，反正闲着也是闲着，
整天嘻嘻哈哈听到风儿就起浪，
也曾迷迷糊糊大祸小祸一起闯，
还曾山山水水敢爱敢恨走四方，
更曾轰轰烈烈拼死拼活爱一场。

三、自我独立：建立自控的边界

自我独立，就是在自我与他人之间建立一个成熟的边界，即清楚、富有弹性而且能够自控的边界。首先，与父母脱离，有时，“离家住校”会成为非常重要的一个独立标志。从家里搬出来，生活上减少对父母的依赖，自己照料自己的日常起居。当然，独立的更内在的意义是心智上、情感上、心理上的独立，自己承担责任，独立决策，情感上自我信赖。其次，是减少对周边朋友及他人的依赖，包括将来对配偶的依赖。

健康的自我边界，就像一扇可以自由开合的门，把手掌握在自己的手里，属于自控点在己。一方面可以关上门独处，自己找乐子，独自一人享受属于自己的快乐。碰到麻烦的事，能够自我选择，并做好接受一切结果的准备。另一方面，也可以打开门接纳别人，与别人共处、交流、分享。别人需要时可以自信地走近别人，别人不需要时安静地走开。

不健康的自我边界，表现为三种极端的情况。第一种是在自我与他人之间根本没门或门老是开着，也就是没有边界，太与别人打成一片，就失去了自己的独立性，没有了自己的世界。第二种是内心的门总是关着，自我封闭，缺乏与他人的良性互动。第三种是有门，但门把手掌握在他人手中，自己不能自控，这种人太在乎别人脸色，别人夸他时他自我膨胀，得寸进尺。别人看不起他时，他便垂头丧气，郁闷压抑，缺乏稳定的自我评价。

四、避免自我发展偏离正轨、走火入魔

发展学生自我，教师不仅富有启动开关的作用，更重要的是对整个过程的引导与关注。打开了自我发展的开关，但却缺乏正确的引导，自

我的发展就可能走火入魔，这时自我的力量会变得非常强大可怕。“文革”时学校里“头上长角，身上长刺”的闯将，信息化时代青少年为证明自我的力量而不惜制造电脑病毒，甚而至于法轮功痴迷者的表现，都是最典型不过的例子。观看《死亡诗社》，可以看出教师的引导多么重要。当基廷站到了桌上，一学生以为他想得到高高在上的感觉，基廷老师马上纠正：不，站到讲台上，是要你们知道可以从不同的角度观察。当基廷老师要求大家在庭院里以自己的方式行走时，一学生靠墙而立，一学生很夸张地故意表演，基廷老师及时反馈：你可以行使你的不行走权，但不要刻意发挥。前面我们提到的许多活动，如果教师指导不及时或指导不当，就可能会导致自我膨胀，所以一定要非常清醒。

五、警惕学生自我的觉醒对教师与家长带来的压力

学生一旦在班级里被调动了起来，教师的权威甚至尊严就会受到挑战，他们会感到焦虑。如果教师与家长不能客观理性地对待心理的这一变化，他们便会潜意识地启动自我防御机制进行自我保护，这些行为反过来会削弱学生的自我力量。因此，要真正实施素质教育，教师要过一很大的心理关。

要帮助富有个性的学生处理更大的心理压力。《死亡诗社》中，尼尔因为坚持自己的决定而与家长发生剧烈冲突，最后导致自杀。这提醒我们一定要关注自我觉醒之后的心理变化与压力。

六、兼顾理想主义的自我发展与现实主义的自我发展

像基廷老师那样，认识和发展的是人身上的浪漫主义、理想主义的一面，我们强调这一侧面，并不意味着我们不重视人的现实的侧面。我们强调自我的理想侧面，只是因为当前教育中理想主义的色彩太淡化了。完整的教育应该帮助学生正确认识自我的理想与现实两个侧面。

自我的发展，除了冲击性很强的活动之外，还要靠日积月累的细致工作：比如，宽容与安全气氛的维持，因为只有安全感满足后，才会有探索行为。比如，丰富的社会关系，这是自我丰富性成长的养料。

心理作业：

1. 画房、树、人。

2. 阅读下面的材料（陈蕾同学的留学生活报告），分析其自我发展状况及其影响要素。

12 月，1 月，2 月。我都做了什么。我的生活又是怎样的。用一句诗来形容，也许不那么恰当，那就是“此中有真意，欲辨已忘言”。这一路，瞪大了眼睛，张大了嘴巴，感受着身边纷至沓来的各种经验、考验以及无可躲避的蜕变，以至于每日只是沉浸在体验的时间的河流中，无暇抬头换气，无暇上岸休憩，只是任凭这大水把我冲到哪里，就是哪里。

先说说生活。国外的生活是颠倒的。春节丝毫没有年节的气息。一干人吃个团圆饭就算了事。大年初一开了门，背了书包图书馆接着打坐去——书签还夹在小年三十看到的那一页里。正月十五自己做了元宵吃，然后整理行装奔美国。

西雅图，三藩市，洛杉矶，拉斯维加斯，直至世界七大奇迹的大峡谷，九天的旅程，没有导游，没有接待，全靠自己事先的安排。从签证，到订机票，到订旅店，再到确定火车、巴士和公交，乃至每一个要去的景点，景点与景点之间的公交线路，统统靠一台笔记本完成。而瘦小的肩膀，沉重的行囊，疲惫的双腿和留恋的眼睛，都在为数三千多张的旅行照片中被定格下来。展开地图，我看见自己一路沿着美国西海岸，从北边境到南边境，再折往中部的怀俄明，跋涉何止千里，如大雁南行，虽困顿而越挫越勇，不由振奋无比。

这一路，丢钱包，丢信用卡，锁坏了自己撬，睡机场地板，和流浪汉抢地盘，生死时速在最后一分钟赶上飞机，乃至喝厕所自来水为生，在冰雹和暴雨下逛街，羽绒服帽子里盛满了水可以养鱼，在加利福尼亚的沙漠里背着全部行装暴走六小时。2 月的美国行，“饥寒交迫”四个字，真是妥帖无比。这未曾经历的苦难都经历了。

还是这一路，从华盛顿大学，到 UCLA 再到斯坦福，美国太平洋名校联盟的成员被我一路看尽，每一所大学的 bookstore 都有我流连的身影，我在不同风格的校园里，却看见相同的人文精神。如今坐在温暖的洒满阳光的卧室里沾沾自喜地欣赏着 cupboard 上站成一排的名校纪念杯，UBC，Washington，UCLA，和 Stanford，4 月再添一个朋友带回的 harvard，就满五了。《一个穷学生的旅行日记》用的全部是英文。要写完，真可以成一本小书了。

回到温哥华后的生活，依旧是郑珍①。但是多了一个主题，就是语言学习。和最初的三个月不同——当时带着紧迫的论文的任务，更多把时间投入专业学习中——这三个月，除了按部就班继续完成之前的研究计划，更增加了一项英语学习的内容。每周三节次英语课程（每次三小时），咖啡馆里看报纸，路上塞耳机听新闻，厕所里念《读者文摘》，睡前读《圣经》。周末看电视、看电影。感觉自己是有点突飞猛进的势头。加之又结交了不少朋友，常有聚会，原先快如电光火石却毫无意义的电台噪声，逐渐变成了了历历可数字字珠玑的天籁之音。如今才深有体会，语言真是一门“习得”的艺术，而不是“学来”的技术。

---

① 郑珍，清代诗人。

我想趁着这剩余的半年，抓紧学习语言。为今后学术交流，阅读原版书籍，发表英语论文，参加英语会议，适应国外生活而打好基础。换言之，论文哪里都可以做，语言环境却机不可失，时不再来。

时间如流水。

3 月，叶嘉莹教授抵温，我已经联系上她。马上就能与她相见。

4 月，我先生会来温哥华。正好赶上 4 月 12 日复活节，热心的教会甚至提议为我们举办小型教堂婚礼。

5 月，施教授会展开他的行程，上海——北京——贵州——上海。我先生会与他见面。真是开心的事情。

7 月，叶教授会在温哥华开讲，翘首以待。

8 月底，我将启程回国。

9

和谐的人际关系

亚里士多德说过：能独自生活的人，不是野兽，就是上帝。人际关系在人的发展过程中，具有不可替代的作用。然而，人是复杂的，人与人之间的关系就成了复杂的平方。陷在一个人际关系之网中，我们常常如坠五里云雾。“他没讲外语，他说的话我句句都能听清楚，但就是不知道他在说什么。”本想“立异以为高”最终却“久假而不归”。你说“一俊遮百丑”，他说“绣花枕头一包草”。酒逢知己千杯少，话不投机半句多。有的人一见如故，有的人认识了几十年却永远是点头之交。有的人走到哪儿，都众星捧月，有的人无论在什么样的场合，都格格不入。礼尚往来，投桃报李是人之常情，可有的人总感到委屈：他为什么总不知好歹，我为什么总好心没好报？在人际交往中，为什么有那么多的冲突？大家都认为自己有理，对方执迷不悟，都认为自己付出的多得到的少，都认为自己在吃亏，这是怎么回事？本章将围绕一些重要的人际关系理论，讨论心理健康的问题。

第一节　人际关系与心理健康

一、人际交往是人健康成长的基本条件

人际交往是人健康成长的基本条件。正如弗洛伊德所言，人伴随分娩而产生的基本焦虑，只有依靠他人才能得到缓解，在他人的轻轻拍打、安抚下，他得到了拯救。而马斯洛认为，人人都具有这样一种基本需要：他需要归属于一定的社会团体，他需要得到他人的爱与尊重，这些社会需要是与吃饭穿衣等生理需要同等重要的缺失性需要，它非得满足不可，否则，将使主体丧失安全感进而影响心理健康。社会学与人类学的研究更是肯定，群体合作具有生物保存与适应的功能，如果没有群体的合作，不仅是人类，许多生物都将灭绝。马克思也说：人的本质是各种社会关系的总和。没有了社会关系，人的本质也无从规定。

费斯丁格的社会比较理论认为：亲和行为可成为消除不协调的一种有效工具，因为进入群体，当人们在一起互动和讨论时，可引入消除不协调的认知因素，如，新的信息和意见，从而使焦虑大大减轻。心理学家沙赫特通过实验证实了这一点。他的实验以女大学生为被试，将被试分成两组。高焦虑组，被告知将接受比较厉害的电击，尽管不会造成永久性伤害；低焦虑组，被告知将接受很轻的电击，只会产生发痒或震颤的不舒服感。焦虑唤起后，休息 10 分钟，休息方式可选择：独处或与他人集中等待。实验结果为：高焦虑组选择和他人一起等待的占 62.5%，而低焦虑组的只占 33.5%。实验结果说明：亲和的倾向，随焦虑的增加而增加。

许多人际交往理论强调交往的功利价值，比如，社会交换理论、得失论等。日常生活中，人们对人际交往重要性的理解，也多停留于这样一种实用主义的水平。多个朋友多条路，是这样一种观点的最通俗的注

解。但著名的心理学家罗杰斯提出的人际关系哲学却强调人际交往对个体成长的意义。罗杰斯是基于自己的成长经验得出这一结论的。罗杰斯出生于一个虔诚的宗教家庭，因为周围的邻居都是异教徒，所以从小罗杰斯就被父母关在家里，不让罗杰斯与邻居的孩子一起游戏，罗杰斯感到非常孤独。这样一种离群索居的童年生活使罗杰斯非常渴望友谊，在他人看来非常普通的人际交往，在他看来都非常珍贵。于是，他后来创立了自己的人际关系理论，将人际关系上升为一种哲学。他认为，人与人的交往是可能的，人们不仅可以交流思想，而且可以分享许多隐秘的情感：对未来的梦想、内心的感受、隐秘的冲动……人际交往不仅是可能的，而且是有益的。通过沟通，可以相互启迪、丰富彼此人生；在友谊关系中，人们相互接纳及彼此探索，可以促进个人的成长，满足其自我实现的需求。

一般说来，随着人所承担的社会角色越多，参加的社会活动越广泛，人的发展就越丰富、越全面。许多大学生有这样的体验，有了一份家教，找到一份兼职，很快会感到生活的一份新的意义，对自我成长的一份新的要求。从更远的角度看，人一辈子不谈恋爱，不结婚，不生孩子，他的发展必定是有局限的、不充分的。

人际关系不仅是人健康成长的基本条件，同时也是治疗心理障碍的一个重要资源。各种严重的精神障碍及危机的干预，方法不同，技术各异，但有一个共同点，都需要配合支持治疗。所谓支持治疗，其中最重要的支持是来自周围亲人与朋友的关心与理解。当你感到悲观失意、抑郁不快时，有亲人的安慰与关怀，你会感到精神的慰藉与支持，从而获得战胜困难的勇气；相反，如果亲人冷言冷语，也许会使你跌入失望的深渊，甚至走上轻生的绝路。

二、制约人际关系的一些因素

任何一个因素对人际关系的影响都是复杂的。空间距离无疑是制约人际关系的一个重要因素。许多人认为，空间距离的接近，可以增加人际吸引，其实，距离的远近对人际关系的影响非常复杂。一方面距离的接近可以增加交往的频率从而使关系更密切，所以，远亲不如近邻；另一方面距离的接近也可能增加冲突的机会，从而使关系破裂，所以，又有“远香近臭”之说，还有人提醒：同事之间不能走得太近。而且，现代都市还发展了一种很奇怪的人际关系：熟悉的陌生人。每天早晨6点在同一个站头等车的乘客，天天见面但从不交流，甚至有时忘记戴表，宁愿去问匆匆走过的路人，也不愿意问近在身边的等车人。在同一幢高层公寓工作的上班族，上下电梯，挤在一平方不到的狭小空间，但大家故意将目光虚化，尽量避免目光接触。

相似与互补对人际关系影响的复杂性表现在，相似与互补都可能成为人际吸引的因素。相似性可以增加彼此的共同语言，产生情投意合、幸遇知音的感觉；而互补性则可以满足控制与相互依赖的需求，使人际关系更加稳定。但无论相似与互补，都应该注意其长远的微妙心理变化。门当户对的恋人应该避免因为太熟悉而降低吸引力；而互补型的交往应该警惕不平等，注重沟通与交流。

外貌是人际关系中一个非常重的砝码，对人际交往将产生明显的晕轮效应，即将外貌泛化，忽视许多其他方面的特征。但这一点许多人不愿承认，甚至要有意无意地加以掩盖。仿佛承认了这一点，就意味着自己很浅薄。实际上，爱美之心，人皆有之。漂亮的外表对任何人都具有不可抗拒的吸引力，也都会对人际交往产生实实在在的影响，这些影响林林总总。重要的不是回避这种影响，而是警惕因外貌而产生的晕轮效应会对自己的交往产生什么样的影响？

比如，

如果我天生丽质，那么我应该警惕：人们是不是因为漂亮而对我特别宽容，因此助长了我的骄横无礼？我是否因此而放松了自我的内在素质的提高？

如果我不漂亮，那么我是否因此而自卑，因此在人际交往中缩手缩脚，从而使我雪上加霜，在人际交往中更加没有吸引力？

如果我准备追求一个漂亮的同学，那么，我应该反问：她跟我真的合适吗？我是否淡化了她或他的一些致命的缺点？

如果我的朋友不漂亮，我是否在无意中轻视她，或对她过于苛刻？

为什么我与朋友单独相处很融洽，而一到公众场合就常闹别扭，是因为我觉得她丑而有心理压力吗？如果是，我应该怎样面对？

科克霍夫曾经提出“人际关系过滤假说”，在交往的不同阶段，起作用的因素不同。最初阶段，相似性最重要，相似的距离，空间的挨近，使你们能够彼此接近。然后，靠价值观来维系。再往后，互补性越来越起核心作用，否则就会产生“审美疲劳”。

三、人际交往中的认知失真

人际交往中有一些特殊现象，我们可以将其总结为如下三个方面：晕轮效应、刻板效应、自我服务倾向。

晕轮效应，指人际交往中将某个显著特征泛化到其他特征上，所谓“一俊遮百丑”“爱屋及乌”是也。这一概念最早是由心理学家桑代克提出的。我们从好或坏的局部印象出发，扩展得出某人全好或全坏的整体印象，就像月晕一样，是从一个中心点向外扩展成越来越大的光圈，所以他将其称为晕轮效应或光环效应。一般来说，引起晕轮效应的往往是一些非常显著的外在特征，比如，身份地位、交往风格、上面提到的外貌等。晕轮效应的失误在于以偏概全，人的表与里、现象与本质之间未必一致，我们在选择朋友、恋人的时候，要警惕晕轮效应，尤其是美貌对男性的迷惑，常常是一个美丽的陷阱。

刻板效应是指人在长期的认识过程中所形成的关于某类人的概括而笼统的固定印象。我们总是习惯于对人分门别类，然后，用某个特征指代。比如，商人见利忘义，女人的名字叫弱者，北方人豪爽，南方人精明，绣花枕头一包草，如此等等。刻板印象实际上是一种心理定势，有一定的概括性，但也常常导致偏见。

自我服务倾向是指在对他人的行为进行推测与判断时，往往从自身的经验与体会出发，以己度人。这种推测与判断往往存在偏差，因此导致交往双方的矛盾，比如，合作行为中的自我中心偏向：两个人都认为自己做的家务多，自己对家的贡献大，感到自己吃亏。而这也会带来交流的困难，“你想说什么?”“你实际上说了什么?”“别人听到什么?”“别人认为他听到什么?”“对你所说的，别人怎么想?”“你对别人听了你说的话之后做的回答怎么想?”所有这些，就像绕口令，但它们确实说明交往双方对同一个问题的想法差异很大。

四、人际互动：循环关系与双重标准

心理学家阿诺森与林德曾做过一个实验：让实验员假装成被试，与真被试交往，真被试会在“偶然的”情况下听到假被试对他的评价，第一种实验情景，安排假被试说真被试的好话，表达对真被试的喜欢。第二种实验情景，安排假被试说真被试的坏话，表达对真被试不喜欢。最后问真被试，他如何评价假被试?结果表明：评价是对等的，第一种情景下的真被试，对假被试的评价是肯定的，而第二种情景下的真被试，对假被试的评价则是否定的。实验说明，人们有一种心理倾向：喜欢那些喜欢自己的人。人际关系常常是一种对等互动的关系，它要么良性循环，要么恶性循环。

这种人际互动还有一种特殊的表现；两价性依赖与限制。一般我们认为弱者依赖强者，雇员依赖老板，孩子依赖大人。其实依赖往往是双向的。老板也会依赖雇员，大人也依赖孩子。在咨询中常常碰到这样的情况，家长带着孩子来咨询，说孩子依赖性太强，不独立，于是咨询员为他们制定一套完整的孩子独立的方案，但这一方案的实施却阻力重重，而且，这一阻力往往不是来自孩子，而是来自家长。他们已经习惯了孩子的依赖，一旦这种依赖突然消失，他们便会感到很失落，因为你越依赖我，我对你越具有潜在的权力。于是他又会在无意识中暗暗地努力维持这种依赖。

2005年11月到2007年6月，不到两年时间，河南省汝南县三个十几岁的孩子相继毙命，死于同龄孩子手下。迭发的青少年伤害案件，展现了一个异样的少年江湖。在青少年交友中，经常会出现一种奇异的组合：欺负者与被欺负者相互依赖，不良交友被误认为友谊。虽然被害者赵帅的父母对孩子的不良交友已有觉察，但当赵帅被打伤时，他会故意隐瞒："俺自己磕的"，"俺们耍着玩哩!"对那些少年恶霸，他们不是避而远之，而是为"靠上一个好老大"而高兴[①]。

有一个关于弗洛伊德的故事。某一天，一男子来找弗洛伊德，为弟弟咨询。以下是他们的对话：

——你要救救我弟弟，他老觉得自己是母鸡。

——你把这药给他吃掉，他就不会再觉得自己是母鸡了。

——不过，你在治好他的同时，还要他下蛋。

既要他不做母鸡，又要他生蛋。这是人际互动中一种很值得注意的现象，它造成了我们交往中的双重标准，一个是意识的，一个是潜意识的，这两重标准往往有内在的矛盾和冲突，值得交往的双方警惕。

第二节　交往分析理论

一、PAC 理论

交往分析（transactional analysis）理论是心理学家伯恩于1957年首

---

① 徐楠．汝南少年杀人事件［N］．南方周末，2007－04－12（A6）．

先提出来的。交往分析理论又叫 PAC 理论。他认为，每个人的个性中都包括三种成分，就好像一个人身上的三个小我：父母（P）、成人（A）与孩童（C）[①]。“交往分析”的最大优点在于它的通俗易懂。它是精神分析的通俗化，他理论中的这三个核心概念的原型，实际上来源于弗洛伊德的超我、自我与本我[②]。

父母（Parent，简称 P）身份以权威和优越感为标志。通常表现为统治人、训斥人等权威式的作风。这种状态学自父母与其他权威人物。当一个人的人格结构中 P 成分占优势时，他的行为表现为：凭主观印象办事，独断专行，滥用权威。这种人讲起话来总是“你应该……”“你不能……”“你必须……”

成人（Adult，简称 A）身份表现了客观与理智。其行为表现为：待人接物冷静、慎思明断、对自己负责、对他人尊重。其语言特征为：“我个人认为……”“我的想法是……”

孩童（Child，简称 C）身份像婴儿的冲动，表现为服从和任人摆布，喜怒无常，感情用事，一会儿天真可爱，一会儿乱发脾气，让人讨厌。他的表现都是即兴式的，不负责任，追求享乐，玩世不恭，遇事无主见，逃避退缩，自我中心，不管他人。这种人讲起话来总是：“我要……”“我想……”“我不管……”“我不知道……”“我就是要……”“我有什么办法……”

在 P、A、C 三种成分中，P、C 具有盲目性、被动性与两面性，而 A 具有自觉性、客观性与探索性，他致力于弄清事物真相、事物间的关系与变化规律，他能够站在别人的角度审视自己，具有反省能力。

---

① E. Berne. 人间游戏——人际关系心理学［M］. 田国秀，曾静，译. 北京：中国轻工出版社，2006：11.

② 俞文钊. 管理心理学［M］. 兰州：甘肃人民出版社，1989：427.

二、三种成分的关系：污染、整合与排斥

不同的人有不同的人格，人格的差异在于三种成分的组合与关系各不相同。这种关系表现在污染、整合与排斥三个方面。

污染指三种成分中的糟粕或消极面互相影响。孩童成分和父母成分像其他许多事物一样，具有两面性。孩童成分污染了成人成分的主要表现是：不负责任，只顾自己享乐，不管他人，玩世不恭的态度，依赖、自恋、沉溺于自我欣赏，根本不关心别人，吸引别人的注意等。父母成分污染了成人成分的主要表现是：对人求全责备，强求禁忌多，倾向于惩罚，对别人过分保护然后自视有恩于人，自视高人一等因而产生特权观念，看不起别人，似乎别人都不行。

整合则是指吸取各种成分的精华和积极面，去掉它们的糟粕或消极面。孩童成分整合进了成人成分的主要表现是：天真可爱、友好合作，灵活性，想象力和创造性，乐观精神等。父母成分整合进了成人成分的主要表现是：原则性，道德情操，关心爱护他人，服务精神和献身精神等。

除了污染和整合以外，三者之间的关系还有一种形式，叫做排斥。反社会人格是排斥父母成分的一种表现，强迫人格是排斥孩童成分的一种表现，而如果排斥了成人成分，那就是精神病状态。

三、最佳发展：整合、适时、适度与弹性

三种成分都可以发展不充分，也可以是过分、过早发展的。作为健康的人格，应该是适时、适度、弹性与整合的发展。所谓适度的发展，即既不缺乏，也不过度。适时的发展是指与实际年龄相符合。一个三岁孩童，说话行为一副成人样，肯定不健康。而已为人父为人母，却还终日无所事事，喜怒无常，则他的心态还停留于三岁孩童。弹性是指与不

同的人相处，需要呈现不同的性格侧面，在同事面前像成人，在男友面前像孩童。一个成人，既客观冷静，又有父母的原则与孩童的天真，那样的整合将是人格的最理想状态。

四、交往分析：不成功的交往与成功的交往

PAC 理论的最大好处，是可以对交往进行分析，通过对交往过程中双方的心态进行分析，可以区分出不同的交往组合。

当交往双方的相互作用构成一种平行关系时，交往就是可持续的，对话可无限制地继续下去。这种交往有 6 种具体形式：P—P、A—A、C—C、C—P、A—P、C—A①。

当交往双方的相互作用构成一种交叉关系时，交往不能获得预期的反应，双方就会产生矛盾和冲突，信息交流就会中断。这种交往有 4 种具体形式：AA—PC、AA—CP、PC—PC、CP—CP。

什么样的交往最好呢？中断的交往肯定不好。可持续的交往能够保证交往的进行，这是我们交往进行的一个起码条件。但是，在平行交往中，又可以进行具体分析，每一种交往对交往双方的成长作用都是不一样的。P—P 双方都自以为是，这不顺眼，那也不好，双方谈得很投机，但都在指责别人。这样的两个人，一直在一起交往，久而久之，会互相助长偏激苛求的性格。C—C 交往则有些同流合污的味道，“今天晚上有电影泰坦尼克，我们选修课不去了吧”“好呀，我去想办法弄张假假条”，两人一拍即合，但都不负责任。C—P、A—P、C—A，均属于互补型的交往，我期望对方的，刚好是对方回应的。“哎呀，我的头好疼啊！”“你赶快回去休息，你的笔记我帮你抄，作业我帮你做。”这种交往因为互补，所以能够持续，但却潜藏着不平等与依赖，长此以往，也不利于交往双方的发展。只有 A—A 交往是最健康的，大家都本着负责

① E. Berne. 人间游戏——人际关系心理学［M］. 田国秀，曾静，译. 北京：中国轻工业出版社，2006：18.

与尊重的原则，力图合情合理地解决问题，因此，A—A 交往是最成功的。

五、依据 PAC 理论，改善人际交往

在日常生活中，经常进行交往分析，可以了解交往中，自己和对方的行为出自哪一种心理状态，然后争取消除信息交流中的心理障碍，建立互信、互助的关系，将不成功的交往扭转成为成功的交往。在一般情况下，“成人”的心理状态是解决问题的主要途径。当交往中出现矛盾冲突时，其中一方能够及时地将自己的角色调整为“A”，有时候就能够奇迹般地转化矛盾，解决冲突。因为“A”的刺激，往往会诱使“A”的反应。所以我们要不断强化自我的成人心态。

当然，生活是多彩的，人也是多种多样的。人本来就具有多重人格，有时很感性，有时很理性，有时很任性、很顽皮，有时却很有责任感，很理智。虽然 A—A 交往是最理性、最健康的。但在不同的情景下，往往需要我们扮演不同的角色。当一个人处于困难中，或许你以 P 的身份出现更加合理，因为此时此刻，他更需要你的关怀、帮助。而你由于长期的工作、学习重压，情绪高度紧张时，不妨以 C 的身份，舒缓一下心情，放纵一下，任性一次，沉浸于童趣之中，岂不也好？一位老师，在学生面前，除了要表现出 P 的责任感、A 的理智感外，适当地表现出一点 C 的童稚与率真，可能更受学生欢迎。当然大多数情况，都要求我们以 A 的身份出现。

六、四种生活态度

哈里斯在伯恩的理论基础上，提出人生的四种态度即：“我不行，

你行”“我不行，你也不行”“我行，你不行”“我行，你也行”①。

哈里斯对四种生活态度的解释带有明显的精神分析特征，所以他赋予“行”与“不行”以特殊的含义，而且这四种生活态度本意上是一个发展概念。哈里斯认为，孩子在接近两岁，有时是在两岁时，就已经选定了前三种见解中的一种。“我不行——你行”，这是基于人生第一年的生活经历所做出的最早的试探性结论。在第二年末，这个结论要么得到证实被固定下来，要么则让位给见解2（“我不行——你也不行”）或是见解3（“我行——你不行”）。一旦这种见解得以认定，孩子就会始终保持这种见解，并用它来支配自己的全部行为。这种状态将伴随他的一生，除非是他在以后的生活中有意识地将它改变成第四种见解。人们不可能反复改变自己的见解。前三种见解是婴儿在具备语言能力以前得出的，它们是结论而不是解释。

哈里斯认为，“我不行，你行”是在人的发展中最早形成的记录，即使对有“幸福的童年”的孩子也一样。在生命的最初两年内，在变幻无穷的世界里，婴儿常常处于不平衡的状态中，由于儿童的弱小、无知、笨拙、依赖性，他们体会到的多是消极的情感，沮丧、抵触、自弃、压抑，使婴儿最终认定自己“我不行”。当然，儿童中也存储了大量积极信息，如，好奇、创造、探索、识别的欲望与触摸和感知的强烈要求。但压抑感远远超过积极美好的情感。

一旦一个人形成了“我不行，你行”的人生见解，就容易听任他人摆布，渴望他人的爱抚与承认。当他们开始蹒跚学步，被亲人爱抚的机会也就随之减少，受到的体罚也越来越多，这时孩子就会断言“我不行，你也不行”。他拒绝大人抱他，宁愿一个人躺着。如果孩子受到父母虐待，甚至毒打，孩子在“自我安抚”的过程中就会形成“我行，你不行”的结论，这里包含着强烈的报复与犯罪心理。一些幸运的孩子在生命的早期得到大量的帮助，并不断地被置于一种使他们能够证实

---

① 哈里斯．我行，你也行［M］．杨菁，等，译．北京：文化艺术出版社，1988：44.

自己与他人价值的环境中，他将顺利地获得“我行，你也行”的见解。这是一种成人式的生活态度。这是宽容精神和乐于接受的表现，既宽容接受自己的弱点，也宽容和接受别人的弱点，也只有这样，才能既尊重别人，也尊重自己。

四种生活态度之说是一种通俗易懂也相当深刻的概括，它对我们每一个人待人接物的得失是非都富有很强的解释力。对自我的认识，我们经历了一个从否定到肯定的过程。而对他人，我们的认识经历是肯定——否定——再肯定的过程。然而，许多人一辈子都不能完成这样一个认识上的全过程。所以哪怕是成年人也常常有前三种生活态度的表现。而这些不成熟的表现常常成为人际冲突的祸根。在“你行，我不行”这样一种妄自菲薄与“我行，你不行”这样一种狂妄自大之下，人际交往将必然是“有赢有输”；“我不行，你也不行”这种悲观绝望的心态下，人际交往可能呈“双败”局面；只有在“我行，你也行”这种积极乐观的心态下，人际交往才会“双赢”。

你的生活态度属于哪一种呢？

第三节　自我三层理论

一、自我三层理论

美籍华裔学者许烺光教授提出了他的心理社会稳态学说。他认为，人的意义只能从人际关系中去寻找，离开人与其他人和事的关系，人就变得不可理解。而人与其他人和事的关系主要体现在那个人对别人及事物的情感卷入的强度，因此，根据这种情感卷入的强度可以将自我分成三个层次：深层、中层和浅层①。

① 马赛拉，等．文化与自我［M］．九歌，译．南京：江苏文艺出版社，1989：43.

自我的深层可以叫做亲密层，指每一个人都感到最亲密的那一部分外在世界。作为自我深层所依托的对象，个人对他有最强烈的感情，可以无话不谈，无需任何戒备，也不用担心会遭到拒绝、厌恶和鄙视，可以从他那儿得到安慰、同情和支持而绝无丢脸之虞。总之，他是完全可以信任的，个人和他是互相充分理解的。个人对深层的需要就像他对食物、水和空气的需要同样重要。如果一个人的深层得不到这种人作为依托，个人便会用神、物或一定的观念等作为替代，并对这些事物倾注感情。自我深层所依托的对象若突然丧失，会给个人带来巨大的创伤，使个人感到无所适从，严重的还会出现心理问题甚至精神症状。亲密关系是超奖惩的。

自我中层可以叫做角色层或支持层，它以角色关系为特征。这跟上面把深层描述为感情关系显然不同。但这并不是说深层的人物没有角色关系和中层里没有情感关系，而只是说，深层的激情关系更重要更强烈，而中层里的角色关系更重要更普遍。位于中层的人、观念和事物对个人很有用，但并没有依恋感情，因为同一角色完全可以由不同的别人扮演。确实，教师必须有学生，老板必须有雇员，当官的必须有下属，商人必须有顾客，但我们无需某一特定的人作为角色关系人。长期稳定的角色关系总是带有感情的，例如，同窗四载，毕业分手难免有惜别之情。这说明，自我中层的变化可以引起一定的情感反应，但没有深层变化那么强烈。服饰和仪式属于自我的中层，它们体现社会规范和人与人的角色关系。自我中层的角色关系跟社会规范密切相联，也就跟奖惩和利害分不开。

自我浅层可以叫做工具层。该层的个人联系是可有可无的、偶然的、短暂的，例如，火车上的邂逅，舞场里的舞伴，交往中的逢场作戏。即使有长期联系，也是无关宏旨的[1]。

---

① 许又新．心理治疗入门［M］．贵阳：贵州教育出版社，1993：72－73.

二、自我三层与心理健康

北京大学第六医院许又新教授将自我三层理论与神经症和心理治疗联系，论述了自我三层理论对心理健康的关系，对我们很有启发。

神经症的特征是：对一切东西都赋予过多感情，结果导致深层空虚，中层拥挤。神经症患者具有丰富的情欲资源，所以他们对一切人与事都赋予过分的情感成分，这样反而使他们不能与任何人建立亲密关系，不能建立超越角色和利害关系的感情关系。他们极力想建立这种关系却做不到，就好像一大群人挤公共汽车的情景，所有人都拼命挤，个个争先恐后，结果将车门堵死，尽管车子里很空，但却谁也上不了车。其结果必然是：深层空虚、中层拥挤并伴有强烈的冲突，这种冲突部分地是自我中层角色关系与情感关系的冲突。对这些人的治疗，可以采取疏导治疗，帮助病人把自我中层的内容疏散一部分到自我浅层去。如果病人果真能做到，把自我中层的人和事淡化，看做只不过是工具而已，他们也就不会那么认真，心理的冲突也会得到缓解。日常生活中劝人想开一些看透一些，实际上也就是达到这一疏散的目的。

类分裂人格与神经症一样，自我处于孤立状态，甚至比神经症患者有过之而无不及，他们的自我深层也是不充实的。然而，类分裂人格与神经症大不相同。类分裂人格的情欲资源是贫乏的，他们的动力不足，因此，他们可以安于孤立状态，并不作什么努力与奋斗。他们消极逃避，玩世不恭，不修边幅，举止怪异，实际上是把属于社会规范的东西大多当做工具对待了。

不少人的自我深层也相对空虚，但绝非病态。秘密似乎在于，自我的中层和浅层随着处境的变化而经常变动，因而不致使自我中层过分拥挤，也就不发生角色关系与情感关系的尖锐冲突，他们有着更强烈的实用主义倾向，自我深层的空虚就不会使他们感到不自在①。

自我三层理论及其与心理健康的关系对我们理解许多人和事具有重要启发。笔者认为，心理健康表现在人际关系上的特征，就在于能够分清亲疏远近，将它们分别纳入自我的三个不同层次，使它们排列有序，既不混淆，也不颠倒，各就各位，否则，心理冲突就在所难免。

三、内在资源与自我三层

笔者认为，自我三层的分析有一个缺陷：没有分清内在资源与外在资源的关系。它仅仅是从人际关系的角度规定自我，其实，这只是一种外在资源。同样是自我三层混乱，但在内在资源不同时，将会有本质上不同的表现。我们用以下两个案例说明。

首先以胡河清的例子来分析。胡河清是华东师范大学中文系的一位青年教师，钱谷融的博士。曾经有人说，华东师大中文系之所以具有如此活力和影响，是因为有两个奇人，一个叫李劼，还有一个便是胡河清。然而，就是这样一位极富潜力的青年学者，却在一个大雨滂沱、电闪雷鸣之夜，从他所住的高楼，一跃而下，结束了他34岁的年轻生命。李劼在纪念他的文章中，对胡河清的死因进行了分析②。

我的一个朋友说：胡河清不是一个孩子，而是一个婴儿。因为是婴儿，所以特别没有自卫能力，特别容易受到摧折……按照我的体味，胡河清的撒手，不在于存在的空缺，而在于爱的阙如。作为一个婴孩，胡河清有着一颗赤诚的爱心，而且爱得古色古香。逢时逢节，他会画一杆清竹或两叶幽兰赠送友人。外出旅游归来，他会给朋友送上一张风光奇特的风景照片。一次他郑重其事地拿出一枚清代的茶具赠我，并说一共只剩两枚，彼此一人一枚。此情此景，颇像两个孩子共享一种玩具，又

① 许又新．心理治疗入门［M］．贵阳：贵州教育出版社，1993：75．
② 胡河清．胡河清文存［M］．上海：上海三联书店，1996：322．

有类于古代小说中的哪个友谊场面。胡河清在爱心上的这种纯粹，也同样表现在他对人对事的直言不讳。有一次我带一批一直想结识他的朋友造访他，言谈之间，他对他们直直地说道："我看你们太海派了"。致使对方大为尴尬。"海派"在胡河清的词典里是个贬义词，一般说来，他不轻易对人使用这个判断。

与每一个充满爱心的凡人一样，胡河清同样渴望被爱。或许由于他上一代人的情感离异在他心理上造成的伤害和阴影，胡河清对异性之爱从来抱着绝望和不屑的态度，然而，与此相反，他如饥似渴地寻找着同性之间的友谊。每每他交上一个他认为有才华的朋友，总要兴奋地向我描述一番。并且，完了又总要加上一句，他在交友原则上与我不同，将才华的有无放在第一位，而不以道德情操是否高尚为然。而且，他认为有才必有德，有德却未必有才，在才德之间，才是首要的，德则在其次。他的这个交友原则也许一直到他受了某些有才华的朋友的伤害之后，才有所动摇。但他不好意思直接向我表述，而是告诉我周围的朋友说，与某人相处就是不比与李劼在一起来得愉快。我现在很后悔为此没有及时给他既坦诚又尖锐的忠告，致使他终于在交友上受到了致命的伤害。

在《纪念胡河清君》一课上，有关他的死因，我说了两句话，一句是关于自杀谋杀的判断，一句则是关于他自身弱点的痛惜。这个充满爱心的人不仅死在爱的阙如上，而且死在他后来以智求爱，以心受之的求爱方式上。爱本应是心的交流，但胡河清由于在寻找友谊时过分地重才轻德，使他后来的交友逐渐忽略了对方在心灵上的高贵与否。尤其是他接触了术数之后，有关术数的交流一度成为他的一种寻友求类的途径。我把他的这种交友方式称为以智求爱，即以智术求爱。然而，倘如他以智求爱，以智受之，也不会伤至致命；在此致命的是，他恰恰以心去领受他以智求得的"爱"。须知，以智相求是求不到爱的，只能求到相应的智术。一旦求者以心受之，智术便以固有的利刃刺破了一颗美丽的爱心。

他不以降龙为然，而志在打狗。他认为，龙是神物，本不可降。相反，天下最让人受不了的是恶狗之多，因此他力主打狗，并且为36路打狗棒法的最后一路最后一招击节不已，叫做“天下无狗”。他对恶狗的痛恨，与他对无才小人的厌恶是一致的。在他心目中，龙即便是恶龙，也毕竟是龙；但狗一旦成为恶狗，就应超度了去。

用自我三层理论分析胡河清的人际关系，可以看出胡河清明显的神经症特征。按照自我三层理论分析，胡河清的深层是空虚的。没有父母之爱，没有手足之情，更没有一个属于自己的温馨的家，唯一疼爱他的祖父离他而去，和他一起生活的姨婆也去世了。有人说，如果胡河清有一个温暖幸福的家、一个嗷嗷待哺的孩子，甚至一个久病在床的老人需要他照料，他就不会走上绝路。亲密关系的存在不仅给人带来慰藉，同时也让人感受到责任。而在我看来，以上分析仅仅是从外在资源的角度分析的。胡河清自我深层的空虚不仅来源于外在资源的缺乏，更重要的来源于外在资源与内在资源的对比。他拥有非常丰富的内在资源，他的爱心是那么的纯粹，那么的赤诚，爱得那么的古色古香。这份丰富的内在资源使他的自我深层空间非常广阔。然而，这个广阔的空间里外在资源却少得可怜，几乎是一贫如洗，这样一种强烈的对比，更显出其深层的空虚。胡河清的自我深层的空虚不仅来源于形式上的缺乏，而且来源于体验的深度与期望的高度，体验愈深，期望愈高，他也就愈感失落，理想境界与现实间的差距越遥不可及。他对一切的人与事都投注全部的感情，他纯粹、正直、至诚、至善，始终执著于自己的理想。他爱憎分明，不虚伪，不媚俗。他并非不谙世事，却绝不降格以求，更不屑于旁门左道的蝇营狗苟。因此世俗的委琐、无才小人的可恶、一代文运的不振，都使他浸泡于浓酽的痛苦之中。他希望大千世界如他想象一样地清净纯洁，近乎苛刻地希求达到“天下无狗”的境界。他心里的痛苦与冲突都是由这种人格的纯粹及对这种纯粹的执著而伴生的。这种执著，使他对自己近乎清教徒般地苛刻和严厉。内在资源的丰富，又赋予他强烈的超越意识。所有这些，都是典型的神经症的特征，按照霍妮的分类，他同时兼有自恋型与完美型的神经症人格：偏激刻板，缺少弹性，分不清亲疏远近，强求公正与完美。当他感到心灵深处找不到任何亲近的人时，他便把重心转向术数。这是许多神经症人格最后的避难所。因为现实的无情，他们最终都会转入追求神秘事物。然而对术数，他的态度也是矛盾的：以智求，却以心受，这又是他心理冲突的另一来源。心灵的最终避难所也不能给他以安宁，他还能如何呢？由于自我的浅、中、深三层的这种混乱关系，以及内在资源对外在资源的压迫，最终必然导致自我的崩溃。

还有一个案例则从另外一个方面揭示了内在资源与自我三层的关系。

小黄接到一个长途电话："小黄，你好。我是小郁。怎么？你不记得我啦，怎么可能呢？"

（小黄想起来了，这是她本科时的一位校友小郁，比她低一年级，在校时有过不多的两三次交往，毕业以后就一直没有联系。）

小郁："我们这破学校，根本不是人呆的地方，你看，毕业都快十年了，我连一个讲师还没评上。你要帮帮我。"

小黄："我怎么帮你呢？"

小郁："听说你在当编辑。我需要一篇公开发表的文章才能评讲师，只要3000字以上就可以。"

小黄："这个好办，你写一篇文章寄过来，能发我总归尽量帮你发。"

小郁："我忙得不得了，根本没时间写，你帮我写一篇吧，或者我出钱，你帮我买一篇。"

小黄："这怎么可以呢？你先写一篇试试，不好，我可以帮你改一改。"

小郁："毕业这么多年，学的东西都忘得差不多了，你就帮帮我吧!”

小黄:“你到图书馆查查资料，翻翻报纸。一篇3000字的文章还是很好写的。”

小郁:“我们这地方根本没有任何资料，我真的写不出来，才想着来请你帮忙。”

小黄:“我也很想帮你，可是我也很为难。也许你对上海情况不太了解，各方面规章制度都很严格，我不愿意做违反规定的事情。更何况，现在上海竞争很厉害，我们杂志社经常有人被炒鱿鱼，要是我像你说的那样做，领导发现了，我就得下岗。别害怕，试试看，你本科也读了四年，写一篇这样的文章还是不难的。”

小郁:“你不愿帮忙就算了！再见!”

半个小时以后，电话铃响，又是小郁。

小郁:“我写了一段话，想念给你听听。”

“小黄，我没想到你会说这样过分的话来刺激我。过去我把你想得太好，我一直把你看成是我最好的朋友。你读书时对我实在是太好啦，借我10块钱也不要我还，这件事我一直记到现在。我是走投无路了，才来请你帮忙的。想不到你对我说这样的话，什么写这样的文章小事一桩，什么要害你下岗了，好像我跟你有冤有仇似的，我又没欠你什么，你干吗要这样刺激我?”

小黄不理解小郁的反应为何如此激烈，但看小郁已经激动得不能正常说话，要靠念纸条来表达，连忙道歉:“对不起，刚才我有些话可能说得不好——”

“嘟——嘟——嘟——”没容小黄再说，电话早挂了！也许小郁不想再听小黄“刺激”的话了。

很显然，小郁在人际交往中对亲疏远近的把握也是不现实的。她的自我三层的关系非常混乱。她轻易地把属于角色层、甚至工具层的东西纳入亲密层，说明她的自我深层非常空虚，但这种空虚与胡河清完全不同。她的内在资源非常贫乏，她可以依赖的东西、可以安慰她灵魂的东西实在太少，所以她经常随手乱抓“救命稻草”。一旦发现稻草救不了命，她便会采取过激的方式自我保护。

第四节 群体行为的特殊性

一、群体中行为的特殊性：群体动力论

我们可以把人际关系分为两类：一种是直接的、明确对应的关系；另一种是间接的、非对应的关系，前者会明确地影响我们的人格与成长，而后者对人格的影响不很明显，但它会影响我们的行为，尤其是这种影响通过群体的方式发生作用时，其影响力也不容小视。下面的案例，是笔者的一位学生亲眼所见的一段骗人经历。

江湖街头诈钱术

胡志华

俗话说：吃力不赚钱，赚钱不吃力。在中国古老的江湖乞讨行当中也不例外。新春伊始的长风公园门口的一幕，着实让笔者大开眼界。

这天上午，笔者从师大后门出来，听得鞭声清脆划过上空，循声走去，三男一女像是走江湖的，一男拽着长长的鞭子，抽得水泥地“叭，叭”地响，鞭后一光膀汉，一女红色紧身短打，跟着鞭子后一个劲地做后手翻。行人如磁铁般围拢过来。大约两三圈筋斗后，止，长鞭继续响——不亚于迎新娘的鞭炮！此时，一老者，手持白灰，跟在鞭子后划圈——像田径场划跑道那样。白圈画完，人群已里三层，外三层，而光膀汉与红女子在白圈内忙个不停。老者用白灰在空场上洒出 8 个大字“当场发功，免费治病”。此时，光膀汉指着第一排的一中年男子说：“你有腰椎突出病”，并问他：“你愿不愿意治病?”腰病人目瞪口呆。

在两边观众的推推搡搡中走进场子中间。光膀汉使出全身解数，又是呼气，又是喘气，手掌和脸都呈现猪肝色，转身到腰病人的背后一个前推掌，并大声吆喝，腰病人双腿颤抖，连声说："受不了！受不了！"光膀汉问："什么滋味？"答："酸麻难受！"光膀汉叫腰病人绕场一周，问："什么感觉？"答："腰不疼了。"光膀汉叫其退下。再指一民工模样的，说："你有胃溃疡？"答："是的。""你向前走五步。"在场中，一声吆喝毕，叫好声起，民工退下。划白线老者手持反着一面的锣，锣内有纸片无数，吆喝说："谁要治病请举手！"呼地，一下子许多只手都举起，老者绕场一周说："实在对不起大家，今天只治20人，明日请早。"话毕将多余的纸片点火烧掉。光膀汉出场，"拿到票子的请向前走5步，"话音刚落，鞭声又起，鞭子在20人与观众间抽响，画出了一道隔离带，鞭子不断地抽，隔离带越来越宽。显然，是趋赶这20人以外的人。笔者站在十来步以外的一个废物箱上继续窥探。光膀汉叫20人席地蹲下，光膀汉居高临下，说："气功治病，心诚则灵，有邪念不但治不好病，还会走火入魔。我要先考验一下你们，看看你们心诚不诚，好吗？""好！""那么，你们现在把口袋里的钱毫不保留地取出来，能做到吗？"众人遵命取出钱。光膀汉叫众人把钱卷成细长卷拿在手上。光膀汉说："我把你们的钱收走，你们心甘吗？"众人无声。光膀汉依次收走这些"细长卷"，依次夹到自己的八个指缝中——本事够大，左手指缝竟然夹了12个，右手8个，而且是依次有序！此时，光膀汉对着一个年轻人说："你很不老实，你口袋里还有钱！"年轻人红着脸取出钱：两张100元的，交给他。光膀汉说："还有人不诚，我不点名，自觉。"果然，一位戴眼镜的老人抖抖索索从内衣口袋里掏出钱，交给了他。光膀汉说："我能治病，也能发功叫你们不老实的残废！"光膀汉依次从指间取下钱，依次还给众人："本师傅不取不义之财，气功师是讲功德的。""不过，要是你们看到师傅今天早饭还没吃过，你们愿意请师傅吃饭吗？"众人答："愿意！"光膀汉又依次收钱，又依次夹到指间，狡黠地说："有谁不愿意，心里不情愿，可以要回的，有没有？”鸦雀无声。光膀汉又说：“我要的钱是你们心甘情愿的，是真心的！”话毕，四人跳上旁边的摩托车，扬长而去。等众人反应过来，四人早已拐进一条小巷，没了踪迹。

这些骗子为何诈骗成功？那么多的人为何稀里糊涂就上了当？最关键的一个原因在于群体行为的特殊性。人在一个群体之中，其行为将发生许多很微妙的变化。如果不警惕这些变化，就会在不知不觉中上当受骗。

心理学家勒温提出了著名的场论，认为一个群体就像一个磁场，它将形成一种特殊的群体动力，这种动力将对群体中每个人的行为产生深刻的影响。那么，这些影响表现在哪些方面？群体中的行为有何特殊性呢？

二、群体中行为的基本规律

人一旦置身于某个群体，其行为就会不知不觉地产生变化，这些变化表现在以下几个方面：权威与服从、群体压力与从众、强制威慑与操纵。

美国社会心理学家米尔格拉姆于20世纪60年代从事了一项有关服从行为的实验研究，被视为研究服从的经典性实验。米尔格拉姆告诉受试者，他们将参加一项研究惩罚对学习的影响实验。实验时两人为一组，一人当学生，一人当教师，学生学得不好，教师就给学生施以电击作为惩罚。在实验过程中，学生多次出错，教师给予电击的电压按规定一次次升高，教师可以看到、听到对面房间里的学生遭电击之后的痛苦状。一开始，学生发出轻轻的呻吟，随着电压值的升高，学生叫喊怒骂，然后哀求讨饶，踢打墙壁，最后停止叫喊，似乎已经昏厥过去。教师不忍心再继续下去，问实验者怎么办，实验者严厉地督促教师继续实验，一切后果由实验者承担。在这种情况下，有65%的被试服从了实验者的命令，坚持到实验最后，即使他们知道他们给予的电压已经能够致人死命。只有35%的被试拒绝执行命令。事实上，学生是由事先安排的假被试担任的，给“学生”作为惩罚的电击也是假的。实验结束后，实验者将真相告诉受试者，以消除他们内心的焦虑和不安。这一实验表明，即使是对于非常有限的权威，人们也有很强的服从倾向。他们可能不安，可能疑惑，可能焦虑，但他们还是服从。

服从是指个人按照社会要求、团体规范或他人意志而做出的行为，这种行为是在外界压力的影响下被迫发生的。外界压力影响有两种情况，一种是在有组织的团体规范影响下的服从；另一种是对权威人物命令的服从。对权威人物的服从可能是出自对权威的敬仰，发自内心的信服，也可能是对权威的惧怕，违心地服从。一般来看，个人的服从可能与本人内心想法有一定距离，但不至于引起内心激烈的矛盾和冲突，但当权威的要求与个人的道德伦理价值发生很大矛盾，个人违背了自己的良知而服从权威的命令时，精神上就会感到惶惑不安。

同样，关于从众，心理学上也有一个经典实验：美国社会心理学家阿希判断直线长度的实验。实验材料为两张卡片，一张卡片A上面有一条直线；另一张卡片B上有三条直线，其中只有一条直线与卡A的直线等长。参加实验者共7人，其中只有1人为真正的受试者，其余6人是实验者的助手（假被试）。参加实验者围桌而坐，面对两张卡片依次选答卡片B上哪条直线与卡片A上的等长。前面几个假被试故意做出错误选择，轮到第6位真被试作答时，他也选择了错误的答案。在群体影响下，出现了从众行为。

从众是指个人在社会团体压力下放弃自己的意见，转变原有的态度，采取与大多数人一致的行为。所谓“人云亦云”“随波逐流”就是从众的最好例证。社会心理学家认为，从众是在团体一致性的压力下，个体寻求一种试图解除自身与群体之间冲突、增加安全感的手段。实际存在的或头脑中想象到的压力都会促使个人产生符合社会或团体要求的行为与态度，个体不仅在行动上表现出来，而且在信念上也改变了原有的观点，产生了从众行为。个体在解决某个问题时，一方面可能按自己的意图、愿望而采取行动；另一方面也可能根据群体规范、领导意见或团体中大多数人的意向制定行动策略，而随大溜、人云亦云总是安全的、不担风险的。所以现实生活中不少人喜欢采取从众行为，以求得心理上的平衡，减少内心的冲突。

服从与从众既有共同点，又相互区别。它们都属于个人在群体中的相符行为，在群体行为中有时可能交织在一起，难以截然分开。它们之间的区别在于，服从是被迫的，是对行政命令、团体规范或权威意志的服从，是无条件的，无论理解还是不理解，愿意还是不愿意，都得服从。从众不是对团体规范的服从，而是对社会舆论或团体压力的随从，从众也可能是一种违背心愿的服从，但它不是执行团体文明规定或权威人物的命令，而是为了消除团体压力，求得心理上的平衡。

强制与威慑也是群体影响力的一种，它采用威迫性权力，如，讹诈、恐吓、威胁等方式对他人的行为产生影响。强制与威慑常常为人所不齿，但生活中又人人都在使用。比如，

大国对小国："要么合作，否则就经济制裁！"

歹徒："要钱还是要命？"

老板："要么服从，要么滚蛋！"

教师对校长："不给我分房，我就不活了！"

学生对老师："你不给我及格，我就待在办公室不走！"

恋人之间："你不戒烟，我们就分手！"

强制与威慑只对弱者有效，所谓，"落后就得挨打"。当你真正强大起来，强制就不能威胁你。

操纵与强制不同，强制来硬的，目的坦率而直接；操纵来软的，目的隐蔽而间接。操纵总是抓住互惠不放，以感情与人际关系为核心，运用心理影响，通过满足你的需要来控制你。好的操纵者很善于满足他人的需求：赞同、支持、认知、依赖、注意、参与甚至贪小便宜的人的小恩小惠。在生活中，操纵往往比强制更有效，因为许多人吃软不吃硬。

推销员靠给你特殊的优惠来刺激你买东西，政治家靠向选民提供好处和服务来拉选票，老板给你送件小礼物，你就将忠诚与友谊给了他。操纵者常玩的花样之一，自我贬低，聪明的管理者常常使下属忘记他是上司，以低姿态出现，甚至将自己打扮成弱者，往往在不知不觉中达到操纵的目的。孩子一哭，大人便来抱他；谁一生病，便受到亲人的格外关照；女孩儿装出可怜楚楚的样，男朋友就不再和她计较；兄弟姐妹中显得最无能者，便成了父母最关心者……操纵者常玩的花样之二，欲擒故纵。操纵往往有两部曲：先形成关系，后施加影响，逐步演进，诱敌深入，甚至曲线救国，欲赢先输。所谓舍不得孩子打不到狼，你不能吝啬第一步的投资①。

所有从事帮助人的职业，都可能沦为对人的操纵。教师、医生、牧师、心理咨询师，对从事这些工作的人，应该时时反省自己的动机：是利己的，还是利他的；是公开的还是隐秘的；是光明正大的还是鬼鬼祟祟的，不要将对人的帮助变成对人的操纵。爱也可能变成操纵。有人研究了寡母育儿现象，发现有些寡母对儿子的爱中，就有一定的操纵存在。

在《在学校学习并快乐着》一书中，作者特别强调老师应该具有和父母不同的角色差异：老师要与学生保持冷静而客观的距离，不能因为情感过度投入而精疲力竭，父母却可以对孩子有种种强烈的感情，如，热烈、愤怒、生气。

结合上面的案例进行分析，骗子虽然不一定学过心理学，但你却不得不惊叹他们将群体中的心理学规律运用得如此炉火纯青，他们先通过抽鞭吆喝、杂耍表演吸引观众，形成群体，这是他们后面实施一系列骗术的基础，群体不能太大，也不能太小。接着通过气功治病，在群体中树立权威，权威的形成，一方面可导致服从；另一方面是后面威慑的基础。“你不老实，我就叫你残废！”这是明显的威慑。而操纵的运用更

---

① 利维特．管理心理学［M］．张文芝，等，译．北京：中国人民大学出版社，1989：159，171.

加普遍，免费治病、限定人数、取钱还钱、请师傅吃饭，都是欲擒故纵的操纵手段。

下次再碰到此类情况，你还会上当吗?

不会? 请别回答得太快。许多人都过不了群体影响这一关，否则，就不会有那么多的人信法轮功。在此，我们不对法轮功的功法本身作评价，仅就它对群体行为规律的运用做一个简单的分析。李洪志堪称操纵群体行为的高手。他引用许多科学术语，创造许多新的术语，比如，“大爆炸”“真、善、忍”“业力”“法身无处不在”“往高层次带人”四处表演气功治病，目的在于树立权威。“心不诚，不仅治不了病，还要得病”“世界末日论”，显然都是威慑。定期交流体会，目的在于联络感情，不知不觉中操纵你。

第五节　如何建立良好的人际关系

一、游戏：初相识

游戏：尝试在一个公共场合，认识一个陌生人，并努力与其维持30分钟的交流。

如何在初次见面时建立融洽的关系? 这是我们人际关系建立的第一步。善于交往的人，只要有机会让他结识一个新的朋友，他就有本事使这个人成为他永久的朋友，而不善于交往的人，即使认识的人有千千万，也许都是擦身而过，根本不能成为朋友。这里有什么秘密? 秘密就在于第一次交谈，是否建立了一种融洽的关系。这是还有没有第二次的关键。

讨论：初次相识，交流从何入手? 怎样才能使交流步步深入?

总结：初相识，交流从寻找共同点入手：寻找自我介绍中的共同点；寻找共同经历；寻找思想与感受的共同点；可以与他拥有一个共同的秘密吗？

二、深入交往：警惕差异，避免伤害

请大家先看下面的案例，并思考以下问题。

（1）他们的交往为什么会陷入僵局？

（2）分析小李的心理变化历程。

（3）在交往中，小孔应如何改善？

（4）小李应如何调整自己的心理状态？

好心为何没好报

终于来到了梦寐以求的大学，小李沉浸在对美好未来的憧憬中，他一向刻苦努力，因此一开学就制订了一系列宏伟的计划，希望这是一个崭新的开端。可惜，开学没多少时间，他便得了肾炎，住进了医院。身体不舒服自然不用说，心情就更糟——他来自农村，家里很穷，他拼命读书，就希望有朝一日出人头地。可现在刚上大学就得了这么麻烦的病，将来身体能恢复吗？大学是否还能上下去？治病花的钱怎么办？那可能需要很多钱吧？病房的人都不认识，没有人能听他诉说烦恼，同学们会来看我吗？

正在这时，同宿舍的小孔看他来了。小孔捧着一束漂亮的鲜花，脸上满是关切："小李，我看你来了，怎么样，好一点了吗？"

小李精神为之一振。"好了一点"，他说："不过听说这种病很难彻底治好。严重的以后要失明，甚至会死人。"

"没有的事，"小孔急忙打断小李的话："现代医学很发达，肾炎算得了什么！很容易好的，你不要瞎想。"

小李没有回答。

"不要想悲观的一面，想想好的一面。你得病了还可以多休息休息。我们现在学得可苦了。每天课都排得满满的。"

“休学一年对你不一定是坏事，”小孔接着说，他没注意到小李的情绪变化：“上中学留一级是耻辱，上大学晚一年毕业根本没什么。因为病嘛，也不丢脸。也许晚一年毕业更好呢。以前我哥哥就是晚一年毕业，找的工作比上一年毕业的同学都好。”

“晚一年毕业晚一年挣钱。”小李反驳说。

“一年才多少钱呀！”小孔顺口说。

“你们城里人不在乎，我们穷农民把一点钱都当一回事呢。”

听了这话，小孔只责怪自己：我怎么忘了，对农村同学来说钱很重要，我这种不在乎钱的口气优越感太强了。于是他忙解释说：“我没有别的意思，我的意思是说，大家都是同学，如果你有什么困难，大家会帮助你的。如果你需要钱，要多少我都可以给你。”

小孔又说了一些话，但是小李一声不吭。最后小孔问：“你是不是累了？”

小李点点头。

“那你休息吧，我回头再来看你。”走出医院，小孔纳闷：我对人一片好心，他怎么这么不领情？

（注：选自《交际与口才》，有所改动）

上述案例所涉及的具体情景，也许并不普遍，但它所提供的交往方式却很具有代表性。由此可以引起我们思考很多问题，总结很多规律。

首先，人与人的交往都以一定的心境为基础。心情轻松愉快，自然是好的交往背景，心情烦闷、孤独，也是好的交往基础，因为这时迫切需要友谊，心扉很容易敞开。从案例中看，小孔来得正是时候，小李正处在最迫切需要友情的时候。

其次，可思考一个问题：当别人向你诉苦时，你该怎么办？这时候我们常常有一种误解：误以为对方需要出主意想办法，于是急于发表自己的意见与评论，并进行劝告，指出对方想法的错误。案例中的小孔就是这样处理的，他急忙打断小李的话：“没有的事，你不要瞎想。”其实，许多人在诉苦时，他真正需要的并非你的指点，而只是你的倾听与理解。所以，此时你最好的反应是，第一，倾听，倾听，再倾听；第二，表示理解。如何让对方知道你听懂了他的话，而且理解了他的心情呢？心理学为我们提供了一种很好的方法："意译法"，用简单的话将对方表达的意思翻译一遍。比如，小孔可以说："你在担心这病很难治是吧?"

另外，我们还要注意的一点是，淡化别人的困难不一定能起到安慰人的作用，否则会让对方感到你站着说话不腰疼。

第三，交往中，仅仅有善意是不够的。还要警惕差异，避免伤害。因为家庭背景、经济条件的差异，常常使不同的人对同一件事有不同的反应。小孔最失败的就在于经济上的优越感激起了小李的自卑。"你们城里人不在乎，我们穷农民把一点钱都当一回事呢。"采用自我贬低的方式说话正是小李对付难忍的自卑的心理策略，既然不可避免地要被侮辱，还不如我自己侮辱自己。至此，原本很友好的关系已经荡然无存，友谊已被切断，"你们""我们"已成为两个截然对立的阵营。哪怕是小孔意识到了对小李的不快而想弥补，但因为没有真正理解小李心中的痛结，所以他画蛇添足，越抹越黑。

第四，作为小李，也应该注意调整自己的心态，他的过敏、他的自尊，实质上都是自卑的表现。他将自己的心态放得很低，自然步步为营，过度地防卫。这样的人，必须从根本上矫正自我认识，增强自信。在交往中，正如城市学生必须矫正盲目优越的交往误区一样，农村学生应该矫正的交往误区是：封闭、防御性、过度敏感与自卑。

三、如何给人留下一个好印象：印象整饰

我们常常把他人如何评价自己当成他人的事，当他人评价自己很小气，很自私时，我们常常很生气，认为他人是在污蔑。其实，他人的评价常常来源于你自己。因为社会认知是一个认知者与被认知者之间的互

动过程，人对人的认知与人对自然的认知的不同在于：前者有反作用；后者无反作用。所以社会印象的形成也具有互动性质。被认知者在印象的形成过程中并不是消极被动的，我们完全可以通过对自己的装束、语言、表情以及动作的选择来影响和改变他人对我们的印象。在社会心理学中，这种有意地控制他人对自己形成各种印象的过程，叫印象整饰[①]。

关于印象整饰，最著名的研究当数美国社会学家戈夫曼的“戏剧论”。按照他的理论，在人际交往中，为了给人留下一个好印象，我们不能素面朝天，而必须修饰，但这种修饰又必须自然、不做作，让人感觉不到。就好像最成功的化妆是好像没经过化妆一样，最成功的印象整饰就是好像没控制的控制。另外，人际交往中必须分清前台与后台。穿睡衣上街，是将后台行为放到了前台，过于放纵；穿好西装、打好领带进厨房，是将后台当成了前台，成了神经症。在需要的时候，必须很快地进行前后台的转换，比如，夫妻吵架时突然来了客人，夫妻会立刻休战，装出一副和睦恩爱的样子。另外，人际交往的双方，就好像一个剧班，一荣俱荣，一损俱损，所以双方应该互相欣赏，互给面子[②]。

戈夫曼的戏剧论对于我们理解人际关系具有非常重要的作用。他提醒我们要对自己的形象进行主动的控制与管理，通过自己的设计给别人一个好印象。这种设计简单的可以通过衣着、打扮、化妆实现；其次则是通过改善言谈、举止、礼貌、礼节等给人留下好印象；最高层次的是通过目标、价值、人生追求的规划。它还提醒我们，最佳的人际交往并非毫无掩饰。一个学生性格开朗活泼、心直口快，说话无遮无挡，因此常常得罪人。在咨询中，我们给她介绍了戈夫曼的理论之后，她深受启发，认为自己的人际交往大有可改善之处。

但是，这一理论也受到批判，批判主要来源于印象整饰的负面效应。过分追求印象整饰，不仅将导致人的虚伪与欺骗，更重要的是丧失

---

① 周晓虹. 现代社会心理学［M］. 上海：上海人民出版社，1997：178.
② 戈夫曼. 日常生活中的自我表演［M］. 云南：云南人民出版社，1988：108.

自我。所谓，本来追求的是“立异以为高”，但却“久假而不归”。

笔者曾经接待过这样一位学生，她为要不要去参加演讲比赛和竞选主持人而左右为难。按照一般规则，应该鼓励她，激励她勇往直前。但笔者没那么做，只给了她一句：做你自己最想做的事，而不是仅仅满足他人的期望。因为通过咨询发现，这是一个非常重视印象整饰，非常重视他人评价的人，她在别人眼里，从小就是一个很要强，极其能干的人。上了大学，照样是班上的风云人物，身兼数职，似乎无所不能。但其实她活得累极了。这次演讲比赛与竞选主持人，她也像往常一样当仁不让，报了名，但随着时间一天天临近，她却越来越焦虑，不知要不要去参加。去，她感到压力太大，有些力不从心；不去，同学们肯定对她很失望，临阵脱逃，肯定使她的形象大损。对这样的人来说，重要的并不是具体事件上的进和退，而是发现自我，确定自己的真实感受和意愿，而不是一味地迎合他人，只想着给别人留好印象。

中国人是一个非常重视印象整饰的民族，是一个重礼多礼的民族，脸面观念很重，但是缺乏主体性，不重视自我，这对心理健康危害极大。正如前面提到的，一个人不要脸是无赖，太要脸也不健康。

四、人际交往的真谛：以内养外

以内养外，这是本章最重要的观念。现在关于形象包装、公关技巧、成功捷径的书越来越多，所以很容易给我们一个错觉：外在魅力比内在修养更重要。实际上，要拥有良好、稳定、经得起时间考验的人际关系，最重要的决定因素在内不在外。光有技巧是不够的，个人的品行、学识、修养、能力才是最重要的砝码。所以，人际关系训练的第一课，应该是苦修内功。

以内养外，苦修内功，有一个基本含义：尽好本分，干好本职工作。作为学生，首要任务是学习，如果学习都搞不好，怎么能奢望大家喜欢你呢？有人来咨询，说一进大学，就用了很多精力去处理人际关系，可这门学问对他来说实在太难，弄得他筋疲力尽，心不在焉，学习也没心思。其实，对于大学生来说，学习是正业，处理人际关系只是副业。如果人际关系真的处理不好，你干脆把它暂时放在一边，好好学习才是正事。说不定，到你真正安下心来学习，学习上有了起色，人际关系也会慢慢好起来。

有人来咨询，诉苦说没有人喜欢自己。结果我们发现，这样的人往往自己就不喜欢自己。他们对自己极不满意，似乎自己身上无任何优点。连自己都不喜欢自己，怎么能让别人喜欢你呢？所以，如何让人喜欢你：先学会喜欢自己。悦纳自己，发现自己的优点，强化自己的内在价值。使自己快乐起来、自信起来，不断地完善自我，这才是建立健康的人际交往的根本途径。

心理作业：

1. 请用小品表演的方式，表现怎样将一次不成功的交往转变为成功的交往，分析其中的P、A、C角色转变。

2. 你是否有操纵或被操纵的经验，请详细描述和分析。

10

青少年异性交往

初中开始，对“异性”有了比较清晰的概念，班主任安排座位时男女分开。但大家还是对异性怀着好奇，渴望亲近，课余会兴高采烈地谈论异性的话题。班上时不时会有绯闻传出，“暧昧”是当时使用频率很高的词。我也会因为某个男生不经意瞥我一眼或送我生日礼物而高兴老半天。

高二，我对班上一位会跳街舞、聪明灵活的男生产生了好感，因为留校出黑板报，有了单独相处的机会。我和他，常有心有灵犀一点通的感觉。情人间的情意并不需要太多的语言，眉目间我们已心领神会。此后的日子，每天早晨醒来，我都会充满快乐和期望，到校走进教室，四目一对，我觉得有种炽烈的感觉，但我们只是默默地微笑，然后心情愉快地开始自习。在很长一段时间里，我们就是通过眼神和笑意，将彼此紧紧地联系在一起。

她就这么快乐着，但又有些儿怅惘和薄薄的凄凉。这种心情精细含蓄、灵动微妙，如薄雾般轻而且细，无形无迹，又无边无垠。

——沈从文

青少年异性交往，在中小学教育中是最说不清道不明的一个朦胧领域。揭开面纱，我们看到的是一个丰富细腻、五味杂陈的心理体验世界。“异性”概念的觉醒，对身体发育的惊奇与羞涩，“异性交往”变得既熟悉又陌生。悄悄的期盼、莫名的欣喜、难以控制的渴望，还有那暖暖的情愫，淡淡的忧伤，外界讳莫如深的无形压力甚至还有恐惧迷惘和挥之不去的原始耻感……在这样一个小小的天地里，几乎包括了人类的一切情感。

第一节　异性交往为何仍然是教育的难题

青少年的异性交往状况，带有明显的时代烙印和社会文化特征，从最早的男女授受不清，到“文革”期间的反对小资产阶级情调，男女交往普遍处于不充分、隔绝甚至压抑状态，学校中男女生之间存在有形无形的三八线。“文革”之后特别是改革开放以后，氛围慢慢宽松，青少年异性交往逐渐增加，但老师、家长心中又产生了一种恐惧：早恋恐惧。异性交往甚至成为早恋的代名词，家长教师草木皆兵、严加打压、不择手段。很快，他们发现，这样粗暴禁止的方式过于简单，学生间正常的异性交往应该尊重，但光是尊重似乎也不能解决一切问题，学生在异性交往中依然面临一系列的困惑，有的因面临应激而导致精神紧张、学业退步，有的因与原有观念冲突，导致耻感罪感，有的因处理不当而导致人际冲突、心理压力增大，甚至由此引发亲子矛盾、离家出走，有的因过分放纵、突破底线，甚至少女怀孕等更严重的事件。面对这种种棘手问题，老师尽管用心良苦，但结果常常是吃力不讨好，常常感到无能为力、束手无策。久而久之，尊重就变成了放纵。除非有严重事件非管不可，也有一些教师在处理个别事件上表现出非常的“救火”智慧，但大面积的普遍的异性交往教育几乎是缺失的。

一、误区之一：早恋恐惧仍然存在

即便有了很大的观念转变，早恋恐惧，仍然是最普遍的误区之一。这是笔者的一位学生小芳的经历。

在我的印象中，早恋就像洪水猛兽一样令老师和家长害怕。一到初中，为了防止男女生交往，班主任是用心良苦。一开始分座位，男左女右，教室左边全部男生，右边女生。但很快出现纪律问题，左边打打闹闹，右边唧唧喳喳。于是改变，一排男生，一排女生，总之，不能男女同桌。

其实，老师不知道，即使不同桌，总会有一些奇妙的感情发生。初二，一个帅气的男生坐到了我的后桌。我们相处得很好。经常一起讨论学习问题，他的理科好，我的文科好，我们就这样互补着学习。当然在一起，不全是讨论令人头疼的学习问题，还会聊到很多，老师、同学、电影、电视剧、明星、运动等杂七杂八的话题，我们都会聊得津津有味。我们也曾偷偷地去学校旁边的休闲广场见过几次面，他说我们以后考同一所高中、同一所大学。每天早晨快上早自习的时候，我都能感觉到，有一个背着大书包慢悠悠的帅气身影晃进来，渐渐地靠近，轻轻走过我的身边，在后排坐下。那种感觉真的好温暖。

好景不长，我俩下课时的说说笑笑被老师看在眼里，敏感的老师觉察到什么了，她告诉了我的爸爸妈妈。女儿居然早恋了，这可是一件不得了的大事！他们面色凝重地跟我谈话：早恋是瘟神，早恋的都被认为是坏孩子，被认为是坏孩子老师就不管了，老师不管就考不上大学，考不上大学一辈子就全完了……他们声情并茂，最后是一句很俗的套话："我们也是为了你好，以后你就知道了"。我一下子觉得自己犯了一个天大的错误，不敢再理那男生。老师也把我们的座位换到了南北极，从此我们的生活就再也没有交点了。

何为早恋？它与正常异性交往的界限在哪里？教师和家长的处理方式恰当不恰当？这些问题可能要看事件的发展。但父母不敢冒险：即使当时不算早恋，但任由发展，谁知道后果会怎么样？所以，保险的方式还是：管！

当然，在“管”的方式方法上，教师家长都有了很大的改变。过去是强硬的干涉、阻止、不择手段，如，翻看日记，偷听电话，在班中安插“小情报员”，到家教中心雇“侦探”等。而现在暗地监督，委婉含蓄，点到为止。形式改变，实质不变：对早期异性交往均是否定评价，提心吊胆。

二、误区之二：刻意回避

家长与教师面对异性交往，常犯两个错误：过去是草木皆兵、严加控制，现在是装聋作哑，刻意回避。

《文汇报》曾发表过一篇文章“是谁送来红玫瑰？”①，这是一位中学的心理教师介绍他上的一堂心理课。情人节早上，班级的学习委员小丽在自己的书桌里发现了一束红玫瑰。是谁送的，他为什么要送？一整天，小丽心里都忐忑不安。教师在心理课上让学生自己往下编故事，最后全班分享了学生编的三四个故事：一差生感谢学习委员对他的鼓励，而且恰好将学习委员的原本 12 月 14 日的生日看错成 2 月 14 日；班主任老师家里出事，心情不好，班长买了花，想约学习委员去看班主任；一学生上学路上，看卖花小孩可怜，给她钱，小孩送他花，他没人送，就送给了常常鼓励自己的学习委员。总之，故事与早恋无关。

作为一名专职心理教师，这位教师有许多优点。比如，敏感性，能及时发现具有重要意义的教育事件与教育时机；比如，对学生的尊重，心理咨询是助人自助，学生的问题由学生自己解决，这是一个好办法。

---

① 杨敏毅．是谁送来红玫瑰？[N]．文汇报，2006－03－13（16）．

比如，多元化的价值，对不同观点的接纳，这是一个现代人重要的精神品质。但是，这也暴露了现在教师的一个普遍倾向：在学生面前，早恋这话题，最好别碰。当教师满意地宣布下课，并放心地认为“送花人还没找到，但学生的情感危机已经缓解”时，笔者似乎听到了另外一些声音。

“你们都猜错了，这玫瑰是我送的，我就是喜欢小丽，我等了半年才等来了情人节，鼓足了勇气才把玫瑰放到了她的书桌里。”这声音低低的，却极肯定、执著。

“人家都这么高尚，就我这么委琐、不干正事，这么小就开始追女孩子。可我就是整天老想着小丽，怎么办?”这声音无奈、迷茫、充满自责。

“太冠冕堂皇了吧，他们编的三个助人为乐的故事，怎么看怎么觉得别扭，就像早已经批判过的模式化作文。小儿科、避重就轻!”这声音不屑一顾。

如果不正视这些声音，这节课只完成了一半。的确，大部分青少年异性之间的朦胧情感并不是爱情，而是纯正的友情。但教师也不能武断地下结论：青少年之间有什么爱情呀，都是友情！作为成人，不能简单地把自己的主观意志与判断强加给青少年，成人否认的爱情，却是青少年最为珍视的、敏感的，成人的否认同样会伤害到孩子，同样会引起逆反心理。早恋，肯定是“谁送的红玫瑰”之中的命题之一。对这一敏感的问题，学生不敢碰，教师却不能刻意回避。

许多教师的普遍心态是：异性交往和早恋问题都很敏感、很棘手，最好你别碰，只要你不要在我面前做得太过分，我就睁只眼闭只眼算了。

一位男孩是这样回顾他的青春期的，“就像我家养的一条狗跑出去了，你不知道它干什么去了，但它活着回来了，还长大了、长健壮了。

我觉得青春期也是这样。就像我家那条出门了很长时间的狗。”[①] 不关心，就不会了解，就无法给予青少年最需要的异性交往的指导。

三、误区之三：师生隔绝

对待异性交往问题，不只是教师、家长走入了误区，青少年本身也有误区。他们有的将异性交往作为一个话题禁区，独自摸索，碰到问题，自己解决，遇上烦恼，独自承受。有的会和好朋友交流，但不可能得到有效的帮助和指导。但无论是谁，一个普遍的问题是：他们很少会选择向家长或教师倾诉自己的困惑。显然在他们看来，家长与教师面对这一问题时更多的会是不理解与不认同。正如一位青少年所说的：“这个很显然。我干嘛自找麻烦呢，你想想，我跟他们说我有男朋友，我在谈恋爱了，他们会接受吗？那不等于找死吗？”

的确，曾经在家长与教师的眼中，异性交往如同洪水猛兽，他们坚决地站在了对立面。随着时代的发展，教师与家长的教育理念也得到了更新，大部分家长与教师对于这一问题的认识已不再像过去那般刻板与敏感，也注意到要顾及孩子的想法与情绪。可是，青少年依旧选择与家长、教师划清界限，依然选择对教师、家长隐瞒真实的情况。

因为这样的原因，有时教师对自己班级同学的异性交往状态往往估计乐观，“我们班级早恋的不多。”而就是同一个班级，学生的描述却是：

反面

（1）我班恋爱率约50%。

（2）我班14岁女生y在网上结识外省一名19岁世家子弟。该世家子弟曾于两人谈朋友过程中向y汇款数千元。被该男子甩掉后，y约有

① 孙云晓，张引墨．藏在书包里的玫瑰——校园性问题访谈实录［M］．北京：北京出版社，2004：110.

一个星期难以入眠，每天感到大脑发麻。在被甩后的几个星期里，y 白发数量骤增。（y 是该班考试成绩前十名的优等生）y 为排遣怨恨用小刀刻手臂，伤痕之深一年之后仍清晰可见。y 说："在被甩几个星期的煎熬后，有大彻大悟之感，觉得人生于我不再有任何困难。"

（3）我班校霸男生 j 与外校某男生因为一女生争风吃醋而纠集人打群架达 8 次之多，人数最多达百人。

（4）我校体育课由三个班级一起上。我班男生 s 指着另外两班的女生队伍对旁边另一男生炫耀说："这些女生我抱过 5 个，亲过 3 个……"

（5）我班女生 z 为维护与男生 f 的感情而离家出走。

（6）我班女生 j 与外班男生 s 从初一开始恋爱，至初三号称"情比金坚"。两人穿同样的鞋，用同样的笔，号称"情侣鞋""情侣笔"。在校园中勾肩搭背，引人侧目。佩戴"订婚戒"。s 暗地里对笔者说："我就是玩玩儿，中考完了就甩了她。"

（7）我班男生 u（为学习成绩全班前十之优等生）曾于一个半月中三易女友。

（8）我班女生 d 向笔者咨询奥迪 A6L 与路虎发现 3 之价格。后笔者了解到事情原委：d 从网上结识两位男友，一位家中的车是奥迪 A6L；另一位则拥有一辆路虎发现 3，d 愿择其富者而从之。

正面

（1）该班女生 x 曾迷恋男生 z。经历过一段时间单相思的痛苦后，x 及时调整心态，与 z 成为无话不谈的哥们儿，两人相处时不再尴尬。

（2）该班的笔者、男生 i、男生 n、女生 w、女生 x 是彼此相知的好朋友，在学校里一同讨论问题，假期出游时也常常相伴，性别对他们的友情未尝产生任何负面影响。

（3）上课传纸条作为男女生常用交流方式，虽有人利用其交流感情，但大部分仍为请教作业或谈论老师口误取乐者。

对于这个微妙的世界，家长和教师有时是隔着面纱，雾里看花，越看越花。真实的情况往往比教师看到的复杂、丰富。在表面的平静背后，是暗流涌动，气象万千。师生隔绝，就像两条平行的铁轨，永不相交。大家维持着表面的平静，真正的、大面积的、普遍的异性交往教育是不存在的。

第二节　异性交往：人生的必修课

一、早期异性交往经验的缺失：自我同一性的延迟和早闭

在教师家长都在担心孩子早恋时，却有一个群体被忽视了。在青少年中，有相当的部分属于异性交往缺失。早期异性交往经验的缺失，使他们人格发展单一、幼稚，人际交往能力差甚至交往恐惧或交往无能。确实，由于异性交往经验的缺失而造成的危害同样是值得关注的问题。

用心理学的术语来说，异性交往经验的缺失，阻碍了他们自我同一性的形成：要么自我同一性延迟，要么自我同一性早闭。

前面案例中的小芳，几年后认为：父母的过敏造成了她日后的异性交往障碍。就是从那次的事件后，我就很怕和男生讲话，因为害怕再犯一次错，再出现被老师叫家长的情况。万不得已要和男生讲话，我也总是低着头，不敢正视他们的眼睛。从那时开始，我的好友圈几乎全是女生。直到现在，我和异性相处还是很尴尬，不知道应该说什么、做什么。

现在回想这段往事，我和他之间应该没到早恋的程度，我们只是彼此喜欢，多说几句话，多看对方几眼。剩下的时间该干吗干吗，不仅没影响学习，对学习还有促进呢！而父母过于敏感的态度，让我失去了很多。比如，没有获得与异性交往的经历与经验，没有形成宽容大度、进

退自如的从容性格，没有经由异性相处带来的稳定感、安全感与自信感。

社会上的早恋恐惧会在不知不觉中内化成为孩子自己的观念。一名学生讲到自己的经历：高二时谈过一段短时间的恋爱。男孩很帅，一米八二的个子，浓眉大眼。关键是他对我很好，真的很好。我在享受这份感情的同时，心里却充满了犯罪感，紧张、惶惑、自责，特别怕爸爸知道。就在我认为爸爸快知道的时候，我赶忙跟他断了，决绝的。其实，我自己对自己的谴责可能比爸爸知道后对我的谴责还甚。

再看小洁的案例。

案例：异性交往排斥

我的异性交往仅限于打招呼状态。整个中学，除对聪明、多才多艺的男孩有点好感之外，我甚至不明白动心、暗恋是什么感觉。别人早恋，我认为他们是不知轻重，我几乎是在无意识中回避着异性交往。两件事印象深刻。初二的假期，在整理图书证时，发现了一张纸条，也许可以称得上情书吧，未署名。当时的我，草草看了一遍那不长的一段话，只记得是“我喜欢你”之类的话，我几乎没有多想，就撕碎了丢到垃圾筒里。撕碎这一举动，也许是不想让父母看到。现在想想，我应该更是在掐断我在爱情方面的念想，急急地想撇清。其实当时我心里已经隐隐觉察到可能是谁写的。之前他已经有过大大小小的暗示。现在想想，应该是一段可爱的经历，但当时我只觉得烦、讨厌，恨不得把他隔到5米之外。我不喜欢他，仅仅是因为他成绩不好，这是那时非常幼稚的标准。

还有一段不愉快的经历。他是我的初三前桌，是一个很清秀、文笔很好的男孩，初中有过很多交流。之后我们都上了市里最好的高中，尽管不在同一班，他会常常来跟我讲话。有一次，他写了一篇文章，拿来给我看，周围的女同学说：“为什么就拿来给你看呢？该不是……”当时的我一下子觉得又羞又怒，我根本没认真看文章就将文章还给他，还说了很多刻薄的话。当时他把文章揉成一团，什么也没说。一次中考后，我坐在窗边，他走过来问我考得怎么样？我抬头便说："我为什么要告诉你？"他仍是一言不发地走了。此后，再有偶遇，我就装作没看见。后来，我们便连偶遇也少了。那时的我，过于恐惧、过于排斥了，简直是草木皆兵。老师、父母认同的观念：早恋的都是坏学生。已经成功地内化成我的异性交往标准了。

大环境的压抑，长时间的回避、畏惧异性交往，我们都已形成了习惯。所以，至今我的异性交往仍是被动、狭隘、羞怯的，接触到的异性很少。

这是属于非常典型的异性交往排斥型。这样的学生简单地将他人的看法内化成为自己的观念，省略了自我探索、自我选择的阶段，他们所形成的自我同一性实际上是早闭的、他控的。

还有一种类型：异性交往缺失型。

异性交往缺失型与异性交往排斥型的不同在于，没有刻意的回避和排斥，但异性交往几近阙如。也许是晚熟，也许是从小过于局限单一的环境，也许很偶然，但他们就是这样：关于异性交往，生活中没故事，大脑中没记忆，心灵上没体验，一片空白。我的一位学生写道：

这篇文章很难写，因为我的异性交往几乎没有，希望老师理解。从小到大，没有恋爱，没有暗恋。很多人不相信，但这是事实。一路顺顺利利进大学，没有老师告状到家的事情，青春期没有叛逆，没有人追我，我也没有对任何异性有过特别的感觉。我承认我是一个乖小孩。我只能说我的"异性交往史"中的异性仅限于打招呼，顶多打过几次交道而已。同学们常笑话我：你都活到这岁数了，还没喜欢过人，你不正常。爸爸妈妈不反对甚至认同早恋，但我就是没有，很奇怪。

异性交往缺失可能导致自我同一性发展的延迟。

二、异性交往对人成长影响的多样性与丰富性

我的异性交往史并不复杂，从小女孩的幼稚无知，到少女的任性懵懂，再到现在渐渐成熟。我感谢出现在我生活中的每一个男孩，让我快乐、幸福、悲伤、哭泣过的男孩，他们丰富了我的人生。

我的异性交往，有过幸福、有过痛苦、有过挣扎、有过坚忍、有过宽容、有过体谅。我珍惜所有的这些感情，它让我的人生更为丰富，思想更为深刻，也因此更能体会人间百态。

——董菁

异性交往有各种不同的类型，这些类型都构成对青少年成长的丰富影响。

有广泛交往型。

案例：我的“哥们儿”

我，北方女孩，开朗阔达，豁然大气，会爽朗大笑。这样的性格决定了我与人相处的方式：不遮遮掩掩，真诚相对，也决定了我从小到大都会与异性保持良好的友谊。

儿时，我居住在军区大院里，和一帮男孩疯跑，挖沙子，跑到海边挖蛤蜊，爬上槐树摘槐花，模仿电视上的大侠比武。我从来没有孤单过，也不会觉得和男孩打架玩耍是什么了不得的事情。我认为这对于我长大后能够十分自然地与异性交往有很大影响。对我来说，异性间的真正友谊远比产生爱情要正常得多。我记得初中时全班男生一起用塑料瓶击打出节奏喊我的外号，我并不生气，反而觉得很有趣。因为他们不会用同样的方式对待别人。许多男孩都愿意和我说真心话。有时我觉得我成了他们的“垃圾桶”，承载了许多“悲情”故事：和家人的矛盾，和

恋人的争吵，对某女孩的暗恋。也是那时我发现：男孩子对于感情的思维方式很简单，有的甚至是单向的，不会对一些细枝末节的变化花心思思考。

我的许多同性朋友不理解，为什么我能够与许多男孩子保持那样的亲密关系却没有一个发展成为恋情。我自己的分析是：对于与男孩的交往，我能够用男孩子的方式与他们打成一片，这时我像男孩一样坚强、独立、有担当、有魄力、有勇气，大而化之一些会刺痛我且很复杂的情感。我在他们眼中始终且永远是个女强人，不需要人的呵护，不需要安慰。同时，我有女子的睿智和敏感，我会忘记自己的立场去倾听和安慰，会用女子的方式去开导那些“哥们儿”。

能够拥有一个有多位同性、异性构成的友谊团体，对成长会发生重要的影响。在不同的阶段，都有这样的群体，并且经常一起活动，这对团体中的每个人都会有很好的情绪调整作用，发生心理障碍的可能性会大大降低。而且在这种交往中，逐渐养成举止大方、进退自如的交往技巧。

身处好班，学习第一，临近毕业，大家才打破界限玩在一起，珍惜最后的日子，放开自己，尽情交往。印象最深的是男女生一起去公园踢球，互相有好感的男女生有机会走近彼此。虽然这段时间很短，但这种纯真的感觉、愉快的经历，成为我中学生活的亮点，也是最值得的回忆。

高三时与男生关系非常好，会与他们一起聊天，冬天三五好友分享热奶茶和点心，那是段非常快乐的日子，在高三这个艰苦的关键时期，显得异常温暖。

有不同于早恋的一对一深入交往型。笔者的一位学生写道：

我高中有一个很要好的异性朋友，她就坐在我前面，我们互相安慰鼓励，上自修坐在一起听歌做作业，我们可以无话不谈，可以互诉心事，甚至谈彼此喜欢的异性。在与她交往的过程中，我懂得了关心他人，也被人关心，关心的感觉会让人觉得世间如此美好。其实我挺喜欢她的，但同那位让我日思夜想的女生比起来，全然是不一样的感觉。

有暗恋。苏格拉底曾说过：暗恋是世界上最美丽的爱情。

案例：自编自演的爱情

到了高中，呵，就近在眼前。也不只是时间问题而记忆才特别清晰。确实是因为内心的波涛汹涌才刻骨铭心。因为在高一喜欢上一个女生，从此我的世界里就几乎只有她，然而都只是一相情愿，同她的交往很多竟然只是在我的想象中。在现实中，我显得紧张而不安，心跳加快，又会故作姿态，只是想引起她的注意。虽然我喜欢的她只是我想象中的她而非真实的她，虽然很多事情都是我一个人自导自演，但是这样的经历是健康的。对于这段经历，现在想来一点都不痛苦，而是很美好。现在我和她是很好的朋友，我想是她丰富了我的感情，让我成为一个拥有感性特质的人。

有单恋，甚至还有过疯狂的举动。

学校里来了一位台湾同学，长得很帅气，一下课，我就趴在栏杆上，为的就是看到他。在好友的掺和下，我一个人的痴傻行为，逐渐风风火火起来，阳台上不再是我一个人的“静候”而是一群“鬼哭狼嚎”。每当他出现，周围起哄声一片，还有人擅自代我送礼物，终于他知道我了，我明显感觉他在刻意回避我，我影响到他了，我感到很窘迫。我也开始回避他。半年后，他转学走了。我郁闷了很长时间。

当然，还有早恋型。

丰富多彩的异性交往，满足了青少年多样化的需要：学习上互帮互助，思维模式上互补渗透，动机上互相激励，情感上彼此慰藉，人格上彼此丰富。这其实是潜在课程的一个重要部分，在学生的人格成长中具有重要的作用。试想，假如有一天，我们的校园，没有了这些交往，校园生活将变得苍白、单一、枯燥，长此以往，培养出来的人会多么无趣、多么苍白。

三、早恋有利吗

我们说异性交往对人的成长有积极作用，这大家都会赞成，但如果说早恋对人的成长有积极作用，很多人就会怀疑：早恋有利？

是的，正如异性交往有多种形态，早恋也有多种形态，有些早恋，确实会对人的成长产生积极影响。

我曾在我的学生中做过调查，结果是：在回忆并描述自己的早恋经历时，95%的人都用积极、肯定的语言，无论成败，都认为是“温馨、美好、难忘、对自我成长有益的经验”。而非黑色记忆。与此相应，许多人在回忆自己成长时，会半开玩笑半当真地感叹：好亏哦，我竟然没有早恋！

讨论早恋的利弊，要区分对学业的影响与对人格成长的影响。

讨论早恋的利弊，要区分近期与远期效应。陷入情网本身就是一种应激，会在短时间里造成紊乱，甚至影响正常的学业，但这种影响从一辈子来看，不一定是不可逆的。长远来看，很可能是一重要的积极经验。就像龙应台所说：初恋时那当下的痛苦，若把人生的镜头拉长来看，就不那么绝对了。

讨论早恋的利弊，要区分自身人格的稳定性、成熟度与控制点，早恋中的外源控制与内源控制，效果常常不同。

讨论早恋的利弊，要区分健康的关系与非健康的关系。

总之，早恋的利弊取决于很多复杂的因素。与其简单地寻求“好”与“不好”的答案，不如具体研究早恋的各种复杂情况，发现其中的相关性。

第三节　早恋：带刺的玫瑰

一、早恋的美好

给人印象最深的是，青少年的异性交往很纯，很真，给人干干净净的感觉。大多数中学生的早恋，都是一种简简单单的美好。下面的案例来自笔者的学生。

高二，我对班上一位会跳街舞、聪明灵活的男生产生了好感，因为留校出黑板报，有了单独相处的机会。我和他，常有心有灵犀一点通的感觉。情人间的情意并不需要太多的语言，眉目间我们已心领神会。此后的日子，每天早晨醒来，我都会充满快乐和期望，到校走进教室，四目一对，我觉得有种灼烈的感觉，但我们只是默默地微笑，然后心情愉快地开始自习。在很长一段时间里，我们就是通过眼神和笑意，将彼此紧紧地联系在一起。

终于，他发短信说，他有了喜欢的人，我一看短信，眼泪就涌出来，哭得很伤心。坏坏的他在我哭了老半天才发来另一条短信，他喜欢的人就是我，看完短信，我又笑了，很开心。此后，我们开始了正式的地下交往。

我们聊得很投机，无话不说，真的是一丝秘密也没有。“浪漫”的事情很多很多。我们经常一起吃饭、一起学习、一起看书，一起拍大头贴、一起用五子棋作图，一起复习，有几次两人手牵手荡马路。他常给我买零食和饮料，有时也送我回家。跟别人下棋，赢得的小吃他会悄悄地全部拿来“慰劳”我。情人节，他会花整整一个晚上，用开心果的壳粘出“I LOVE YOU”送我。只要是在一起的日子，我都觉得很幸福、很快乐、很温暖、很满足、很受保护。我们没有Kiss过，连手都没牵过几次，但这份感情是那样重要，那样地无可替代。那时候的感觉：他就是我的全部。我们在一起的日子，学习成绩都达到了历史上的最高水平。那是我最快乐的时光。

凡能走入内心世界的异性，都能在心中留下深刻的印象，而且多伴随着美好的体验，成为一段简单美好的记忆。不需要轰轰烈烈、曲折复杂的情节，只要能够天天见面，或者讨论功课，交流学业、分享爱好，哪怕从来没有特殊的表示，都会给人快乐。即使是所谓的“恋人”生活，也多半限于一起吃饭、一起复习、一起逛街等。可能从没亲密地接触过，却能够长久珍藏于心。

送礼物，哪怕是最简单的礼物，对送和收的人都可能成为惊心动魄的行为。一只小熊、一个钥匙串、一副耳罩、一张生日卡，在彼此心中都具有独一无二的价值。无论是精心选择，还是亲手制作，其间的郑重、投入、情感和意义，绝对是外人难以体会的，包括“送”和“收”的每一个细节，似乎都具有惊天动地的意义。

二、早恋的简单、稚嫩、笨拙

首先，表现在判断标准简单：学习好坏常常成为能不能交往的标准。“不知怎么的，小的时候，就喜欢学习成绩好的，觉得她们都很好看。”

其次，处理方法简单、粗糙，笨笨的，拙拙的，常常一点儿都不考虑技巧，纯粹是率性而为。

初一一男孩疯狂地塞情书给我，我根本不喜欢他，我是班里数一数二的好学生，他是班里倒数第一。班里每个同学都知道他在追我，我特别难为情。每天都过得忐忑不安。一天，我一踏进教室就有很多人看着我笑，我撕开粘在桌上的纸，看到了我最不想看到的那三个字，我顿时火了。他凭什么来毁坏我的名声。我简直被气疯了，抓起一个石头就朝他的课桌扔过去。

我终于鼓足勇气开口了："我不喜欢你，我们不可能在一起。"我并没有考虑他的心情和感受，只是想释怀自己的不愉快。

高二时，我爱上了体育老师，为了博得他的褒扬卖了命去比赛，结果跑了第一。第二天就患肺炎住院，他来看我，我和他表白了，他却说了一大堆冠冕堂皇的话，我头痛得要命，那是我第一次主动告白，以前都是别人围着我转，我叫他滚出去。

这样一种简单稚嫩的表达，在我们自己的回忆中，当然可以自嘲为"太傻太天真"，甚至也不乏可爱的成分。但从对方的角度来看，这种以自我为中心，不考虑对方感受的方式，会显得很粗暴、偏激、任性，甚至有些残酷、不负责任。

三、早恋的危险

美国一项历时四年的研究发现：17 岁前谈情说爱的少年，由于无法应对初恋的情绪困扰，将为日后的心理障碍埋下隐患。最容易坠入情网的年龄，女孩子是 13—14 岁，而男孩子是 14—16 岁。一个有情感烦恼的青少年，注意力会不集中，学习成绩和跟家人的关系会逐渐变差。感情纠葛易使女孩子发展成抑郁症，而患相思病则增加了男孩酗酒和犯罪的可能性[①]。

早恋，最容易为脆弱的感情所伤。一个爱自己爱得死去活来的男孩，却在高考前三天提出分手。我问他原因，他什么也不说。我大脑瞬间一片空白，备考的心态全乱了，眼泪不停地流。之后几天，我天天以泪洗面，书也不看了，就一个人傻傻地坐着哭。之后的一段时间我很消沉，情绪异常低落，每次想起都会哭，整整一年，我完全被这件事压抑着。好朋友不停地开导我，才让我一点点走出来。真正恢复，我花了两年时间。从此，我的心里有了阴影，对男生很漠视，有一种看破红尘的感觉。几年以后我才知道，他跟我分手，仅仅是因为别人的一句话：她在利用你，因为她数学不好。

由于认知不成熟，早恋常常表现出脆弱、摇摆，甚至前后矛盾的特性，旁人的三两句闲言碎语就会让感觉完全改变。在处理方式上，往往都简单、极端、自我中心，所以常常对对方造成严重伤害。

当然，也有部分早恋的青少年由于处理不当，造成更加严重的后果。如经不起诱惑，偷尝禁果，甚至导致少女怀孕。网上曾有一则消息：一中学生几乎同时让两位女同学怀孕，到她们意识到事情的严重性时，已经不能做流产手术，只能到网上寻求帮助，希望有人能够领养即将出生的孩子。不幸中的万幸是：男孩还算有担当，休学后，在外租房，照料着两位女孩。有位妇科医生说：每年都有一些中学生来做人工流产，令她不可思议的是：一些女孩来做手术时，由三五好友陪同前来，还有说有笑，没事儿一样。其实，从心理健康的角度看，事已至此，她能够面对和处理，倒不是最坏的事，最可怕的是，懵懵懂懂闯了祸，却不知如何处理，以致自杀。

不能冷静对待情感的变化，采取报复手段，甚至诉诸暴力，酿成难

---

① 杭兰芳. 早恋易致心理障碍［N］. 新民晚报，2009-06-15（B2）.

以弥补的后果。这样的案例从数量上来说不多，但后果严重。

四、何谓早恋

诺贝尔文学奖得主奥罕·帕慕克中学时陷入情网，父亲劝他：你还太小，到此为止。他不服气："太小？我都 19 岁了。你当年只有 17 岁不就和妈妈好上了？""你说得没错。可是你知道吗？我 17 岁的时候已经是酿酒师了，每月能够拿 2 万里拉。我是说，我当年能够为爱情埋单。你呢，一个里拉都挣不到，凭什么心安理得地钟爱自己心仪的女孩？奥罕，不是爸爸古董封建，你想想看，一个男人，如果没有经济基础，不能为他的爱人提供必要的物质保障，如果你是女子，你会怎么看待这样的男人？儿子，我告诉你，我一直认为，一个男人，如果不能自食其力，哪怕他 40 岁、50 岁，他都不配谈恋爱，谈了，就是早恋。"这段谈话，被誉为"人类文化史上的经典细节"①。

何谓早恋？故事中的早晚不是一个生理学的概念，而是一个社会学的概念。当你能够自立，能够承担社会责任，能够养家糊口时，你才能谈恋爱。这样的条件对很多"小恋人"来说显然是很苛刻的。

其实，除了社会学的界定外，我们想强调的是心理学的概念：你的心理成熟度如何？你是否做好了心理的准备？知道你的所作所为会有什么样的后果？你能否为此负责？

如果这样的界定成立，我们是否可以提出这样一个理想：通过适当的指导和教育，可以消灭"早恋"概念。如果我们的社会能够给大家一个健康的异性交往环境，青少年能够有健康充分的异性交往经验，家长和教师能够给予孩子及时的关注与指导，我们的孩子就能够适时而为，为其当为，那么，"早恋"概念自然也就无意义了。

---

① 杨文杰．何谓"早恋"［N］．新民晚报，2007－06－28．

五、为什么有些人陷入早恋难以自拔

许多中学生陷入早恋不能自拔，任凭家长和教师苦口婆心，他就是执迷不悟，为什么？

心理学上一个基本规律是：人的行为是由需要决定的，需要代数和的最大值决定行为。恋爱属于情感的范畴，而不是认知的范畴，单靠讲道理是没用的。恋爱可以满足青少年的许多需要：生理、依恋、爱与被爱、尊重与归属、自主需要，以及自我价值的实现。只是这些需要不一定是平均作用，有时，某种需要会特别强烈，成为主导需要。有时，某种需要在日常生活中特别缺失，他可能就会以恋爱的方式寻求补偿，这也许就是单亲或离异家庭子女早恋比例偏高的原因。

有这样的例子：两个中学生谈恋爱，教师、家长粗暴干涉，但他们执迷不悟，做出很多离谱的事。最后，教师和家长失望了，不再管他们了，他们反而冷静下来，表现越来越理性。

这里的差别就是外源控制与内源控制的差别，也就是指行为的控制点是在他人还是自我。自主需要是人的一种非常重要的需要，当它被粗暴压制时，可能会强烈反弹，此时的表现就是，叛逆、与父母和教师对着干，以此表现自己的自主。

六、失恋：千万打消受害者意识

有人说：失恋不过走十步：痛苦、纠缠、愤怒、自怜、不屑、伤感、彷徨、装乐、理解、自由①。“不过”用得太轻松。有时，每一步都如刀山火海，要走出十步，谈何容易？下面的案例来自笔者的一名学生。

① 小理．失恋不过走十步［N］．解放日报，2009－04－16．

案例：阳光下的水晶球

在爱情上，我走过一段很深刻、很辛酸的路程。或许是自己太年轻，因为自己的任性而留下了遗憾。回过头来看，它一点都没有当初在心里的特别。在这个世界上，一样的爱情故事天天在上演，但它对个人来说却是唯一的。

在某种程度上，那的确已被定义为早恋，尽管从没亲密地接触过。那个年龄，异性间只要有稍多的交流，便会有无处不在的流言飞语。在面临学业竞争时，我们的确承受了不少额外的压力，这种压力来自同学、老师还有父母。那份负罪感，至今依然可以清晰地回忆。或许在最初的最初，我们并没有勇敢地想要往这条路上走，但当舆论触及我们的自尊时，它不但没有成为我们的阻力，反而成了催化剂，这应该就是故事的开始吧。

我在享受这份“奢侈品”（人们都说高中的爱情是“奢侈品”）的同时，背负着自己不愿承担的重量，所以我很清楚自己一直在远离，一直在掩饰，一直在伪装。在他面前我不愿真诚面对这份感情，在朋友面前，我不愿公开这段关系。甚至很多时候我都是否认的，但是那时的自己在心里其实是在乎的。对于自己的不坦诚，我很自然地尝到了苦果。他一直认为我不在乎他。朋友则认为我不够真诚，其实最大的折磨来自于我自己，我真的活得很累。因为在我的定义中，一个好学生就应该安安分分学习，早恋对我始终是个刺眼的词汇。那时的自己，自尊心是那样地强，那样地追求完美，容不下批评，容不下否定。于是我就那样挣扎着，拼命学习，用努力换来的成绩和荣誉安慰自己。我过得很辛苦。整个高中，我都顶住压力鼓励他努力学习。他父母很感激我，而付出的代价只有我自己心里清楚。

他比我早一年上大学，在那一年里，他一直和我一个初中的好朋友在一起。这其中的悲痛我根本不想提。直到此刻，写下这些文字的时候，眼眶依然含着泪水。在那样的年龄，我同时接受了两份背叛。纵使我曾经再任性、再骄傲，也不至于需要承受这些。因为这些都不是本质上的错。高考后的三个月本该是最快乐轻松的，但我却是在沉默寡言中度过。一个假期，我消瘦了很多。

我曾想过报复，真的想过，到底是凭什么我要接受这样的侮辱。我比他们都要优秀！我甚至想过要原谅他的错误，和他重新开始后再放弃。但是，在与正面思想的对质中，这些消极情绪都被对比下去了。只是我始终都无法释怀，以致后来的我一直不愿打开心门，一直都不愿接受下一段恋情。我只是觉得，自己再也无法相信。

对于那段感情，多年后的自己只能把其定义为相遇太早。如今的我们都已经渐渐成熟，过去的伤痛和对错都已不再重要。只怪我们相爱得太早，对于幸福又了解得太少。于是，自私让爱变成煎熬，付出了所有，却让彼此想逃。只怪我们相爱得太早，对于缘分又给得太少，于是只能陷在回忆中烦恼。

后来的自己慢慢明白，爱不能强求，以爱的名义，强留感情是自私的。当感情结束的时候，勇敢地接受，其实是另一种成长。真正相爱，就要接受并欣赏对方的差异，不要任性地、居高临下地伤害对方。

现在的我已经坦然了。如果别人错了，就宽容地原谅吧，不要用别人的错误惩罚自己。如果自己曾经错过，就不断地完善自己，用一颗积极乐观的心去投入生活。多年前的自己根本不敢肯定自己会有勇气回顾，偏执地以为自己会一直活在对爱情的怨恨中。

经常想象，在明媚的阳光下，转动着手中的水晶球，简单、透明，就像在阳光下面对自己最真实的内心。

上面的案例很经典，上面所说的十步，它几乎无一逃脱。它集中了情感纠葛的许多元素：从矛盾、犹豫、摇摆，到伪装、掩饰、伤害，从背叛、愤怒、报复，到醒悟、原谅、坦然。有一句话：当你爱我时，我的心还在沉睡，当我爱你时，你的心已经冷却。别看青少年的恋爱，同样会给人深刻的伤害。爱的不同步，爱的不对等，爱的不平衡，都是非常折磨人的事。而且，你越在乎，伤得越厉害。受伤之后，很多人陷入受害者情结难以自拔，不断舔饲自己的伤口，会成为习惯和依赖。甚至在痛中自我喂养，感受病态的满足。

让我们欣喜的是，上文作者终于从伤害之中获得了成长。哭过之后会长大，伤害过后会成长。当我们把失恋当成是成长的一剂苦口良药，我们就能够将伤害变成财富。有一位中学生，当她艰难地从失恋的痛苦中走出时，她说：我懂了泰戈尔的那句诗：世界以痛吻我，要我回报以歌。

第四节　如何进行异性交往指导

一、建立异性交往教育的健康生态：充分、健康的沟通是教育的前提

没有连接，哪来教育？建立异性交往教育的健康生态，首先要有充分、健康的沟通。龙应台与儿子安德烈的通信为我们提供了很好的示范。一些操作性的建议有如下几点。①

鼓励学生和你坦诚地交谈情感经历，甚至浪漫的兴趣和关系。

要给他们相对安全的环境，来充分交流各种情感和行为。要在这方面形成良好的沟通关系，一个很好的方法是，自动提及你十几岁的经历，只要用纯粹聊天的方式自然地谈及这些故事，不仅能够密切师生关系，还能帮助你的学生更好地管理他的情感生活。

不要和学生做游戏，隐瞒自己知道的去试探学生是否坦白，它会使学生对你不信任和憎恶，你要询问，就要真诚、直截了当，要关心，不要带有敌意。学生说完，你的责难应该针对不合规矩的行为，而不是

---

① 美国费城儿童指导中心．儿童与青少年情感健康［M］．马春华，薛松奎，译．北京：中国轻工出版社，2000：335－342.

学生。

小心不要把希望转变成要求和最后通牒，这样不合适，而且有害。因为它否决了学生的隐私权和自主权，它失去了表达不同意见的可能，也会鼓励学生对真正发生的事进行保密甚至撒谎。

二、足够的尊重与明确的规则和底线

足够的尊重与明确的规则和底线是相辅相成的两个方面。

谈论异性情感时，不要有消极的态度。不要出现轻蔑、警告、恐惧、威胁、禁止等态度。否则，对方会根本拒绝和你谈任何相关经历，而且也会拒绝接受你所说的任何事情。

无论你的学生的爱情对你来说多么滑稽和荒谬，你都不能贬低它，这种感情对你来说多么肤浅或者异想天开，对他们都是真实和重要的。

缺少自我约束能力，会使恋爱带有沉重的罪感或隐隐的压力，从而扭曲相互的关系。

适时而为，不强求也不回避，你的心理准备好了吗？

爱在成熟的时节，这一时节因人而异，在你做好心理准备之前，不要把倾慕变成早恋。

把握分寸，不是道德的要求，而是心理健康的要求，恋爱是强烈的情感活动，但依赖成熟的认知，这不是世俗的衡量，而是深入内心的理解，是通情达理。

要让学生记住，随着性欲的出现，要用成熟和理智的方法控制，并且不仅要注意它的生理方面，也要引导孩子认识和欣赏性的情感方面。

你不仅仅要告诉学生什么事要避免，也要让他知道如何避免。

和学生协商，达成切实可行的一致意见，这些意见要理性而且明确。

和学生制定社交生活的明智规则，底线在哪儿？[①]

三、一扇毛玻璃：性教育的完善

异性交往之所以成为教育的一大难题，还与一个问题有关：性的问题。这其实是最让成人头疼的事。性教育问题，是异性交往教育中的核心内容，不打破性的禁忌，异性交往教育就不会有突破。

性的问题，在中国的教师和家长眼里，就像一扇毛玻璃，模模糊糊可以看到，却又不想捅破。多年来潜伏着的性的原始罪感和耻感，仍然在影响着他们。作为教育者的教师和家长，其实也没有接受过正规的性教育，他们本身在性的问题上也有着困惑。作为个体，他们在对自己的性生活进行定位时，也面对一系列的压力、诱惑甚至是深层的内心冲突。他们的解决办法也是独自摸索、无师自通。所以他们也不知道应该怎样对孩子进行性教育。在性教育上迷茫，分寸难以把握时，最安全的方法就是回避。

而对年青一代来说，性的问题却是难以回避。生理的早熟、信息的泛滥，使有些青少年的性观念、性行为已经很前卫。教育已经逃无可逃，必须尽快跟进。在这一点上，我们没有太多研究，可以适当借鉴国外的性教育经验。这些经验有：

第一，更新性观念，肯定人的性权利，包括孩子的性权利。严格说来，包括孩子，都是有性权利的。正是因为有这个权利，所以哪怕少女怀孕，你也不可能把她抓起来。李银河说：要学会对青少年的性冲动不置可否。宽容面对本身就能够减少负面效应。

第二，要打破禁忌，光明正大地进行系统的、实用的性教育。美国就是这样，性教育从尿布到约会，无一遗漏。比如，美国小学二年级有一节性教育课《合适和不合适的触摸》。通过学习，学生要掌握的知识

---

① 美国费城儿童指导中心．儿童与青少年情感健康［M］．马春华，薛松奎，译．北京：中国轻工出版社，2000：335－342．

点有7个，非常明确和实用。

（1）触摸可分为合适、不合适或猥亵。

（2）当被触摸时相信你的直觉（比如，妈妈的拥抱让你感到温暖幸福，陌生人的触摸让你紧张，害怕）。

（3）如果你不喜欢被触摸或感到困惑不安，告诉可信赖的大人。

（4）如果有人的触摸让你困惑或尴尬，你有权说“NO”（比如，有人触摸你的“私处”）。

（5）任何人可能是性侵害的牺牲品，也可能是性侵害者。

（6）即使有人告诉你保守秘密，你也应该把受到不正当触摸的情况告诉可信赖的大人。

（7）受到性侵害不是你的错误。

除了课堂上有一定课时的学习外，还有非常具体的家校互动内容。课后教师给每位家长一封信，将以上知识点与家长分享，并希望家长在家继续与孩子进行讨论。①

第三，在肯定孩子的性权利的基础上，将性知识启蒙教育与性伦理教育结合。

一位中国家长在美国见识了儿子（上初中）的一节性教育课。一位漂亮的女老师在黑板上写“SEX”，然后微笑着问学生：“看到性这个词，你会想到什么?”

“遗精”“做爱”“怀孕”“一丝不挂的女人”。

每说一个答案，学生常常哄笑。轻松自然，丝毫没有想象中的严肃拘谨。老师一一将答案写在黑板上：“流产、姿势、性感、接吻……”这些我们看来难以启齿的词，经孩子们口中说出，再写上黑板，丝毫没有羞涩和龌龊的意味。

教室里安静下来后，老师看着黑板，皱了皱眉：“你们说了这么多，唯独忘记一个与“性”有着千丝万缕联系的词。”同学们面面相

① 王文．美国的一节性教育课［EB/OL］．（2007－03－23）［2007－05－20］．http：//usteacher.blog.sohu.com/．

觑，窃窃私语。老师在黑板上大大地写下了“LOVE”。孩子们鸦雀无声。老师的话充满感情：“爱情，是两性之间最圣洁最崇高的感情。没有爱情做基础，性就变成了没有灵魂的躯壳。早孕、堕胎、性病，往往是因为不负责任的性行为引起的。”老师的话极富感染力，刚才还嬉皮笑脸的孩子变得庄重起来。老师接着说：“性生活是自然的、美妙的，没有下流之说，也没有罪恶感。但过早开始性生活对学习和身体不利，意外怀孕和堕胎是痛苦的。”接下来，播放关于避孕方式的视盘片。孩子们那专注的神情，就像在看一幅三维数学图。[①]

这样的教育不是简单的性知识的传授，而且贯穿着珍惜生命、关爱异性的人性教育以及承担责任的伦理教育。

第四，建立早恋应激的心理支持系统。

初恋是一种应激，需要很多指点。一个孩子将自己的异性交往经验告诉了妈妈，妈妈说了一句话：你要随时让我知道进展，我好给你出谋划策。她说妈妈的这句话让她感到异常贴心和温暖，从此以后，她解除了疑虑，可以真实地与妈妈交流并从妈妈那里得到及时的指点。

对早恋孩子的关心，要注意以下方面：

除了关心成绩和出轨，特别要关注情绪；特别关心这样的孩子：内向、偏激、冲动；特别关注这样的关系：不平衡的交往（一方痴迷，一方若即若离），反复的关系（忽冷忽热），关注关系的变化；关注交往终止：关注分手时的情绪体验，警惕受害者意识、徇情与报复以及背后的自我防御机制。

在美国的一些中学里，设有学生早恋心理咨询室，对这部分的学生进行特殊的指导。而且在明尼苏达州的一所中学里，咨询者居然是学生本人。咨询的内容，甚至对教师也保密。但有了这样的措施后，该校少女怀孕的比例下降了50%。

---

① 卜辞．她与儿子体验美国性教育［EB/OL］．（2006－08－16）［2009－05－10］．http：//tieba．baidu．com/f？kz＝124363074．

心理作业：

我的异性交往史回顾。

附录：龙应台与儿子安德烈的通信[①]

MM：

又是一个星期六的晚上，坐下来给你写信，但是我有心事。过去两个礼拜，蛮惨的，生活里问题很多……

这第二个麻烦嘛，你大概已经等了19年，等我来告诉你——没错，女孩子。

两年前，当我很多好朋友都在谈恋爱的时候，我对女生一点没兴趣。不是我晚熟，而是，我有太多其他的兴趣，譬如足球。而且，我确实不太容易“堕入情网”。但是，自从在美国有了一个女朋友以后（哈，没告诉过你——你就当我忘了说吧），我一次又一次地不断地“堕入”，而且一次又一次地失恋。有时候我在想，怎么老是被人甩了？搞不好我有问题？（开玩笑的，老妈别紧张）

上个礼拜，我又失恋了。寒假里，她遇见了一个荷兰男孩，就跟他好了。老天，这个家伙连德语都说不好，他们得用半生不熟的英语沟通。

我很难受，当然我的自尊被伤害了，虽然我的理智告诉我：没关系，你们本来就不很配。她其实并不清楚我对她的感情，她以为我们是“好朋友”。受伤的我很想跟她一刀两断，不再来往，但是这对她好像不公平，因为，她并没说爱过我啊。所以，我应该照顾到她的情感，假装若无其事继续我们的“友谊”，还是只管我自己“疗伤”，跟她断掉？

① 龙应台，安德烈．亲爱的安德烈［M］．香港：香港天地图书有限公司，2007.

我这些“倾诉”，会不会让你觉得，像是好莱坞的巨星们在抱怨钱太多、太有名所以生活很“惨”？可是，生命往往就被那微不足道的事情给决定了。

安德烈：

你愿意和我谈感情的事，我觉得“受宠若惊”。是的，我等了19年，等你来告诉我：妈妈，我认识了一个可爱的女孩。上一次你和我谈“爱情”，是你13岁那一年：

一九九八年九月二十日，午夜手记

安德烈去参加朋友的生日舞会，刚刚接他回家。在暗暗的车里，觉得他仿佛若有所思，欲言又止。边开车，边跟他有一句没一句地聊。慢慢儿的，得知今晚班上的几个女孩子也在。

“那——音乐很吵了？”

“不吵”他说，“是那种静静的音乐。”

“喔……”我思索，“那么是跳慢舞了？”

“对。”

又开了一段夜路，这段路上，两旁全是麦田，麦田边满满是野生的罂粟花，在苹果树下，开得火红。我开得很慢，秋夜的空气里，流荡着酸酸的苹果香。

半晌不说话的人突然说：“马力爱上我们班一个女生，今天晚上他跟她说了。”

“怎么说的？”

“灯光暗下来的时候，他和她跳舞的时候说的。”

他转过身来对着我，认真地说：“妈妈，你难道不知道吗？爱的时候，不说也看得出来。”

“喔……”我被他的话吓了一跳，但是故作镇定。

到家门口，我熄了车灯，在黑暗中，我们都坐着，不动。然后我说：“安，你也爱上了什么人吗？”

他摇头。

“如果发生了，你——会告诉我吗？”

他说，“会吧……”声音很轻，“大概会吧。”

今晚，我想，就是这样一个寻常的秋夜，13 岁的男孩心里发生了什么，他自己也许不明白。一种飘忽的情愫？一点秘密的、突然袭来捉摸不定的甜美的感觉？

平常竭尽所能拖延上床的他，早早和我说了晚安，关了房门。

你记得那个晚上吗，安德烈？

我一点也不觉得你的烦恼是“好莱坞明星”的“无病呻吟”。事实上，接到你的信，我一整天都在一种牵挂的情绪中。你说，使人生平添烦恼的往往是一些芝麻小事。你把失恋和打翻牛奶弄湿了衣服相提并论，安德烈，你自我解嘲的本领令我惊异，但是，不要假装“酷”吧。任何人，在人生的任何阶段，爱情受到挫折都是很“伤”的事，更何况是一个 19 岁的人。如果你容许我坦诚的话，我觉得你此刻一定在一个极端苦恼，或说“痛苦”的情绪里。而毕业大考就在眼前。我牵挂，因为我知道我无法给你任何安慰，在这种时候。

我不知道你们这一代的德国少年是否读过《少年维特之烦恼》？23 岁的歌德爱上了一个已经订婚的少女，带给他极深的痛苦。痛苦转化为文字艺术，他的痛苦得到了升华。可是很多其他的年轻人，紧紧抱着他的书，穿上“维特式”的衣服，纷纷去自杀了。安德烈，我们自己心里的痛苦不会因为这个世界有更大更“值得”的痛苦而变得微不足道；它对别人也许微不足道，对我们自己，每一次痛苦，都是绝对的，真实的，很重大，很痛。

歌德曾经这样描写少年：“向天空他追求最美的星辰，向地上他向往所有的欲望。”19 岁，我觉得，正是天上星辰和地上欲望交织、甜美和痛苦混乱重叠的时候。你的手足无措，亲爱的，我们都经验过。

歌德在维兹拉小城第一次见到夏绿蒂，一个清纯静美的女孩，一身飘飘的白衣白裙，胸前别着粉红色的蝴蝶结，令他倾倒。可是我想说的是，据说40年后，文名满天下的歌德在魏玛见到了夏绿蒂，她已经变成了一个身材粗壮而形容憔悴的老妇。而在此之前，歌德不断地恋爱，不断地失恋，不断地创作。23岁初恋时那当下的痛苦，若把人生的镜头拉长来看，就不那么绝对了。

你是否也能想象：在你遇到自己将来的终身伴侣之前，你恐怕要恋爱10次，受伤20次？所以每一次的受伤，都是人生的必修课？受一次伤，就在人生的课表上打一个勾，面对下一堂课。歌德所做的，大概除了打钩之外，还坐下来写心得报告。从少年期的《少年维特之烦恼》，到老年期的《浮士德》。安德烈，你有没有想过，都是他痛苦的沉思，沉思的倾诉？

你应该跟这个你喜欢的女孩子坦白或者掩饰自己的感情？我大概不必告诉你，想必你亦不期待我告诉你。我愿意和你分享的是我自己的"心得报告"。那就是：人生像条大河，可能风景清丽，更可能惊涛骇浪。你需要的伴侣，最好是那能够和你并肩立在船头，浅斟低唱两岸风光，同时更能够在惊涛骇浪中紧紧握住你的手不放的人。换句话说，最好她本身不是你必须应付的惊涛骇浪。

可是，我不能不意识到，我的任何话，一定都是废话。因为，清纯静美，白衣白裙别上一朵粉红的蝴蝶结——谁抵挡得住"美"的袭击？对美的迷恋可以打败任何智者自以为是的心得报告。我只能让你跌倒，看着你跌倒，只能希望你能在跌倒的地方爬起来，希望阳光照过来，照亮你藏着忧伤的心，照亮你眼前看不见尽头的路。

11

健康的网络生活

1991 年：互联网开始向大众开放。

1993 年：互联网开始爆炸性普及。

此后，QQ、BBS、Email、搜索引擎、网络游戏、博客、网游，强大的网络功能日新月异，给人类带来前所未有的便利。

与此同时，网络的负面作用也越来越引起人们的关注：黑客、网络暴力、网络犯罪、网络成瘾等，数千万计的青少年成了网络的奴隶。

如何保证健康的网络生活，已经成为心理健康不可回避的课题。

第一节　青少年网络不良使用分析

一、黑客

一个不得不让人承认的悲哀悖论是：能代表一国软件业最高水平的，往往是其黑客的破坏力。青少年一直是黑客的主力军。最近，法国警方拘捕 22 名少年黑客，最小的 14 岁，有 16 人为未成年人。警方线索很简单，他们竞相在论坛上吹嘘自己的手段如何高明。俄罗斯黑客可谓臭名昭著，许多曾横行世界的病毒软件，背后都有俄罗斯程序员的身影。但在2008年末，那些忽隐忽现的俄罗斯黑客们，却集体遭遇了滑铁卢，竟然统统被一个名不见经传的天才少年黑客打败！这位被称为俄罗斯黑客沙皇的尤里，仅仅15岁。

黑客，最早的动机，也是至今为止主要的动机不一定是恶意。在技术崇拜的背景下，他们出于好奇、炫耀、知识英雄等动机，而走上黑客之路。慢慢地，很多黑客弃暗投明，成为IT行业的精英。但也有一部分，在金钱的诱惑下，走上了犯罪的道路。2007年，随着“熊猫烧香”病毒开发者“武汉男孩”的被抓，一条触目惊心的黑客产业链浮出水面。“卖枪者”“挂马者”“大买家”“零售商”，每个环节都有利可图，经济利益让“黑客”这一曾经有些“技术骑士”色彩的名词迅速污名化。

且不说沦为罪犯的黑客，心理上的罪恶感，就是一般意义上的黑客，其心理状态也有很多让人担忧的地方。正如一位19岁的黑客少年的心灵独白：

这些日子以来我不知道进了多少个服务器，网上已经看不到我需要看的东西。宁愿老死电脑前，不愿鞠躬老板前，黑客就像是古代的书生，意志很坚强，心灵却是那么脆弱。现在的我很迷茫，我不知道该怎么办。一个多月不出门，守在电脑前，偶然出去转转的时候发现熙熙攘攘的人群中我最堕落，我到底为了什么，为了什么自己才变成这个样子，我不知道。

二、网婚：16岁男孩半年“娶”100个老婆

由于现实人际关系的日渐疏离，网络虚拟交往越来越成为青少年的重要交往形式。其实，网络交友本身不一定不健康。例如，现在中学生很热衷玩校内网，现实生活中的同学，可以加为网上好友，在网上分享各种经验，交流学习、生活的各种感受，对热门的校园事件评头论足。这样的形式丰富了学生的生活，扩大了学生的交往圈，成为学生人际交

往的重要渠道。有时候老师也加入其中，形成师生交往的一种崭新形式。

当然，网络虚拟交往可能会涉足一些不太适合青年学生的内容。比如“网恋”“网络同居”“网婚”等。

初一女生 3 年里，两次恋爱，一次“婚姻”①。16 岁男孩半年“娶”100 个老婆②。这些不可思议的事，在网上都能实现。网婚需要的道具很简单，一台电脑，一根网线，上网找到一个虚拟婚姻的网站，找到自己喜爱的虚拟爱人，就可以开始网上的婚姻生活。他们通过网络，利用语言、图片创造出来的刺激场景和虚拟温情，毫无遮拦地谈情说爱。

由于这些活动过分地浪费时间精力，还会形成对将来婚恋的不良影响，因此对青年学生是不太适宜的。

三、网络暴力：“掴掌乐”

网络暴力最普遍的形式是网络语言暴力。自互联网进入中国的那一天开始，“骂街”现象就进化了。它悄悄地穿上了马甲，改头换面，迅速在各大 BBS 间蔓延开来。“TMD”（他妈的），WBD（王八蛋），NQS（你去死）等污言秽语随处可见。这种现象在网络游戏的玩家交往时体现得尤为明显。“没被骂过和没骂过人的，根本不算玩过网络游戏!”更令人震惊的是，网络上竟然有人开发出很多骂人软件、编写很多骂段。“职业代骂”也非常盛行。

借助“人肉搜索”，粗暴刺探人的隐私，其实也是剥夺人身自由的一种暴力形式。

最恶劣的网络暴力是“掴掌乐”。最早出现在英国。“掴掌乐”是指对他人施暴取乐，将施暴过程拍摄下来，在互联网上或手机间散布传

① 雷燕．初一女生的 3 年网恋独白［N］．广州日报，2007－01－29（A11）．

② 唐葵阳．16 岁男孩“娶”了 100 个老婆［N］．沈阳晚报，2007－04－23（7）．

播。参与“掴掌乐”的通常是年轻人。令人震惊的是，在我国也出现了类似的“掴掌乐”恶性事件。

案例：开平少女案①

“开平市中学生众凌一女恶劣性虐待视频”2008年7月在网上广泛流传。在长达7分钟的视频中，一名受害少女在开平市一房间里，遭受多名青年男女殴打和凌辱，全身赤裸的少女被打倒在地，背上布满淤痕，少女还遭受了性侵犯……画面中至少有6个女孩，4个男孩，有两名男子赤身裸体出现在镜头中。“自己打自己。”穿着校服的女孩指着受害人的脸，让她自己打自己的耳光。“好！好！”旁边的女孩发出兴奋的叫声。随后，几名女生冲上前去，把受害人衣服扯开，并将她按倒在地，拳打脚踢……

让人震惊的是，受虐者和被虐者是同学，而且这段视频在同学中流传了好几个月，大家对此无动于衷。直到被老师、家长看到，才报了案。

四、网络色情：黄色网站

目前青少年涉足的网络色情主要包括上传或下载色情图片，色情聊天或提供网络色情服务。一种通过QQ、MSN和视频系统进行的自慰式性爱也在网络泛滥，许多青少年患上“网络色情沉溺症”。他们通常缺乏自我控制能力，背着别人偷偷上网搜集“情报”，然后再清除网络信息，同时因为怕别人发现自己的行为，背着沉重的心理包袱。

---

① 黄健能，黄国金．开平凌辱少女视频网上流传［EB/OL］．（2009－09－30）［2008－07－11］．http：//news. sina. com. cn/o/2008－07－11/125614150245s. shtml.

案例：被黄网吞噬的灵魂①

小建（化名）生于1987年，12岁初进网吧时，他并不知道何为黄色网站。后来，他好奇地点进一家黄色网站：性保健品的广告、男女赤身裸体的图片、不堪入目的肮脏画面，使小建顿时觉得紧张、兴奋、心跳加速、脸上火辣辣的，特别不自然。不久，他发现网吧始终处于无人管理的状态，上什么网站根本没有人干涉，于是他放心大胆地进入了黄色网站，并一发而不可收。他与在网吧里结识的“朋友”夜里泡在黄色网站，白天买来淫秽光盘欣赏。从进入黄色网站，到观看淫秽光盘，小建的灵魂逐渐被黄毒吞噬。2002年5月的一天，小建及其“哥们儿”将14岁的钟某轮奸，他因强奸罪被法院判处有期徒刑7年。

在网上不断有花样翻新的热门话题：芙蓉姐姐、妖妃娘娘，其中多少有一定的色情成分，对青少年的审美取向和自我认同，也会产生潜在的影响。

五、网络成瘾：网络的最大危害

网络成瘾是网络对人的最大危害。受害者不计其数。全国有网络成瘾者至少2千万人以上。网络成瘾有各种表现，其中网络游戏成瘾占最大比例，几乎占成瘾人群的80%～90%。一位11岁的学生曾经这样描述自己：我差不多每天都要打游戏到半夜或者天亮。开始我骗他们（指父母），晚上先睡觉，等他们都睡着了就溜出来打通宵，早上6点多再装作早起床。

什么样的程度才算上瘾？美国精神病学会将“上瘾”定义为“导致集体功能衰退或有临床意义的不适出现的、对某种物质的不恰当使

① 刘清龙．谁将他们送进了大墙［N］．法制日报，2004－04－08（7）．

用。”简单说来，上瘾即不顾健康和社会影响，把大量时间精力用在致瘾物质上。对自己行为的失控是上瘾的关键特征。明明知道，却难以遏止。仿佛有一种远比个人意志强大的黑暗力量，让上瘾者坠入万劫不复的深渊，不能自拔。

国内外学术界尚未形成统一的网络成瘾的鉴别标准，目前广为引用的是由 Young 提出的标准。Young 参照 DSM—Ⅳ中赌博成瘾的判断标准制定出网络成瘾的判断标准，对上网者进行测评。此判断标准是由 10 个问题构成，得分达 5 分就为上网成瘾。

（1）你是否对网络过于关注（如，下网后还想着它）？

（2）你是否感觉需要不断增加上网时间，才能感到满足？

（3）你是否难以减少或控制自己对网络的使用？

（4）当你准备下线或停止使用网络时，你是否感到烦躁不安、无所适从？

（5）你是否将上网作为摆脱烦恼和缓解不良情绪（如，紧张、抑郁、无助）的方法？

（6）你是否对家人或朋友掩饰自己对网络的着迷程度？

（7）你是否由于上网影响了自己的学业成绩或朋友关系？

（8）你是否常常为上网花很多钱？

（9）你是否下网时感到无所适从（如，烦闷、压抑），而一上网就来劲？

（10）你上网的时间是否经常比预计的要长？

青少年是网络成瘾的易感、易发人群。我国网络成瘾人群的年龄集中于 15—20 周岁。2005 年暑期，中国青少年网络协会发布的《中国青少年网瘾数据报告》显示，目前我国网瘾青少年约占青少年网民的 13.2%，13—18 岁中学生成为网络成瘾的重灾区，占到上网成瘾青少年的 17.1%，其中初中生上网成瘾比例达到 23.2%。

六、网络成瘾的危害

案例：张潇艺跳楼案[1]

一名沉溺网络游戏虚拟世界的13岁男孩，站在一栋24层高楼顶上，双臂平伸，双脚交叉成飞天姿势，纵身跃起，朝着东南方向的大海，像鸟一样“飞”了下去，去追寻网络游戏中的那些英雄朋友：大第安、泰兰德、复仇天神以及守望者。

跳楼少年叫张潇艺。小学升初中时，他以平均分92分考上了重点中学，算是个品学兼优的好孩子。但自从迷上了网络游戏后，他的成绩一落千丈，有一次月考竟然四门成绩不及格。父母在与其交流中发现其神情异常，说话走神，就在一天的放学后尾随儿子，才发现他进了网吧。父母的好言相劝和明令禁止没有任何效用。

张写过网游小说《守望者传》。其中的内容大多以第一人称述说，情节充满了游戏的魔幻色彩，多处描写了这个少年对死亡的感悟与幻想。

张自杀前在楼顶上留下了遗书，遗书不是一份，而是4份，除了写给父母的一份之外，其他3份父母根本看不明白。其中充满游戏世界里的人物名字，落款为“守望者绝笔”。

网络成瘾有损青少年的身体健康，最明显的危害就是视力急剧下降。网络游戏的画面是跳跃式的，且画面变换频繁，在游戏的过程中，眼睛随着人物的动作、背景的变化不停地转动，极易造成视觉疲劳，严重的还可能造成视网膜脱落。

网络游戏的操作一般都有高速、单一、重复的特点，在游戏时，玩

---

① 陈璟春．少年沉迷网游跳楼，遗书充斥魔幻色彩［EB/OL］．［2005－12－01］．http：//news3. xinhuanet. com/video/2005－12/01/content_ 3862391. htm.

家处于高度紧张状态，长时间保持一种强迫体位来操作，必然会导致肌肉骨骼系统的疾患，容易造成腰部、肩部、颈部等多处的肌肉损伤、带来背痛、肩膀酸痛等困扰，严重的还会造成脊椎骨损伤、压迫内脏、影响心肺功能，青少年处于身体发育的定型阶段，由于长时间玩网络游戏带来的这些身体伤害必将危害一生。

电脑的电磁辐射能引起神经衰弱症候群和反映在心血管系统的植物神经功能失调。由于长时间高度紧张地进行游戏，大脑长时间处于亢奋状态，久而久之会造成大脑疲劳、植物神经紊乱、体内激素水平失衡，会出现睡眠障碍、食欲下降、体重减轻、精力不足、免疫力下降等，甚至诱发猝死。

岳晓东等将网络成瘾的危害总结为 8 大方面①。

网络成瘾导致认知发展受阻。使认知被动、单一、刻板，长期会导致相关神经系统突触链接的减少或停止，产生神经回路废用现象。

网络成瘾导致情感发展失调。青少年将现实生活中的感情移植到网络中，会逐渐形成对网络的依赖，而使现实情感更加冷漠。

网络成瘾导致人格异化。网络成瘾容易使青少年变得自恋、偏执，形成攻击性的内隐人格。

网络成瘾导致学业工作荒废。学习和睡眠时间减少，丧失学习的兴趣和动力，经常旷课、逃学，甚至辍学回家。这些消极影响在某种程度上更加剧了他们在网络中寻找成就和自尊的需求。

网络成瘾导致亲子关系恶化。

网络成瘾导致人际交流受阻。经常使用网络的人与亲戚朋友之间的交流明显减少，孤独感加剧并出现严重的抑郁倾向。面对内心的孤独和压抑，青少年只好继续向网络寻求人际支持，形成恶性循环。

网络成瘾导致价值观念扭曲。长期处于网络游戏的攻击性环境中，使青少年的同情心、责任感和内疚感减弱，有效的道德情感和判断力也

---

① 应力，岳晓东．冲出黑暗峡谷——戒除网瘾八十问［M］．上海：上海人民出版社，2007：86－106.

逐渐丧失，对生命的敬畏感、爱与被爱的意愿都整体下降，审美观扭曲。暴力成为他们解决问题的唯一价值取向。

网络成瘾导致人生目标丧失。网络学习、交往、娱乐、情感和生活方式都发生了巨大的变化。网络世界的虚拟性和不确定性必然导致个体空虚感的加剧和生活目标的丧失。

青少年网络成瘾加剧了青少年的越轨行为。绝大多数青少年正在上学，为了上网，他们想方设法地违反学校的纪律，违反家长的教育，违反社会对一个学生所设定的基本行为规范。吸烟酗酒、夜不归宿、逃学就成为他们的日常生活习惯。

青少年网络成瘾加剧了财产违法犯罪行为。大多数迷恋网吧的青少年没有经济来源，为弄钱上网而走上偷窃甚至抢劫的道路。

青少年网络游戏成瘾更加剧了暴力违法犯罪行为。青少年具有很强的模仿性，什么事都喜欢尝试一下。网络游戏中，五花八门的暴力行为和各种各样的血腥场面，给他们提供了模仿的对象，使之在作案中由不会到会，由会到精，最终成为作案的“高手”，其手段也越来越残忍，甚至与年龄很不相称①。

第二节　青少年为什么会对网络成瘾

一、网络成瘾的生理学原因分析：都是大脑化学机制惹的祸

对上瘾内在机制的研究已经有十多年的历史，尽管我们还不能揭开“瘾”的所有秘密，但已得到的共识是：凡上瘾，都是大脑化学机制惹的祸。长时间上网，会引发复杂的生物化学变化，使植物神经功能紊

① 刘涛．网络游戏成瘾对青少年越轨行为的加剧及对策［J］．青少年犯罪问题，2006（2）：36－39，63．

乱、体内激素水平失衡，高级神经中枢陷入持续兴奋状态①。

其间，大脑皮层的“奖赏回路”被激活，使人产生快感。长此以往，这种刺激被保存下来，大脑就会强化自身的这种化学反应，导致网络成瘾的发生②。在这个过程中，存在四种大脑神经系统的紊乱，而多巴胺这种“快感神经递质”被认为是大脑失衡从而导致上瘾的关键③。

基因也被认为是导致上瘾个别差异的影响因素。但是这种基因遗传是以变异的方式，与环境相互作用，所以不会简单地由父母传递给孩子。

二、网络成瘾的心理学原因分析

网络成瘾的心理学原因主要有两个方面，一是某些特定的人格倾向和心理缺陷容易引起网瘾；二是网络的补偿作用是青少年网络成瘾的另一重要原因。

根据人格特质的研究结果，一些消极人格特质与网络成瘾有关。美国卡内基梅隆大学和匹兹堡大学的研究都显示网络成瘾患者往往具有以下人格特点：喜欢独处、敏感、抑郁、倾向于抽象思维、警觉、不服从社会规范。Kraut 认为网络的使用与个体抑郁、孤独和受到打击高度相关。另外，研究者还认为具有低自尊、焦虑、寻求外界认可、害怕被拘禁以及自我封闭等与抑郁有关的人格特征的人易网络沉溺。辛辛那提大学的精神病学家内森·夏皮拉发现他的网络成瘾病人中，大多数患有狂躁抑郁症和社交恐惧症④。

---

① 冯小茹．青少年网络成瘾的心理学分析［J］．山西青年管理干部学院学报，2003，16（4）：5－7.

② 孟令芳．青少年网络成瘾探讨［J］．山东省经济管理干部学院学报，2004，62（4）：132－133.

③ Ph. Chambon，等．瘾的解析［J］．新发现，2007（7）：35－36.

④ 刘惠军，樊励方．与网络成瘾有关的个体因素研究［J］．河北大学成人教育学院学报，2006，8（1）：90－92.

Young 和 R. Rodgers 利用 16PF 进行研究，发现网络成瘾者在自主性、警觉性、情绪化三个指标上分数较高，在自我开放性及世故性上得分较低。网络成瘾者具有自持性、敏感、谨慎、个人主义等特点、喜欢单独生活、限制自己的人际关系途径，特别具有抽象思维能力，较不遵守社会习俗，相对于其他人更容易情感化。

研究显示，神经质、强迫倾向人群易网络成瘾。研究者发现网络成瘾与强迫倾向有正相关。还有研究者发现有网络成瘾倾向的青少年与神经质有较高的相关，这与 Young 与 Rodgers 的结论是一致的。Young 与 Rodgers 曾认为成瘾者较非成瘾者表现出较低的顺从特质与高的情绪敏感度与反应度，因此，他们推论网络可能成为高情绪敏感度和反应度人群表达愤怒与散播充满挑衅语言的场域。

还有一个调查值得注意：常去网吧的人，要么性格沉闷内向，要么调皮捣蛋，但易上瘾的是前者，反倒是调皮捣蛋鬼，不容易上瘾，他们倾向于去网吧消遣。

网络补偿作用是导致网络成瘾的重要原因。

个体发展需要可以通过多种渠道获得，例如，亲子交流、在校学习、同伴朋友等。当青少年这些正常需要满足不了时，他们会寻找补偿方式来解决，而现今网络逐步成为重要渠道之一。娱乐和游戏是青少年成长过程中的必需要素，有其个体交往、社会适应的重要心理功能。而目前我国青少年的娱乐内容非常狭窄，渠道和可获得性非常有限，这也是网络游戏大行其道的重要原因。网络上，青少年满足了同伴、成就、发泄等种种需要。

补偿方式可以分为两种，一种是建设性补偿；另外一种是病理性补偿。如果适当使用网络，可以缓解压力，了解信息，结交朋友，这使补偿向良性循环发展，使需求得到建设性补偿，启动自修复功能，最后回归到常态发展当中。然而如果过度地使用互联网，并且沉迷于虚拟世界时，这种补偿即开始向恶性循环发展，使需求得到病理性补偿，无法启动自修复功能，达到失补偿状态。过度使用网络，沉迷于网络也就是病理性补偿方式的一种。

三、网络成瘾的社会学原因分析

缺少社会支持的青少年易患网瘾。现实生活中处处碰壁的人，往往喜欢网络游戏。全国有1000万名网瘾青少年。网吧成为青少年的“避风港”。我们一直说要给孩子创造活动空间，可是，篮球场、足球场越来越少，收费越来越贵，孩子只能去网吧。

一些游戏开发商一味追逐利润而不顾道德，他们在游戏的设计时就加入了许多引诱青少年上瘾的要素。不法网吧唯利是图，孩子上瘾正是他们的目的。

家庭问题会导致网络成瘾。研究显示，身处于单亲家庭、家庭失和情境中，以及与长期忙于工作的父母缺乏沟通的青少年更易沉溺于网络。家庭是青少年成长的重要的客观环境之一，随着青春期的到来，青少年身心的变化更是需要父母的指引和帮助。于是，缺少父母双方足够的爱的孩子，因种种原因与父母无法进行有效沟通的孩子在某个事件或是某次挫折的刺激下倾向转投网络。缺乏沟通加剧了父母与子女之间由于思维方式和行为方式差异而结成的矛盾，忽视成长中的青少年心理需求则会加剧青少年的叛逆，这都是导致网络成瘾的罪魁祸首。

学业压力会导致网络成瘾。社会竞争日益激烈，学业压力日益增加，学习成绩成为家长、教师评价学生的单一标准，这一标准也已内化为青少年自我评价的标准，这常使学习成绩不理想的学生产生自卑心理，在教师偏见和家长不理解的双重推动下，在轻松的网络环境中寻求解脱。

四、网络交往成瘾原因的特殊性

“网络交往成瘾”是指，将精力过度地或全部地投入网络人际关系中，包括使用MSN、QQ、BBS等在网上与他人交流。成瘾者将全部精力投注于网聊、网恋、网婚之中；在线朋友很快变得比现实生活中的家庭成员和朋友更为重要。

网络人际交往具有虚拟性、跨地域性、自主性、平等性等基本特点。这些特点满足了青少年的需要，契合了他们的身心特点，易使人上瘾。与传统人际交往相比，网络人际交往的互动双方都有着相当大的自由退出权，网络生活中的青少年掌握着与陌生人接触和交往的控制权，互动的双方对所运作的结果稍不喜欢就可随时退出。

网络空间的虚拟性、隐蔽性及易失范性等特点，在一定程度上，也有可能导致青少年网络交往成瘾，并引发青少年在网络交往中的各种人际关系障碍，限制了青少年的人际关系朝纵深化方向发展。Young提出的网络成瘾的ACE解释模型，认为是网络具有的匿名性（Anonymity）、方便性（Convenience）和逃避现实性（Escape）特点诱使个体沉溺于网络世界。这是因为在网络形成的虚拟空间里，人们可以隐藏自己的真实身份，可以做任何自己想做的事、说自己想说的话，不用担心谁会对自己造成伤害。而且做任何事只需动动手指，非常方便。而当遇到生活困境时，随时都可以在网上找到安慰和帮助。这种自由而无限的心里感觉引诱着个体逃避现实生活而进入网络世界①。在Young的理论基础上，Kiesler和Joinson进一步提出，“去抑制性”（disinhibition）是网络导致用户沉溺的最根本特性，个体在网络社会中，抑制作用减弱，其行为比现实生活中更不受约束。

因此，网络的匿名、方便、逃避现实性让在现实生活中遭遇挫折的青少年找到了避难所，而网络交往虚拟、平等、自由等特点让青少年在网络虚拟世界中体会到了充分的自由。因此，高感觉寻求的青少年更希望在网络上获得更多的人际交往体验和实现人际交往的期望，从而更加偏爱、更易沉迷于这种新型的人际交往形式。

---

① 丁海燕．网络成瘾研究述评［J］．大学时代，2006，1（4）：42－44．

五、网络游戏成瘾原因的特殊性

网络游戏有互动性、竞争性、合作性、规则性、激发性、情节性和永无止境等特点，这些皆易诱导上瘾。

网络游戏的“自动反应”的心理机制也值得注意。对此，Grodal解释得很清楚：第一次玩一个游戏，起初体验到的是别扭；这个世界是陌生、突兀的，充满挑战和神秘。玩上多次之后，游戏世界会变得熟悉习惯起来。玩家在游戏过程中经历了一连串情绪，体会到不同的、诱惑人的快感。就会导致产生类似催眠状态的沉迷。这样的高峰状态，因有牢固的神经链条为基础，成为条件反射式的自动反应①。

从青少年特殊的心理来看。青少年正处于完善自己人格的重要阶段，在这一时期，他们寻求同一性的内在要求非常强烈。希望通过自己对周围世界的控制来确认自己②。在网络游戏中，这个心理特点体现得非常突出。Livingstone对有屏幕娱乐经验的少年进行访谈时注意到：当孩子们说到游戏时，不断出现的字眼是“控制”“挑战性”“自由”③。另外，青少年有一种反规则的倾向，也易产生一种逆反心理。青少年心理中存在一种明显的独立化追求，希望通过自己的思考指导自己的行为方式，而不希望受到大人尤其是家长的管束和命令。网络游戏能够为青少年消除心理上的受挫感、压抑感或者受压迫感，从而获得心理上的解放和自由。青少年在网络游戏中就能够获得一种在现实生活中无法获得的感觉——平等感和自由感。在网络游戏过程中，青少年玩家还有一种

① T. Grodal. Stories for Eye, Ear, and Muscles: Video Games, Media and Embodied Experiences. [C]. In M. J. P. Wolf, and B. P (eds), The Video Game Theory Reader. New York: Routeledge, 2003: 148.

② 埃里克·埃里克森. 同一性：青少年与危机 [M]. 杭州：浙江人民出版社，1998: 101-104.

③ S. Livingstone. Young. People and New Media: Childhood and the Changing Media Environment [M]. London: Sage, 2002: 231.

非常突出的心理需求，就是融入一个带有奇幻色彩的同辈群体之中①。

格桑泽仁用催眠理论来解释网络游戏对人的作用。网络游戏究其根本，是“程序高手＋美工高手＋心理专家”三者结合，完美地创造了催眠所需的刺激和条件。首先，心理学家找到人们潜意识中的需要：力量、成就、冒险、竞争、刺激、团队与归属等渴望，通过武侠、赛车、运动、绝技、神幻、魔法、宝物、积分、升级等方式来满足。美工高手通过逼真、绚丽、冲击感强烈的画面和扣人心弦的音乐给玩家以视、听觉刺激。潜意识对音乐画面几乎是不加评判直接接受。程序高手将想象实体化，使玩家只要动动小小的键盘鼠标就能够参与宏大的场面，与数千、万人互动，全方位调动和满足快感，沉浸于愉悦的催眠状态而难以自拔②。

第三节　如何治疗网络成瘾

一、颇受争议的治疗技术

“能否运用药物来戒除网瘾?”这是争议之一。用药，主要是一些精神类药物，甚至有些医院使用戒毒药来戒除网瘾，这引发了不少争议。

支持者的主要依据在于网络成瘾有其形成的生理机制，是一种精神类疾病。北京军区总医院成瘾医学中心主任陶然认为：“网络成瘾不只是一种心理疾病，准确地说是一种内分泌紊乱的精神类疾病。他们与酒瘾、毒瘾、洁癖等患者一样，其心理都是病态的，程度不同地存在着心理障碍。因此必须以药物治疗为基础进行治疗”。

反对者的主要依据在于网络成瘾主要是习惯和爱好的问题，是心理

① 周晓虹．现代社会心理学［M］．上海：上海人民出版社，1997：136.

② 格桑泽仁．你，正在被催眠［M］．北京：世界图书出版公司，2009：87－88.

因素导致的。国内著名的“戒网瘾专家”，华中师范大学特聘教授陶宏开认为，用药物戒除网瘾并不可取。他表示，网瘾只是一种比较偏激的爱好。是习惯问题，不是疾病，用药物是不负责任的行为。用平衡体内的多巴胺来克服网瘾，表面看有一定效果，但在抑制多巴胺的同时，人会对很多事情失去兴趣，网瘾是没有了，但生活的乐趣也荡然无存。

有治疗机构使用“戒毒药”来治疗网瘾，争议更大。

其实，解决争议，要靠破解网络成瘾背后的形成机制。就现有的研究来看，凡“瘾”的形成，都有神经系统的紊乱，都与大脑化学机制有关，所以，适当用药肯定是需要的。而毒瘾与非毒瘾的形成机制有异同，因此在用药的类型和剂量上又应该与戒毒有区别。总之，要以科学和专业的研究为基础。

治疗技术争议之二：军训、体罚甚至电击。

军训的最初方式是行走，企图让孩子们整天走路，用体力的高度劳累来代替对网络的依赖，后来演变成严格的军训。在一些封闭性的训练中，体罚甚至电击常常被使用。

戒除网瘾是一个相当漫长的过程，一般来说，完全戒除网瘾需要1—2 年时间。短期的封闭治疗，限制多于教育，肯定不是治本的方法。而采取体罚甚至电击，则更不人道，会有很多后遗症。

争议之三：高收费和商业化运作。随着“网瘾戒除”成为社会热点问题，各种网瘾戒除和治疗机构也红火地建立起来，然而这些名目繁多的所谓专业机构其实“鱼龙混杂”。许多“戒网瘾”中心，每月费用六七千元，3 个月为一疗程。若加入更多商业化运作，月费用动辄一两万元，这个数字对于普通家庭来说不是小数目。

山西方山铁腕书记，采取取缔县城网吧的方式，也引发争议。

二、基本共识：综合治疗

导致网络成瘾的因素是多种多样的，既有个体自身的问题，包括生理和心理的原因，也有外部家庭、学校、社会环境的影响，因此在网络成瘾的治疗方面现在大家基本达成共识：综合治疗。即包括医学治疗、心理治疗、军训、健康教育、家庭关系调节等几个部分。

在综合治疗的各个治疗单元，也尽量应用综合的手段和技术。就拿心理治疗单元来说，“八阶段三分之三”心理治疗模式就很典型。其总体目标是融合各种心理治疗技术，循序渐进，个体、家庭、团体“三位一体”，集中治疗和开放性的后续追踪相结合，促进青少年人格完善、社会适应性的日趋增强。其具体治疗步骤如表 11－1 所示[①]。

表 11－1　网络成瘾治疗步骤

八大阶段	个体治疗要点概要（家庭、团体略）
面对戒断应激，激发动机	顺应阻抗、问题外化 建立差异、调整风格、转移注意力
客观描述症状，评估界定	客观测评、投射测试 观察访谈、收集行为数据、观察人际关系
寻找分析归因，探索发现	发现歪曲认知、感知情绪情感 寻找原因、挖掘潜意识、自我确认
叩问生命意义，制订方案	确立治疗目标、增强现实感受 减轻焦虑症状、症状清单列表、自我激励替代
唤醒潜在力量，告别过去	完成情节、举行仪式 表达痛苦、积极关注、诘问辩论
调整思维模式，重构认知	认识不良信念、自下而上原则 评估自动思维、设计新的信念、替代不良信念
强化正性习惯，控制沉迷	消除负性行为、强化正性行为 注意循序渐进、实施行为监控、行为情境迁移
维护心理循环，共同成长	制作新的计划、建立行为准则 建立支持系统、实施后续追踪、促进人格成长

① 应力，岳晓东. 冲出黑暗峡谷——戒除网瘾八十问［M］. 上海：上海人民出版社，2007：108－112.

至于具体心理治疗技术的使用，也强调综合，精神分析、认知疗法、行为疗法的许多技术都可以使用，如，心理涂鸦、沙盘游戏、语词投射、影响投射、催眠投射、团体训练、满灌疗法等。

有一中学生网络游戏成瘾两年，不能自拔。后来有机会替人打装备，打到一定的级别可以得到一定的报酬，但有很苛刻的时间限制，一开始，他很高兴，既满足了自己的游戏瘾，还有收入。但到最后，越打越烦，越打越怕，最后戒除了网瘾。这在心理学上称为“满贯治疗”，可以用“德西效应”来解释。游戏在半山腰，瘾头最大，玩到顶级后，许多人觉得“其实一点意思也没有”。

三、戒除网瘾：家长先受教育

网瘾治疗的第一患者，不是学生，而是家长。孩子往往是家庭心理功能失调的替罪羊。家庭教育偏见不改变，网瘾的戒除效果就会大打折扣。一个戒除网瘾特训营制订了系统的家长治疗计划。

开始的项目是：倾倒心理垃圾。小鹏的母亲诉苦：“孩子对家长犯下的是罪恶，对我们是多年的感情伤害。他们是混蛋，就是混蛋。我希望他变得有一点点的人性。”那些一帆风顺的家长体会不到这些家庭的苦难。在网吧不回家、和社会上的损友胡混甚至吸毒、早孕……有的孩子不仅打骂父母，还想要杀掉他们。这些孩子让父母伤透了心。

然后是：家教经验分享、家长结对子、家庭咨询、建立家庭心理档案等。

唤醒、体验、分享、自主，是康复的主题。父母同时在扮演两重角色：爱孩子的父母，伤害、剥夺孩子自由的奴隶主。在“感动一刻”活动中，父母打开幸福请柬，孩子与父母紧紧拥抱。

目前，为染上网瘾的青少年子女而烦恼的父母数百万计，同时也正是这些烦恼的家长是帮助青少年戒除网瘾的重要力量之一，因此如何帮助家长掌握关于戒除网瘾的基本知识，引导家长改变观念，改进行为，改善家庭环境成为至关重要的话题。

首先，要改变家长们把网瘾一切罪责都归咎于“不爱学习、贪玩”的观念。通过在学校开展讲座等具体方式向家长传播网络成瘾的科学知识，让他们客观认识网瘾的形成原因。

其次，要改变家长们面对网瘾子女“非打即骂”的暴力行为模式，引导他们通过与子女的沟通来了解孩子的内心想法，帮助他们树立生活的信心，重新找回生命的支点。

再次，要协助家长改善家庭环境，为孩子营造一个相对宽松、民主、和睦的环境。家庭成员之间良好的互动关系有助于孩子社会化的健康发展，进而摆脱网络，进入现实社会。良好的家庭氛围也能够让孩子从中获得心理援助和心理力量，强化其戒除网瘾的动机和信心。

四、曲线救国：多方支持，寻求生命的支点

青少年网络成瘾不仅要治标更要治本。实际上，造成青少年网络成瘾产生的因素是多方面的，上述的各种个体的心理矫治的方法，只是针对部分造成青少年网络成瘾的个人心理因素，也并不是所有因素的体现，其他诸如世界观、人生观、道德观等也属于个体内部的认识，同样需要进行教育引导。很多产生网络成瘾的其他因素，如，非法网吧、不良信息等，同样需要加强管理。因此，青少年网络成瘾者的矫治，是一项综合工程，在进行心理矫治与疏导的同时，更需要全社会的参与，共同创设青少年健康成长的社会与文化环境。

家长和教师是两股最重要的力量。这两股力量应该努力帮助这些青少年成瘾者确立自己的人生目标，找回自己的责任感和自信心。在此过程中，家长和教师也特别要注意对成瘾者的人格尊重，在脱瘾之路上，最好的方法是爱与支持，宽容与理解。

美国有一家“reSTART”网戒中心，他们的一种重要治疗方式是小组自我剖析会议，他们的理念是：通过相互交流发现自己的内心，通过

户内外活动，意识到生活本身的义务与责任，通过人际相互关怀，意识到自己的价值与意义。最终引导网瘾者找到新的兴奋点，并重建自己的新生活①。

第四节　重建健康的网络生活

同样的网络、不同的使用途径就有可能造就不同的人生。网络本身并无好坏、真正决定网络的好与坏的是使用者本身。德国治疗网络成瘾的办法，不是把孩子与网络隔绝开来，而是给孩子布置一些网络作业，让上网成为学习的一种途径和手段。我们没有必要拒绝网络，视其为“洪水猛兽”，而是应该积极发挥其正面效应，重建健康的网络生活。

一、博客：普罗大众精神生活的唤醒与重建

近年来“博客”备受追捧，逐渐成为了大众网络生活的一个重要组成部分，博客的兴起为大众的自由表达提供了“讲台”，为大众的自我展示提供了“舞台”，为大众的平等交流提供了“平台”。正是“博客”让越来越多的“无名小卒”瞬间成了“草根明星”，获得了他人的尊重与自我的满足。

刘军宁有一篇文章《文艺复兴，就从博客开始》。文章写得激动人心：中国的文艺复兴正从博客文化中兴起。在这个自由而畅快的交流平台上，人们可以摆脱意识形态的束缚，独立平等地发表自己的见解。在网上创造出自己生命的“第二人生”，弥补现实生活的苦楚。

这里不讲博客引发文艺复兴这样的宏大意义，只想谈一个切身的感受。博客唤醒并重建了许多普通人的精神生活。我们身边的许多人开了

① 吴祚来．戒网瘾不妨向美国机构学习［N］．东方早报，2009－08－23．

博客，他们不仅在网上自由表达、激情辩论，结识志同道合的朋友，使芸芸众生获得了话语权，提升了自信、独立精神。而且，更重要的是，在纷纷扰扰的现实生活之外，博客为他们开了一扇精神天窗，使他们能够超越功利、超越庸常的现实生活，精心地经营自己的这一片精神园地，天长日久，这些人的精神品质会很不一样，这样的人多了，整个社会也会更倾向于精神化。

二、火星文：满足青少年归属感和创造性的需要

网络可以通过特殊的方式满足青少年的创造性和归属感，这在火星文中表现得很典型。火星文是由新新人类鼓捣出来的一种网络流行语，主要由生僻字、符号、谐音字、数字、字母等组成，可以说暗合六书造字法，通假、转借、象形、会意均有。主要有四种构成法：

象形：orz：五体投地

拟音：u 有；4 是

合并：弓虽即强；彦页刀巴即颜色

半边：轲笕即可见

尽管“火星文”的使用有一些既定的文字和语法方面的规则，但是这些规则均十分“笼统”，同一个意思，不同的“火星人”能够通过不同的文字组合加以表示，这样的一种“自由”让“火星人”们十分享受创造带来的乐趣。另一方面，解读不同的“火星人”创造的“火星文”也是一种创造力的体现，在许多“火星文论坛”中都有这样的互动版块，一段“火星文”往往会引发多于十倍甚至几十倍的“猜测”“讨论”或者“破解”。在这样的互动中，青少年活跃的思维被充分地运用起来，他们无穷的创造力也被有效地激发起来了。

与现实教育相比，运用学生对“火星文”的浓厚兴趣培养他们的创造力有以下两方面的优势：第一，“火星文”存在于网络中，它的使用相对自由，没有既定的各种标准，这样就降低了“创新”的风险，

“火星人”们是不会计较对错的；第二，“火星文”的形成遵循着“自下而上”的规律，它由每一个“火星人”共同创造，大家对它都是充分地认识，尽管存在着“火星文官方网站”这样的组织，但它并不是“知识霸权”，而是“创造力分享平台”。

“火星文”还有助于青少年归属感的建立。“火星文”作为新兴网络语言，成为一个群体的共同标志，这一特点使得群体的识别感增强，使得青少年的自我意识被充分唤醒，让他们意识到“我”是一个独特的个体存在。拥有一种独特且共同的“交流工具”使得群体内的交流更加充分、自由。可以通过特殊的互动获得同伴的认同与赞赏。许多青少年用火星文写日记，老师父母看不懂。他们感到特别有成就感。

三、强化资讯功能，淡化游戏功能

相关调查表明，网瘾用户上网倾向于娱乐性、单一性，非网瘾用户倾向于借助网络获取信息，而且网络活动较丰富。上网主要以资讯的获取为目的的人，网络成瘾的可能性较小。可见，上网内容的选择在重建健康网络生活中的重要意义。

互联网时代的到来伴随着知识的爆炸，互联网提供了海量多元的信息，使得人们信息获取的便捷性大大提高。通过互联网获取资讯主要关注的还是现实生活的变化，上网作为一种关注现实生活的途径和手段，因此不容易造成网络成瘾。

然而，网络游戏和网络虚拟交往则是将网络世界作为一个与现实社会相对立的“第二世界”，青少年往往借此逃避对现实生活的不满。适当的网络游戏和虚拟交往可以帮助青少年宣泄负面情绪，建立自信，获得成就感和满足感。然而一旦深陷其中，用虚拟世界中获得的快感来逃避或者过分补偿现实生活中的痛苦就会难以自拔。

因此在选择上网内容时应以资讯获取为主，将网络视为一个“可以被人为控制”并“合理利用”的工具来更好地享受现实生活；以网络游戏和虚拟交往为辅，适当合理利用其补偿功能，作为情绪宣泄和自我调整的工具。

四、做网络的主人：内控点的建立

我玩游戏，不是游戏玩我。

心理学研究表明，青少年的控制源越是倾向于内控，时间管理就越好，因为内控倾向多与积极追求有价值的目标相联系，对时间管理表现得较为积极主动。提高青少年的内控性，就能增强他们对时间的管理水平，从而间接控制上网时间，起到预防网络成瘾的作用。

内控点的建立一方面在认知方面，相信自己能够对事情的发展及结果进行控制，即帮助青少年在认知层面明确自己可以对上网的时间和内容进行主观的控制，积极并自信地面对网络的各种诱惑，对于避免和戒除网瘾充满信心并愿意付出努力。另一方面在行为上，要通过各种方式给予适当的外在压力帮助青少年建立内控点，如，强化措施的合理运用。

心理作业：

回顾自己的上网史，总结自己网络健康使用的经验。

12

学业问题诊断与指导

现在的学生很苦，这是人人皆知。苦在何处？学业是学生压力的主要来源。据调查：家长投入时间与精力最多的是孩子的功课辅导与品德教育，投入最少的是体育健身锻炼与兴趣特长培养。家长最关心的是孩子的成绩，最不关心的是孩子的情绪变化，关注率的差异可以达到64%比1%。学习成绩是家长关注的“重中之重”①。从人的一生来看，成绩的重要性与身体的重要性及情绪的重要性，真的相差60倍吗？

“成绩不好”，这是家长和教师最大的焦虑。学习尤其是成绩的重要性，在现在的学校和家长，似乎被过分关注了。在这样的背景下，我们该怎样来进行学业指导呢？我们认为，关心成绩，不如关心成绩背后的东西；关心学习压力与焦虑，不如关心形成压力的根源性的原因：感觉统合失调、学习的非认知方面、学习的个别差异等。

① 钱滢铄，焦苇．家长不要再给孩子人为加压［N］．新民晚报，2007－08－21（A5）．

第一节 学习困难的祸根之一：感觉统合失调

一、他们的学习为什么这么困难

案例1：笨手笨脚

“他从来没有安分过，上课不是跑来跑去，就是小动作不断，即使老师站在旁边，他也要利用老师转身的瞬间去打闹，一点自制力也没有。注意力不集中，做事没耐性。笨手笨脚，三天两头闯祸，不是打翻花盆，就是弄坏别人东西，太过分了！”飞飞的老师这样描述。

案例2：视而不见

“你这个儿子怎么回事？写字不是上下颠倒、就是左右不分，偏旁部首经常调位。读课文，不是漏字、窜行，就是加字。计算时粗心大意，不是丢题就是抄错，还常将答案71写成17。教一百遍也改不过来！”老师在电话里很激动地对阳阳的妈妈抱怨。阳阳的妈妈也激动起来，“他从小学写数字就这样，9写成6或p，10写成01，2、3、5、7、C、E、F都要反着写，就像不长眼睛一样，而且屡教不改！”

案例3：听而不闻

“哎，你没带耳朵吗？为什么总是听不到我说话？”妈妈很生气地对着贝贝大叫。妈妈描述贝贝特别不听话。大人与他说话，他就像木头，毫无反应。整天心不在焉、丢三落四。做作业时，东张西望，磨磨蹭蹭，常做到深更半夜；老师也反应贝贝常常会忘做老师口头留下的作业，或忘了带老师要求的学习用具。

以上孩子，看起来都很聪明，若不上学，很难发现他们的问题。但一上学，很快就会成为“差生”，出现学习困难，而老师对他们的抱怨基本上集中在多动、注意力不集中、学习技能欠佳、粗心、马大哈、笨手笨脚、做事磨蹭、不听话。这些问题让老师头疼、家长无奈。由于这些问题反复出现、屡教不改，脾气再好的老师和家长都会失去耐心，控制不住就会责骂、恶语相加。

其实，出现这些问题，并不能简单地怪孩子。也不能简单地用一句“不听话”“懒惰”“不努力”“屡教不改”来解释。这些问题的背后，躲着一个祸根：“感觉统合失调”。

二、什么是感觉统合失调

人有多种感觉（视觉、听觉、味觉、嗅觉、触觉、前庭觉和本体觉等），人出生后的几乎一切活动，哪怕是最简单的吃饭走路，都需要多种官能的协调配合，也正是在这些活动中，各种感官所对应的神经纤维在生长，在沟通，在联络。由此形成星罗棋布的神经统合网络。这种统合网络的形成又成为孩子以后从事更复杂的活动的生理基础。借着这种持续不断的感觉统合过程，大脑的分工愈来愈精细，功能愈来愈复杂均衡，个人的学习能力和适应能力也就愈来愈强。

感觉统合具有非常重要的功能，比如，检索功能。输入人脑的感觉刺激是非常多的，人脑在意识水平上不可能对所有刺激都做出反应。而感觉统合能把各种信息中最有用、最重要的那部分检索出来，以供脑使用。脑对统合过的重要信息进行反应，就更为准确、及时。比如，综合功能，有了这种综合，人才能认识外界事物：这是一个苹果！通过眼睛、鼻子、嘴巴、皮肤、手指以及关节等各种感觉器官得到各种感觉刺激，大脑将它们统合起来，才形成一个完整的苹果的认识。比如，保健功能。如果一个人的感觉统合很好，他就能很好地适应内外环境，人就会产生胜任、满足等有利于身心健康的感觉。

遗憾的是，许多孩子由于各种原因，缺少足够的感觉刺激，致使各种感官不能充分发展，感官间的联系不多，神经统合网络形成不好，感觉刺激就不能在中枢神经系统进行有效的组合，大脑无法对输入信息进行综合加工（筛选、解释、比较、加强、抑制、协调、统一、平衡），便形成“感觉统合失调”。

感觉统合失调往往形成于早期。因为神经系统的发育形成有关键期，婴幼儿期最迅猛。

“感觉统合失调”有多种类型，最主要的表现为以下三种。

视——动统合失调，最典型的表现就是前面案例中提到的“视而不见”“笨手笨脚”。这时候学习者会在视觉与动作平衡、协调方面出现问题，这类统合失调的学习者会观测不准距离、协调能力差，不能正确掌握方向，经常迷路或迷失方向，甚至穿鞋子也会在不知不觉中穿反。因为协调能力差，走路时经常会撞到东西或跌倒；平衡感也会很差，如，坐公交车时会因车子方向的改变而在车厢内四处颠簸，甚至无法站稳；跳绳、拍球等体育活动中动作不协调，跑步时动作不协调不准确，很累；不喜欢玩秋千、跷跷板、旋转木马等；怕上高处或跨越水沟，因为做这些运动时会有头晕或跌倒的感觉，会让孩子对事物的兴趣逐渐减少。一般来说，视觉统合失调的学龄儿童，在课内课外阅读时，常会出现读书跳行形成阅读困难；书写错误不断，如，写字时常常过重或过轻、字的大小不一、出圈出格、翻书页码不对，总是把数或字颠倒写，把“失调”写成“调失”，反复提醒都没用。计算粗心，演算数学题目常会抄错。分辨不出相似的图形或物品；不会玩拼图游戏，常把左右混淆。在生活上还常常丢三落四，生活无规律。时间久了，必然会造成孩子学习成绩下降，在心理上产生跟不上学习进度、自己不如他人的自卑感。视动统合将形成人很好的本体感觉。本体感觉又称身体形象或身体地图。这是身体神经组织和大脑长期互动联系过程中，协调出的自动自发的能力。本体感是自信心和创造力的根，自信心充足，本体感发展良好，大脑的功能才能发挥自如，观察力敏锐，反应迅速，人生最重要的想象创造力才能丰富地发展起来。

听觉统合失调，最典型的表现就是前面案例中的“听而不闻”。由于两岁前家里太安静，语言刺激少。父母内向，或者与孩子交流太少，导致孩子对语言刺激不敏感，甚至干脆对声音刺激失去兴趣，听话说话的能力较弱。幼儿时期会说话的时间一般会比较晚，两三岁以后才会说话；有口吃或口齿不清的现象；对重低音感觉不灵敏，唱歌时易走音；长大后则表现为注意力不集中、多动，上课时，老师口头布置家庭作业或者下节课要带什么学习用具，他总是东张西望，老师的话全当耳旁风，一点也听不进去。平时家长喊他，他也不在意，以为那与己无关。同时，这类学习者的记忆力会较弱，因此会给学习和生活带来不良影响。这种现象如不纠正，时间长了，孩子会在心理上怀疑自己的能力，甚至厌学逃学。

触觉统合失调，触觉是神经组织最重要的营养，触觉的敏锐度会影响大脑辨识能力，身体的灵活及情绪的调节，集中注意力的发展。由于爬得太少，甚至不爬就走，导致触觉神经与外界环境的协调不佳，表现为触觉过于敏感（即防御过当）或迟钝（防御过弱）。触觉过于敏感的孩子不喜欢别人触碰或抚摸，心理上常有担心害怕、易受惊的感觉。在学习与生活中则表现为好动、不安、办事瞻前顾后，甚至怕剃头、怕打针。这样的孩子被家长带到医院请心理医生诊断，总以为孩子得了“多动症”。触觉迟钝的孩子喜欢呆在熟悉的环境中或喜欢保持原样、重复熟悉的语言与动作，对新鲜事物或学习有排斥心理，动作不灵活、笨手笨脚，意外碰伤或流血时，自己常未察觉；拿东西时，容易失手掉落；大脑的分辨能力较弱、缺少自我意识；学习积极性低下，当成绩不佳、人际关系冷漠时又常会陷于孤独之中；因此这类统合失调的学习者会出现学习困难、人情冷漠等问题。

三、感觉统合失调的原因

感觉统合失调症正在威胁着我国儿童。北京、上海、南京等地都做过调查，结论基本相似：10% ~30%的儿童不同程度地患有此症。按这样的比例，北京90多万名小学生中，重症感觉统合失调病人约有10万人。而且感觉统合失调的发生率有逐年上升的趋势。这与下列因素有关。

（1）过度保护，过多依赖学步车，导致爬行不足，甚至根本不爬就会走，许多家长还很得意，以为孩子不爬就走是孩子能干。

（2）城市儿童生活都市化，现代家庭小型化，独生子女增加。尤其是在外工作的小核心家庭，一家三口，与长辈相隔太远，日常人际关系单一，缺少同伴群体。若是父母工作忙，或认为孩子小，什么也不懂，没有及时为孩子提供充分的视觉、听觉及其他感觉刺激，感觉统合不协调也就在所难免，尤其是听觉统合失调。

（3）被动娱乐多，电视、碟片、游戏机成为儿童主要的玩具。户外活动少，体育锻炼少、自发游戏少、接触活生生的真实的大自然的机会少。尝试错误的机会少。儿童应有的摸、爬、滚、打、蹦跳等行为，在发育的自然历程中被人为破坏。

（4）过早过多的认知教育。小小年纪就忙于参加各种早教班，弹琴、绘画、电脑、外语等。过早进行认知教育，恰恰挤掉了其他统合能力的开发。

（5）早产、剖宫产、先兆流产、怀孕时用药或情绪处于应激状态都可能影响孩子的感觉统合能力。

四、感觉统合失调的危害

除影响智力与学习外，感觉统合失调有多方面的危害。

（1）影响孩子的智力开发和综合能力的培养。

（2）导致学习困难。

（3）影响孩子情商。

他们的情绪极不稳定，黏人，怕黑，胆小，爱哭，容易冲动。

（4）影响孩子人格。

可造成孩子自我评价低，退缩，自信心不足。

五、感觉统合训练

感觉统合训练是设计一些富含丰富的感觉信息的游戏，使孩子在游戏中整合统一这些感觉刺激，从而形成协调反应。

1. 抓“关键期”

不同感觉的关键期不同，爬行在七八个月，行走在1岁左右，视觉、听觉在0—3岁，时间空间感在2—4岁，社会交往在3—4岁，都是关键期。

总的来说，7岁前最关键，12岁是下限。超过12岁之后的感觉统合训练，效果就不明显了。

2. 日常生活中的感觉统合训练

让孩子走出高楼与孤独，在户外活动中，在与人交流、沟通中，刺激、调整与强化自己的各类感觉统合能力。家长不要过分保护，或者因不信任而包办孩子的一切，孩子的事尽量让孩子自己做。游戏、运动、群体交往，是孩子发展之本。

3. 家庭中的感觉统合训练

优点：不需要借助大型场地和特制工具，随时随地可以进行，但要有效，至少坚持3个月。家长可根据孩子特点，有针对性地进行。比如有以下几点表现与训练方法。

前庭功能失调，主要表现：好动不安、注意力不集中，上课不专心、爱做小动作，听而不见、久转不晕，平衡能力差，虽看到了仍常碰撞桌椅、门墙。游戏方法：充分爬行、平衡游戏、飞机游戏、摇摆毛巾游戏。

触觉过分敏感，主要表现：偏食、挑食，不爱吃菜；吃手或咬指甲；情绪不稳定，爱发脾气；陌生环境胆小、怕黑、粘人或紧张、退缩，不敢表现；对小伤小痛特别敏感；不合群或不会和别人玩，爱惹人。游戏方法：洗澡游戏、梳头游戏、抓痒游戏、沙土游戏、垫上游戏、小刺球游戏。

本体感失调，主要表现：动作协调能力差，笨手笨脚，做事拖拉、磨蹭，语言表达能力差，缺乏自信、消极退缩、不敢表现。游戏方法：球类运动、学做家务。

家庭中还特别适合一些具有感觉统合功能的民间游戏，如，滚铁圈、打玻璃球、踢毽子、扔沙包、跳绳、抽陀螺、跳房子、跳皮筋等。

4. 专门的感觉统合训练

专门的感觉统合训练20世纪70年代产生于美、日。我国较正式的机构到了20世纪90年代才出现，现在许多大城市都有这样的机构。这里，有专门的大面积的游戏室，地上铺有软垫，有专门设计的设施和器械，有专业的老师对孩子进行诊断，然后根据孩子的情况一对一进行指导训练。训练的目的是让孩子对刺激做出有组织、有结构的反应。训练的重点不在于要将动作做得如何到位，而在于过程中的体验，体验自动的感觉。

感觉统合训练的器材很多，比如，16合1平衡步道、S形平衡木、秋千、羊角球、圆木马吊缆、独脚椅、阳光隧道、滑梯、插棍、跳跳床、触觉球等。

第二节　学习的非认知方面

一、学习信心与动机丧失：习得性失助

心理学上有一个实验：将一个小猫关进笼子，给它电击，小猫极其痛苦，想办法逃脱。但可怕的是，笼子被关死，小猫多次努力，想尽了办法，却逃无可逃。最后，小猫趴到了地上，不再努力，再电击，再痛苦，它都一动不动。更为悲哀的是，将经过长期这样训练的小猫放到另一个笼子里，这个笼子的门是虚掩的，只要一碰就开，但小猫在这样的笼子里，照样消极忍受电击，不做任何逃生的努力。这种在多次努力却不可避免地失败之后，产生的自暴自弃、彻底放弃的现象被心理学家称为习得性失助。这一现象可以解释学校中许多所谓的“差生”的表现，他们不是笨，而是失去了对学习的信心和动力。

“差生”不是一开始就差。每一个孩子第一天上学时，都是信心满满，干劲十足，但由于各种原因，他们屡受挫折。一开始，他们还是想改变的，但如果结果还是不尽如人意，老是失败，慢慢地他们就会放弃，就会破罐破摔。表现为长时间的学习倦怠、学习焦虑。

俗话说：失败是成功之母，其实这句话针对小孩子要慎用。你如果一直让小孩子失败，可能得到的不是成功，而是习得性失助。相反，对小孩子来说，往往“成功是成功之母”。刘京海主张成功教育，其实有客观的心理学基础。

二、所谓“差生”的痛苦与可怜，你能感受到吗

教师、家长说起所谓“差生”的表现，最让他们受不了的是他们的无所谓。“他不是笨，而是根本不学好，什么话都当耳边风，故意与

你作对，真是恨铁不成钢!”“看他那吊儿郎当、玩世不恭的样儿，我真是气不打一处来。恨不能痛痛快快揍他一顿。”“你看他那个死样，一副死猪不怕开水烫的样子”。

其实，这些被称为“差生”的孩子，表现出的“无所谓”只是一种表面现象，只是他自我保护的一种方式。他们一开始其实都想努力，也都努力过，但他们的努力没有得到应有的回报。他们享受不到成功，却尝尽了失败的苦。不仅是体会不到学习带来的乐趣，而且要不断忍受大人的批评、责骂、同学的歧视甚至人格的侮辱，他们的内心其实非常痛苦。

他们不仅痛苦，而且可怜。因为面对痛苦，他无能为力。学习的问题已经累积成堆，他找不到突破口；大人的批评责骂中体现出的强权，他无力抗拒；同学的有形无形的歧视无所不在，他逃不出这张网。我们不要小看这种痛苦，不要轻描淡写地说“小孩子知道什么痛苦!”其实，孩子面临痛苦更加无助。好在上帝造人时想得很周到，他赋予人一种先天的本领：自我防御机制。当人面临的痛苦，实在难以忍受、不堪面对时，人的这种自我防御机制就会悄悄地启动，其中一种机制叫“否定”，人就会表现出“无所谓”，于是，痛苦就被淡化了，痛苦就被否定了。当然，这种淡化与否定是一种心理作用，是一种不是办法的办法，是为了防止心理崩溃而不得不采取的逃避策略。从这样的角度来看孩子的“无所谓”，其实是很让人心痛、很值得人同情的。我们作为教师、家长的，千万不要将其解释为是不知廉耻，是对你的权威的挑战，是故意与你作对。如果你这样看待和解释，你就不会再雪上加霜地用更恶毒的语言伤害他。

现在的教师、家长，已学会了一种本领：多表扬孩子。但他们还得学习另外一种更重要的本领：懂孩子、感受孩子的感受。懂他的本性的好，懂他的无力和脆弱，懂他的不懂：如果他的表现不能尽如你意，那只是因为他们不懂，他们不懂如何才能学得更好、不懂如何面对失败与挫折，不懂在困难的时候如何求助，不懂压力之下，出口在哪里？

一个14岁的男孩跳楼自杀，遗书里写下一句话："一个人，其实是很害怕的。"作为老师、家长的你，知道孩子为什么害怕吗？这孩子很乖、很听话，但不爱说话，家里人认为他"很好，只是有点内向"。其实，别小看"不爱说话"这个看似很平常的特点，它背后可能就躲着很多内容：不懂表达感受，不懂交朋友，不懂如何求助，所以，他会觉得是"一个人""很害怕"。

一个17岁的男孩上吊，遗书也有一句话："生活太辛苦了"。你能感受他的辛苦吗？衣来伸手、饭来张口，好吃好喝伺候着你，你还辛苦？许多大人愤愤不平！

三、学习的自主性：德西效应

学习动机可以分为内在动机与外在动机。内在动机就是对学习本身感兴趣，外在兴趣是对学习的结果、学习能够带来的好处感兴趣。一般来说，内因是变化的根据，外因是变化的条件。内因比外因重要。因为对学习本身感兴趣，这种动力是发自内心的、自主的、它不依赖于外在的奖励。能够培养出孩子对学习本身的兴趣，当然是最理想的事。

孩子天生的探究欲和好奇心，是孩子学习的本能动力。如果好奇心得到保护，探究欲得到满足，孩子就能从中得到快感，学习的兴趣就能够慢慢培养。而在兴趣基础上发展出来的对学习信心，是学习的不竭动力。老师常常抱怨孩子学习没动力，却不知道恰恰是他们毁坏了孩子学习动力背后的兴趣与信心。大人的误解与批评，常常是孩子求知欲的杀手。

当然，奖励在某些特殊的情况下，也可能成为坏事。心理学家发现了一个非常奇怪的现象，后来被称为著名的德西效应。假设一个人对一件事已经有了内在兴趣，这时再加上一个外在奖励，一般认为，他的动力会更大。但实验证明，恰恰相反，这时，动力不是增加，相反是降低。这一效应便以发现者的名字命名为德西效应。实际上这种现象在现实生活中确实存在。假如有一个小孩叫小强，他有一个特别的爱好：喜欢填字游戏。有时间就填，完成了许多巧妙的作品。有一天，一家报纸找到他，要在报上开设一个专栏：小强填字，要小强每周为报纸供稿，报纸还付不菲的稿费。一开始小强很高兴，不仅能够满足爱好，还能赚钱！填得更来劲了。但慢慢地小强对填字游戏的兴趣会减弱，因为填字已经变成了挣钱的手段，而不再是发自内心的喜好了。如果恰好第二天要交稿，而他刚好有别的事不愿填字，这时填字就成为他不得不完成的痛苦任务。俗话说：干一行，怨一行，也是这个道理。所以，教师和家长要当心，不要让奖励削弱孩子的内在学习动力。

四、外因也是孩子学习的重要动机

我们说内在动机重要，并不等于说可以忽视外因。现实中，内因与外因的关系比较复杂。内在动机、外在动机可以相互影响、相互转化。尤其对小孩来说，来自教师与家长的鼓励与欣赏常常是学习的强大动力。

心理学家奥苏贝尔把学习动力分为认知内驱力、自我提高内驱力和附属内驱力。认知内驱力是指学生理解和掌握知识、解决问题的倾向，是一种学习的内在动力。自我提高内驱力主要是学习者为了赢得地位和自尊心，或因担心学业失败而失去某种地位和自尊心而产生的焦虑才不得已驱使自己去学习的一种学习动力。附属内驱力是指学习者为了赢得父母或教师的赞扬而进行学习的需要，后两者都属于外部学习动力；在学生年龄较小时，附属内驱力非常重要。这印证了一句话：好孩子是夸出来的，坏孩子是骂出来的。

五、成绩的背后是什么

光读死书是不行的。

成绩的背后是兴趣与入迷。入迷可以使大部头的字典、词典、百科全书，在钱钟书的面前趣味无穷，他能够将许多字典倒背如流，形成照相机式的记忆力。他曾经“横扫清华图书馆”，出国第一年，几乎读遍了图书馆里所有能找到的小说。

朱元晨，上海的一名高中毕业生，2003 年以全额奖学金被哈佛大学录取。当时全世界申请者有 20987 人，而哈佛大学每年在全世界仅招收 1000 名新生，他是如何在众多竞争者中胜出，叩开世界名校之门的？他认为除了良好的高中学习记录、SAT 高分外，还取决于他出色的课外独立的科学研究成果，他先后两次获得英特尔国际工程与科学大奖赛计算机研究项目的特等奖①。他的成绩的背后，是主动的独立的学习能力，还有国际视野，与国际接轨，有比较强的国际生存和适应能力。

成绩的背后，有许多非认知的因素在支撑。

第三节　学习的个别差异性

一、八种智能的差异

加德纳认为，人具有多种智能：语言智能、逻辑数学智能、空间智能、身体动觉智能、音乐智能、人际交往智能、自我认识智能、自然观察智能。每个孩子有不同的智能强项，所以我们不能简单地说哪个孩子更聪明，而是每个孩子都聪明，只是每个孩子的聪明有不同的表现。一个在课堂上小动作不断的孩子，在传统的以语言和数理智能为主导的课堂上可能学习成绩不理想，但他有可能具有非常强的身体动觉智能，我们的教学方式如果能够适应他的这一特点，说不定他的学习效率会大大提高。

---

① 胡福贤．我的未来不是梦［N］．新民晚报，2007－10－14（B7）．

二、四种学习风格的差异

不同的人对学习风格有不同的分类。在荣格看来，人的差异植根于两种基本的认知功能：感知（我们如何吸收信息）与判断（我们如何加工信息）。我们以两种方式感知信息：具体的感官或抽象的直觉，我们也以两种方式判断信息：逻辑思维或主观感受。感官告诉你某些事物存在，思维告诉你这是什么，感受告诉你是否令你愉快；直觉告诉你何去何从。将这四种基本功能搭配，就产生四种可能的组合，形成四种不同的学习风格[①]（表 12 – 1）。

表 12 – 1　四种不同学习风格

	掌握型学习者（感官—思考型）	人际型学习者（感官—感受型）	理解型学习者（直觉—思考型）	自我表达型（直觉—感受型）
学习偏好	喜欢看到明确的结果并将所学付诸实践，遵循明确的、一步步的指导：对他的期望，作业的要求及为什么要这样要求	喜欢与人的生活相关的事物，而非与个人无关的事实或理论，希望得到教师的注意与鼓励，乐于在团队中与其他同学合作，对有益于自我了解的活动感兴趣	关注观念与关系，喜欢逻辑分析、争论与讨论，喜欢通过自己收集、组织、分析资料来解决问题	擅长创造性、想象、超越常规的思考，寻求新的问题解决

① 哈维·席瓦尔，理查德·斯特朗，马修·佩里尼．多元智能与学习风格［M］．张玲，译．北京：教育科学出版社，2003：30 – 31，43．

续表

	掌握型学习者（感官—思考型）	人际型学习者（感官—感受型）	理解型学习者（直觉—思考型）	自我表达型（直觉—感受型）
最佳学习方式	训练 示范 练习 动手经验	团体经验和项目 充满爱心的关注 个人表达或个人经历 角色扮演	演讲 阅读 逻辑讨论与辩论 与个人兴趣有关的方案	创造性、艺术性活动 开放性地讨论个人与社会的价值 具有启蒙和提升价值的活动，如，神话、人类成就、戏剧等
不喜欢	不喜欢没有实用价值的事、需要想象和直觉的活动、需复杂指导的活动、开放性活动（没有结果或报偿）、关注感受或其他含糊结果的活动	不喜欢长期的、独自一人沉默地工作、强调事实细节、总会有人失败的高度竞争性的比赛、详细的、要求高的例行公事	不喜欢例行公事或机械的作业、记忆、关注细节 僵硬规划和既定程序	不喜欢过多关注细节的事实、记忆、机械学习、事先规定正确答案的工作、例行公事

对照我们总结的上述表格，你可以想想，你属于哪一种学习风格，你所采用的优势学习方法是否对路？

三、性别差异：阴盛阳衰的原因

从中小学到大学，成绩好的、拿奖学金的、当干部的、评优秀的，无论是学习还是社会工作，女生都表现出明显的优势。

2007 年高考，全国 66 名状元中，女生 46 名，占 70%。北京 2005、2006、2007 年这三年中，文理科状元一律女生，重庆 2001 年以来，连续 8 年的 16 名状元中，13 名是女生。长沙市 2005 年高考，文理科第一名均为女生，文科排名前 10 名中，女生占了 9 名。在状元群体中，特别能反映性别差异的数学科目也是女生占优势。难怪有报道称：高校成了女儿国。

有人将“男孩学业劣势现象”的原因归结为中国教育的失败。殊不知，男生不如女生是世界性现象。以美国为例，现在美国全国大约58%的大学在校生是女性；毕业生当中65%是女性。“学生干部”会议是女学生的天地：学生会主席、副主席都是女生，校报主编和主要学生社团的主席也都是女生。美国国家教育统计中心的一项针对全美中学学生成绩和社会能力所做的调查显示，除了在语文和数学成绩上男女生基本持平外，在参与社会工作、艺术活动、校园媒体、学术俱乐部等方面，女生已经全面超越男生。美国教育部的数据显示，目前全美获得学士学位的女生和男生人数的比例是1.33∶1。伴随着数量的增长，女生的强势地位进一步凸显，男生正处于“边缘化”状态。女生更热衷于竞选班干部，上课的时候女生都欢叫着坐到前面，课堂上热烈讨论，积极发言提问，男生多数是躲在教室的后排，一声不吭①。

原因到底是什么呢？

也许要从性别差异与学校学习方式的匹配来分析。也许学校里的学习方式更适合女生。班级授课、课程设计、循序渐进的小步子教学、作业习题、考试测验，甚至教室安排等规范化的制度，不鼓励奇思异想、不给另类行为留空间，对女孩子更为适应。而男孩子，天生需要在无拘无束的疯玩中体验竞争、冒险、力量、合作、自主判断、失败、成功、英雄主义、崇拜感、领袖感。

在这样的背景下，对男孩的教育需要更多的研究。有人提出：男孩教育不能太早陷入功利的计算，不要太在乎考高分，排几名，要有开阔的视野，关注更本质的问题。要为男孩提供更广阔的活动空间、更多的运动，更多地接触大自然，做男人应该做的事，要给男孩子更多的发言权，要引导他们更多地表达感受。

---

① 张晓龙．男孩脑子想什么？拯救教育“边缘化”的男生［EB/OL］．（2007－03－15）．［2009－07－30］．http：//edu.people.com.cn/GB/5475560.html.

四、异中有同：普遍有效的学习方法

异中有同，也有一些方法是对任何人都普遍有效的。比如，

先提问，再看书。看一本书前，先想想：看这本书，我想解决哪些问题？

尝试回忆法：看一部分，合上书，尝试回忆讲了哪些重要东西？

建立“答错笔记”：不对错误进行总结、监控，错误会一犯再犯。

大声思维训练：出声思维可以使思维更快地条理化、清晰化。

反思训练：是真的吗？有没有相反的例证？

第四节　生活方式与学业

一、读屏一代：浅碟子思维

沙发上的小土豆：电视产生以来，造就了一代又一代的沙发小土豆，他们缩在沙发里，眼睛盯着电视，一集接一集地看卡通片或“肥皂剧”，可以几天不出门，其后果是“童年的消逝”①。电脑产生后，沙发上的土豆变成了“读屏一代”，其入迷程度相对于电视，是“小巫见大巫。”现在的“读屏”，又变种为更方便的玩手机。

现在许多家长也限制孩子看电视的时间，但他们可能只是为了保护孩子的眼睛，其实，过多地依赖电视和电脑，危害不仅仅是伤害眼睛。有研究得出读屏一代有如下表现。

读屏一代：视听成为信息主要来源，对文字与书写缺乏耐心。

读屏一代：思维流于浅表化、单向化、平面化、快餐化。

---

① 尼尔·波兹曼．童年的消逝［M］．吴燕莛，译．桂林：广西师范大学出版社，2004：141.

读屏一代：记忆力衰退，连最常用的电话号码也记不住，形成所谓“数码痴呆症”。

读屏一代：更易“享乐主义”“娱乐致死”。

读屏一代：拒绝长大，缺乏现实感。

读屏一代：更易自我中心，与父母关系更容易出现问题。

看来，危害并不是损害视力这么表面，更深的影响还躲在后面。

二、可乐一族：饮食与大脑工作方式

饮食会影响大脑的工作方式。

缺钙，不仅会影响骨骼发展，导致佝偻病。更关键的是影响神经系统的兴奋性。神经纤维外围有一层髓销，起到绝缘作用，但缺钙会影响神经的髓销化过程，导致神经系统过于兴奋，无法抑制，这样的孩子睡眠差，注意力易分散，情绪不稳定。

过多的碳酸饮料、食品添加剂，如，防腐剂、着色剂，可能使孩子多动。

不吃早餐或早餐吃得不好，会引发“学习眩晕”①。充足的蛋白质可以增强孩子的思维。

所以，要想学习好，还要长期坚持健康的饮食计划：多吃健康食品——新鲜鱼虾，蔬菜水果；多摄入蛋白质；少吃糖类、油炸食物、快餐、碳酸饮料（如，可乐）。青少年最容易缺钙、维生素 B_2，故青少年时期应多喝牛奶、早餐要吃好，不要挑食。青春期的少女，不可以随便节食。

---

① 迈克尔·古里安，凯西·史蒂文斯．男孩的脑子在想什么［M］．北京：世界图书出版公司，2006：99.

三、磨刀不误砍柴工：休闲、锻炼、社交

据江苏省有关调查，江苏青少年普遍存在以下问题：42%小学生近视，97%的学生睡眠不足8小时，25%的学生从不锻炼，遇上烦恼，37%的学生选择“闷在心里”，过半学生担心成绩，不吃早饭很普遍。

要想孩子学习效率提高，要教会孩子三个本领：会玩、爱动、会交朋友。

要给孩子充足的玩的时间。从小就让孩子学会自己找乐子。当孩子自己玩得很投入时，尽量不要打扰他们，不能用大人的眼光：这有什么好玩的？不让孩子有空余时间，孩子会越来越呆板。无论如何要保证孩子的睡眠时间。青少年每天至少要保证8小时的睡眠，否则对大脑的敏锐度会有很大影响。

有些孩子的玩儿就是看电视、打电脑、玩游戏。这种休闲方式需要改进，最好的休闲是在户外和朋友一起玩。

不要认为体育锻炼是浪费时间，每天一小时户外锻炼，可以起到 $8-1>8$ 的作用。尤其是有学习问题的孩子，体育锻炼可以使他们保持平静、促进睡眠、促进感觉统合、稳定注意力。对于男生，还可以在锻炼中学习。对青少年来说，锻炼最好的方式也是户外的团体活动。

青少年要学会交朋友。要学会与朋友讨论问题。西方孩子很小就学会泡咖啡馆，在其中高谈阔论，独立思考、清晰论述、尊重他人、尊重自我等习惯就在不知不觉中养成了。古代教育中特别重视雄辩术，这样的传统现在反而削弱了。聊天、辩论是我们现在的青少年特别应该专门训练的本领。

参 考 文 献

[1] 董桥．董桥散文［M］．杭州：浙江文艺出版社，1996.

[2] 葛鲁嘉，陈若莉．文化困境与内心挣扎：霍妮的文化心理病理学［M］．武汉：湖北教育出版社，1999.

[3] 胡河清．胡河清文存［M］．上海：上海三联书店，1996.

[4] 胡晓明．灵根与情种：先秦文学思想研究［M］．江西：百花洲文艺出版社，1994.

[5] 李晓文，张玲，屠荣生．现代心理学［M］．上海：华东师范大学出版社，2003.

[6] 龙迪．性之耻，还是伤之痛［M］．桂林：广西师范大学出版社，2007.

[7] 龙应台，安德烈．亲爱的安德烈［M］．香港：天地图书，2007.

[8] 龙应台．目送［M］．台北：时报文化出版企业股份有限公司，2008.

[9] 马绍斌．心理保健［M］．广州：暨南大学出版社，1995.

[10] 王甦，汪安圣．认知心理学［M］．北京：北京大学出版社，1992.

[11] 王元化．清园近作集［M］．上海：文汇出版社，2005.

[12] 许又新．心理治疗入门［M］．贵阳：贵州教育出版社，1993.

[13] 应力，岳晓东．冲出黑暗峡谷——戒除网瘾八十问［M］．上海：上海人民出版社，2007.

[14] 余华．活着［M］．海口：南海出版公司，1998.

[15] 俞文钊．管理心理学［M］．兰州：甘肃人民出版社，1989.

[16] 岳晓东．登天的感觉［M］．北京：北京师范大学出版社，1997.

[17] 岳晓东．我是你的粉丝：透视青少年偶像崇拜［M］．上海：上海人民出版

社，2007.
[18] 赵鑫珊．赵鑫珊散文精选 [M]．上海：复旦大学出版社，1997.
[19] 周晓虹．现代社会心理学 [M]．上海：上海人民出版社，1997.
[20] 埃里克·埃里克森．同一性：青少年与危机 [M]．杭州：浙江人民出版社，1998.
[21] 鲍威尔．人性的充分发展 [M]．吴晓风，赵明宁，译．北京：北京大学出版社，1989.
[22] 伯纳德·派里斯．与命运的交易 [M]．叶兴国，译．上海：上海文艺出版社，1997.
[23] 长谷川洋三．行动转变性格：森田式精神健康法 [M]．李治中，等，译．北京：人民卫生出版社，1992.
[24] 大卫·鲍恩斯．实用宽心术：一种排除忧郁的认知艺术 [M]．张国清，蔡旗，译．上海：上海人民出版社，1992.
[25] E. Berne. 人间游戏——人际关系心理学 [M]．田国秀，曾静，译．北京：中国轻工出版社，2006.
[26] 菲斯克，泰勒．人怎样认识自己和他人 [M]．张庆林，等，译．贵阳：贵州人民出版社，1994.
[27] 弗兰克．活出意义来 [M]．赵可式，等，译．北京：生活·读书·新知三联书店，1998.
[28] 弗洛姆．占有或存在 [M]．杨慧，译．北京：国际文化出版公司，1989.
[29] 戈夫曼．日常生活中的自我表演 [M]．云南：云南人民出版社，1988.
[30] 哈里斯．我行，你也行 [M]．杨菁，等，译．北京：文化艺术出版社，1988.
[31] 哈维·席瓦尔，理查德·斯特朗，马修·佩里尼．多元智能与学习风格 [M]．张玲，译．北京：教育科学出版社，2003.
[32] 霍妮．我们内心的冲突 [M]．王作虹，译．贵阳：贵州人民出版社，1990.
[33] 卡伦·霍尔奈．我们时代的神经症人格 [M]．冯川，译．贵阳：贵州人民出版社，1988.
[34] 卡伦·霍妮．神经症与人的成长 [M]．张承谟，贾海虹，译．上海：上海文艺出版社，1996.
[35] 科里．谘商与心理治疗的理论与实务 [M]．李茂兴，译．台北：扬智文化事

业公司，1996.
[36] 利维特．管理心理学［M］．张文芝，等，译．北京：中国人民大学出版社，1989.
[37] 罗洛·梅．爱与意志［M］．冯川，译．北京：国际文化出版公司，1987.
[38] 马赛拉，等．文化与自我［M］．九歌，译．南京：江苏文艺出版社，1989.
[39] 马斯洛．动机与人格［M］．许金声，等，译．北京：华夏出版社，1987.
[40] 马斯洛，等．人的潜能和价值［M］．林方，等，编译．北京：华夏出版社，1987.
[41] 迈克尔·古里安，凯西·史蒂文斯．男孩的脑子在想什么［M］．北京：世界图书出版公司，2006.
[42] 尼尔·波兹曼．童年的消逝［M］．吴燕莛，译．桂林：广西师范大学出版社，2004.
[43] 诺尔曼·丹森．情感论［M］．魏中军，孙安迹，译．沈阳：辽宁人民出版社，1989.
[44] 荣格．现代灵魂的自我拯救［M］．黄奇铭，译．北京：工人出版社，1987.
[45] 三浦展．下流社会——一个新社会阶层的出现［M］．陆求实，戴铮，译．上海：文汇出版社，2007.
[46] 圣·埃克苏佩里．小王子［M］．马振骋，译．香港：智能教育出版社，2004.
[47] 亚当·菲利普．威利柯特［M］．龙卷风，译．北京：昆仑出版社，1999.
[48] William Blair Gould. 弗兰克尔：意义与人生［M］．常晓玲、瞿凤臣、肖晓月，译．北京：中国轻工业出版社，2000.

后　　记

哪里才是心理健康的真正庇护所

我最好的朋友跳楼自杀！

我非常非常难过，除了痛失好友，还因为我所学的专业！我甚至开始深深地怀疑心理咨询的意义。心理与精神的区别和联系在哪里？心理咨询能否触及人的精神和信仰？心理咨询能否拯救爱、能否从根本上拯救人类？哪里才是心理健康的真正庇护所？

一位对中国的发展与命运有深刻洞见的思想家：史华慈，在他临终前37天，在健康状况极其恶劣的情况下，写成了他的临终遗言：《中国与当今千禧年主义——太阳底下一桩新鲜事》。在文中，他以一种古老的先知精神向世人提出严正的告诫：如脱缰野马般失控的消费主义和物质主义，已经由美国蔓延到世界各地，包括中国，成为一种排他性物质主义宗教，其所带来的非人化严重后果，让他忧心忡忡。这种宗教具有自我喂养的特点，所以，他会不断生长，越演越烈，最终凌驾四方。文中用了大量与“终极关怀”相关的宗教语言，如，“千禧年主义”“末世救赎论”，目的是提请人们警惕：这种现象的出现，已经多么的严重！其实，对于物质主义与消费主义，或者说现代性的严重后果，早在20世纪初，韦伯就已痛切感受到了。他认为，在“祛魅的世界”（Disenchantment of the world）里，专家没有灵魂，纵欲者没有心肝。

从以上社会大背景来看人的心理健康问题，似乎很让人悲观。世界不再令人着迷（林毓生先生语）。现代性有它的两面性，现代性的发展必然带来危机，这便是消费主义与物质主义泛滥，人的非人化将越演越烈。

从家庭角度来看，独生子女都是父母的一块宝。但是有多少家庭，父母进城，留守孩子实际上成为变相孤儿；多少家庭要么父母离异，要么人在神不在，孩子笼罩在冷暴力下，他们到哪里体会爱与温情关怀？看《南方周末》上关于季羡林家庭的介绍，感受着季老成功背后隐藏着的家庭生活的失败和晚年生活的凄凉。唉，家里都没有了爱，到哪里去找快乐健康！

从教育的角度看，中国的教育还存在很多问题。中国的孩子很苦，中国的教师很苦，中国的家长也苦，但苦得莫名其妙、苦得毫无价值！分数、应试、奖项、证书、评比、课题、经费、排名成为关注的重点，而精神、人格、心灵、情感、尊严、快乐、独立判断、批判精神、自主性、创造性等却被人淡漠。有人批评学校一方面在开设心理咨询室；另一方面又在不断制造心理障碍。朋友从美国回来，讲到美国教育的种种：美国高中生一人一张课程表。一千位学生一千张课程表！背后要付出的教学管理的代价可想而知。我们天天讲“以学生为本”，但要落实在一张小小的课程表上，还不知道猴年马月。中国的教育不进行方向性的变革，我们的师生不可能从根本上得救。教育评价方向不矫正，教育背后根源性的价值不澄清，再进行心理健康教育，也还是杯水车薪、力量有限。

我们强调心理健康指导的重要性，但千万别以为心理健康指导是万能的。要想给我们的教师真正减压，要想让我们的孩子真正快乐，光靠心理健康教育是不行的，得靠社会、家庭、学校的根本性变革。社会应该给每个成员提供和谐的价值，以使社会成员产生心理上的整合感、归属感。家长应该给孩子以爱和支持，以使孩子产生心理上的安全感。学校应该帮助学生心灵成长，增长自我内在的精神力量，这些都不是心理咨询可以包揽的。心理医生不是救世主，我们都对我们周围的人富有心理责任。

当然，真正的救世主还是我们自己。

张 玲

写于 2009 年 12 月桃浦河畔

责任编辑　杨晓琳　谭文明
版式设计　贾艳凤
责任校对　刘永玲
责任印制　曲凤玲

图书在版编目(CIP)数据

当代学校心理健康指导/张玲著.—2版.
北京:教育科学出版社,2010.4(2012.7重印)
(新世纪教师教育丛书/袁振国主编)
ISBN 978-7-5041-4413-3

Ⅰ.①当…　Ⅱ.①张…　Ⅲ.①学校—心理卫生—健康
教育　Ⅳ.①G479

中国版本图书馆CIP数据核字(2010)第005561号

出版发行	教育科学出版社		
社　址	北京·朝阳区安慧北里安园甲9号	市场部电话	010-64989009
邮　编	100101	编辑部电话	010-64981277
传　真	010-64891796	网　址	http://www.esph.com.cn
经　销	各地新华书店		
制　作	北京金奥都图文制作中心		
印　刷	北京中科印刷有限公司	版　次	2010年4月第2版
开　本	169毫米×239毫米　16开	印　次	2012年7月第3次印刷
印　张	19.5	印　数	7 001—11 000册
字　数	263千	定　价	39.00元